高等职业教育机电类专业系列教材

现代企业车间管理

主　编　吴　拓
副主编　田淑波　梅　鹏
参　编　邵世勇

机械工业出版社

本书旨在培养企业生产一线的管理技术人才。本书作为企业车间管理的教材，内容全面，知识丰富，通俗易懂，操作性强，注重理论联系实际，既有系统的理论知识链接，又有成功的实际案例帮助理解。全书共12章，内容涵盖现代企业及其管理体制、现代企业车间及车间管理、现代企业车间的组织管理、生产管理与技术管理、质量管理与控制、设备及工艺装备管理、物料管理、经济核算、规章制度建设、安全生产与环境管理、领导班子建设、政治思想工作与企业文化建设，每章均附有导读案例和案例分析。

本书既可作为高等职业院校各专业的必修或选修课教材，又可作为工业企业车间、班组管理人员的培训教材，还可作为企业在职中层管理人员的自学用书。

本书配有电子课件，凡使用本书作为教材的教师均可登录机械工业出版社教育服务网 www.cmpedu.com 注册后下载。咨询邮箱：cmpgaozhi@sina.com。咨询电话：010-88379375。

图书在版编目（CIP）数据

现代企业车间管理/吴拓主编. —北京：机械工业出版社，2019.10
（2025.1 重印）
高等职业教育机电类专业系列教材
ISBN 978-7-111-63754-7

Ⅰ.①现… Ⅱ.①吴… Ⅲ.①车间管理-高等职业教育-教材 Ⅳ.①F406.6

中国版本图书馆 CIP 数据核字（2019）第 205789 号

机械工业出版社（北京市百万庄大街 22 号　邮政编码 100037）
策划编辑：薛　礼　　　责任编辑：薛　礼　王海峰
责任校对：孙丽萍　王　延　封面设计：鞠　杨
责任印制：李　昂
北京捷迅佳彩印刷有限公司印刷
2025 年 1 月第 1 版第 7 次印刷
184mm×260mm·14 印张·346 千字
标准书号：ISBN 978-7-111-63754-7
定价：39.80 元

电话服务　　　　　　　　　　网络服务
客服电话：010-88361066　　　机　工　官　网：www.cmpbook.com
　　　　　010-88379833　　　机　工　官　博：weibo.com/cmp1952
　　　　　010-68326294　　　金　书　网：www.golden-book.com
封底无防伪标均为盗版　　　　机工教育服务网：www.cmpedu.com

前言 PREFACE

进入 21 世纪，我国市场经济蓬勃发展，企业管理受到当今实业界的高度重视。然而，综观我国普通高等院校，尤其是高职高专院校关于企业管理的教育，一般都只停留在企业整体管理的层面上，极少深入到车间管理的教育。如何面向基层培养应用型技术管理人才，以满足社会对实用型生产现场管理人才的需求，值得教育工作者深思。现在已有一些高等院校开设车间管理课程，显然这是十分明智的。

车间作为企业内部的一级生产管理组织，是由若干个工段、生产班组和一定数量的生产工人组成的企业基层生产行政管理单位。车间在企业管理中发挥着承上启下，实施组织落实、过程监控、信息反馈、完成任务和改善现场的重要作用。企业的经营决策，要通过车间具体落实到全体员工中去贯彻实施；企业用以对外经营的产品，要通过车间具体组织生产工人去制造完成；企业的经济效益，要通过车间精心组织生产和管理，努力提高产品质量，大力节能降耗，降低生产成本，才能获得；企业的和谐环境，要通过车间深入细致的政治思想工作才能得以实现。可以说，古今中外无论何种经济制度，所有企业都十分注重车间管理工作，都把车间管理的好坏视为企业管理好坏、经营能否成功的决定性因素和最基本条件。伴随着微利时代的到来和组织结构趋向扁平化，车间管理在企业中将扮演愈加重要的角色，车间管理成为企业管理的重要基础。只有车间和班组管理工作井井有条，充满勃勃生机，整个企业才会有旺盛的活力，才能在激烈的市场竞争中长久地立于不败之地。

20 世纪 60、70 年代，主编本人曾在工业企业工作 10 多年，并出任车间主任达 8 年之久，长期从事生产管理，经常在企业生产一线工作，对企业管理，尤其是对车间管理感受颇深，真正体会到企业管理就是生产力，科学的、合理的、及时的管理必定给按时、按质、按量完成生产计划带来强大的动力，必定给企业经营带来可观的效益。因此，进入高校任教以来，自 2003 年开始，先后编写过《现代企业管理》（已发行第 3 版）、《现代工业企业管理》（已发行第 2 版）。而今受邀做本书的主编，可谓十分欣喜，因为这可以实现本人的两个夙愿：一是为高校，特别是高职高专院校开设车间管理课程，培养企业生产一线的中层管理人员提供基本教材；二是为企业提高车间、班组管理人员的基本素质和能力，培训车间管理人员提供书面讲义。

本书的编写力求贯彻四条原则：一是具有明显的"职业"特色；二是贯彻职业教育以"必需、够用"为度；三是以培养职业能力为目标；四是以企业车间实际管理过程为基础。

本书作为企业车间管理的教材，内容全面，知识丰富，通俗易懂，操作性强，注重理论联系实际，既有系统的理论知识链接，又有成功的实际案例帮助理解。全书共 12 章，内容涵盖现代企业及其管理体制、现代企业车间及车间管理、现代企业车间的组织管理、生产管理与技术管理、质量管理与控制、设备及工艺装备管理、物料管理、经济核算、规章制度建设、安全生产与环境管理、领导班子建设、政治思想工作与企业文化建设，每章均附有导读案例和案例分析。

本书既可作为工科院校各专业的必修或选修课教材，又可作为工业企业车间、班组管理人员的培训教材，还可作为企业在职中层管理人员的自学用书。

本书由吴拓任主编，参加编写的还有田淑波、梅鹏、邵世勇。其中，第一~三章由梅鹏编写，第四~六、十二章由吴拓编写，第七~九章由田淑波编写，第十、十一章由邵世勇编写。全书由吴拓统稿。

本书在编写过程中参阅了不少有关企业管理的著作和教材，从中得到许多启发，尤其是引用了陈旭东主编的《现代企业车间管理》（第2版）中使用过的案例，在此一并表示衷心感谢！

由于编者水平有限，书中难免有疏漏，希望广大读者、专家、同仁不吝赐教。

编　者

目录 CONTENTS

前　言

第一章　现代企业及其管理体制　1

学习目标　1
导读案例　1
第一节　现代企业的概念　6
　　一、企业的概念　6
　　二、企业的特征和目标　6
　　三、工业企业的基本特征　7
　　四、现代企业的内涵　8
第二节　现代企业的管理体制　10
　　一、企业组织形式的概念　10
　　二、企业的组织结构　10
　　三、现代企业的组织原则与组织设计原
　　　　则　12
　　四、现代企业组织结构的形式　13
案例分析　17
思考与练习　19

**第二章　现代企业车间及车间管
　　　　　理　20**

学习目标　20
导读案例　20
第一节　车间及车间管理的概念　24
　　一、车间的概念　24
　　二、车间管理的概念　25
　　三、车间在企业中的地位　26
第二节　车间管理的职能　26
　　一、车间管理的原则　26
　　二、车间管理的任务　27
　　三、车间管理的工作职能　28
　　四、车间管理的方法　29

　　五、车间管理的基本内容　29
案例分析　30
思考与练习　31

**第三章　现代企业车间的组织管
　　　　　理　32**

学习目标　32
导读案例　32
第一节　车间的组织管理　34
　　一、车间的组织机构　34
　　二、车间组织管理的原则　36
第二节　车间的班组建设　38
　　一、班组的划分与设置　38
　　二、班组建设的任务　38
　　三、班组的管理制度　39
　　四、班组民主管理　40
案例分析　44
思考与练习　45

**第四章　现代企业车间的生产管理与
　　　　　技术管理　46**

学习目标　46
导读案例　46
第一节　车间生产管理概述　50
　　一、现代生产的形式与特点　50
　　二、车间生产管理的内容与任务　51
　　三、车间生产过程的组织　53
第二节　车间的生产计划与控制　57
　　一、车间的生产计划及其编制　57
　　二、车间生产计划的执行与控制　59
　　三、JIT 生产方式　61
第三节　车间生产现场管理　63
　　一、生产现场管理的概念　63
　　二、看板管理　64

三、5S 管理活动及其拓展　66
第四节　车间的技术管理　67
　一、生产工艺管理　67
　二、新产品开发　68
　三、技术革新与技术改造　74
案例分析　75
思考与练习　79

第五章　现代企业车间的质量管理与控制　80

学习目标　80
导读案例　80
第一节　质量管理概述　82
　一、质量和质量管理　82
　二、产品质量波动与过程质量控制　88
　三、质量管理体系与质量保证体系　91
　四、车间质量管理的基础工作　94
第二节　品质检验与质量改进　96
　一、产品质量检验　96
　二、质量改进　98
　三、质量管理小组　99
第三节　质量管理的常用工具与技术　101
　一、排列图　101
　二、直方图　102
　三、控制图　104
　四、散布图　105
　五、调查表与分层法　106
　六、因果图　107
　七、对策表　109
案例分析　110
思考与练习　112

第六章　现代企业车间的设备及工艺装备管理　113

学习目标　113
导读案例　113
第一节　车间设备管理概述　117
　一、车间的设备及其分类　117
　二、设备管理的含义　117
　三、设备管理的目标、任务及内容　118
　四、设备管理水平考核指标与设备的综合管理　119
第二节　车间设备的选择与使用　120
　一、设备的选择与评价　120
　二、设备的合理使用　121
第三节　车间设备的维护与维修　122
　一、设备的维护保养　122
　二、设备的检查　123
　三、设备的修理　124
第四节　车间设备的更新与改造　125
　一、设备更新和改造的含义及意义　125
　二、设备更新和改造的依据　125
　三、设备更新和改造的原则与程序　126
第五节　车间工艺装备的管理　127
　一、工艺装备的定义及其分类　127
　二、工艺装备的管理制度　128
案例分析　131
思考与练习　134

第七章　现代企业车间的物料管理　135

学习目标　135
导读案例　135
第一节　车间物料　138
　一、车间物料及其特征　138
　二、车间物料的分类　138
第二节　车间物料管理　139
　一、车间物料管理活动的任务和内容　139
　二、车间物料管理的工作要点　140
　三、物资和能源的节约　142
第三节　车间在制品的控制　143
　一、车间在制品的管理　143
　二、车间库存管理　144
案例分析　146
思考与练习　147

第八章　现代企业车间的经济核算　148

学习目标　148
导读案例　148
第一节　经济核算的意义和基础　151
　一、车间经济核算的意义　151
　二、车间经济核算的基础工作　152
第二节　车间经济核算体系与经济活动分析　153
　一、车间经济核算体系　153
　二、车间经济活动分析　154
　三、车间经济责任制　156
第三节　车间的资产管理　158
　一、车间流动资产管理　158
　二、车间固定资产管理　159
第四节　车间的成本管理　160
　一、车间成本的构成　160
　二、车间成本的核算与控制　160
案例分析　161
思考与练习　163

第九章　现代企业车间的规章制度建设　164

学习目标　164
导读案例　164
第一节　车间规章制度概述　167
　一、车间规章制度及规章制度建设的意义　167
　二、车间规章制度的种类　168
第二节　车间规章制度的制定及贯彻执行　169
　一、车间规章制度的制定　169
　二、车间规章制度的贯彻执行　170
案例分析　170
思考与练习　172

第十章　现代企业车间的安全生产与环境管理　173

学习目标　173
导读案例　173
第一节　安全生产　177
　一、安全生产的概念与特点　177
　二、安全生产技术　178
　三、安全生产教育与安全生产检查　178
　四、车间安全生产工作　179
第二节　劳动保护　180
　一、劳动保护与工业卫生的概念　180
　二、劳动保护的任务与内容　181
　三、改善劳动条件与职业病防治　181
第三节　环境管理　182
　一、车间环境保护的意义　182
　二、车间环境保护工作　183
第四节　清洁生产　183
　一、清洁生产的定义及意义　183
　二、清洁生产的内容及特点　184
　三、车间清洁生产的措施　185
案例分析　185
思考与练习　186

第十一章　现代企业车间的领导班子建设　187

学习目标　187
导读案例　187
第一节　车间领导班子的选拔与组合原则　190
　一、车间领导干部的角色认知和素质要求　190
　二、车间领导班子的组合原则　191
第二节　车间主任　192
　一、车间主任的角色地位　192
　二、车间主任应具备的基本素质与能力　193
　三、车间主任的职责与权力　194
　四、车间党支部书记的职责　195
第三节　班组长　195
　一、班组长的角色认知　195
　二、班组长的选拔　196

三、班组长的职责与权限　197
四、如何当好班组长　198
案例分析　198
思考与练习　199

第十二章　现代企业车间的政治思想工作与企业文化建设　201

学习目标　201
导读案例　201
第一节　车间政治思想工作　203
　一、车间政治思想工作的地位和作用　203
　二、车间政治思想工作的任务　203
　三、车间政治思想工作的基本内容　204
第二节　车间企业文化建设　205
　一、企业文化概述　205
　二、企业文化的内容　208
　三、企业文化建设　210
　四、企业文化与政治思想工作的比较　212
案例分析　214
思考与练习　215

参考文献　216

第一章 现代企业及其管理体制
CHAPTER 1

学习目标

【知识目标】

1. 掌握企业的基本概念,了解企业的特征和目标,熟悉工业企业的基本特征。
2. 了解现代企业的内涵。
3. 了解企业的组织结构,掌握现代企业的组织原则,熟悉现代企业的组织结构形式。

【能力目标】

1. 通过学习,能够合理选择企业的组织机构形式。
2. 通过学习,能帮助企业制定初步的经营目标。

导读案例

【案例1-1】 W氏企业的管理体制

广东温氏食品集团有限公司(以下简称W氏集团)成立于1983年,是一个以养鸡业、养猪业、奶牛业为主导,兼营水产养殖、肉品加工、动物保健药品生产等多元化、跨行业、跨地区的大型企业集团,拥有3500多名员工。其中大专以上学历的科技管理人员350多人,位列全国农业企业150强,在广东省排名第一。

W氏集团的成功之道除了创建企业独特的"公司+农户+客户"的经营模式和以科技为先导之外,还得益于在企业内部实行"全员股份制"的管理体制。

W氏集团成立之初,就以股份制的形式,有效地团结了一班创业骨干,齐心协力,共谋发展。随着W氏的不断成长,股份制也不断规范成熟,形成了完善的企业内部全员股份制。在W氏集团内部,每一名员工按照职位不同,每年都可以认购配送的股份,并且允许股票在企业内部流通。由于企业经营业绩稳步上升,W氏集团的内部股票基本可以保持20%~30%的年收益率,员工们都非常愿意持有公司的股份,并且由于自身利益与公司经营业绩联系密切,"与企业共命运"不再是一句挂在嘴边的空话,而成为员工的实际行动。W氏集团与华南农业大学的合作也是在股份制的基础上建立起来的,除拨给研究经费外,华南农业大学可以以其技术参股，每年参加公司的内部分红和股票配送，这也使得大学科研人员的研发热情得以充分调动。

2001年以来，为适应企业长远发展的需要，W氏集团进行了企业管理结构的规范和改造，进一步完善了全员股份制，使这一具有W氏特色的企业经营方式在新的形势下继续发挥作用。

【案例1-2】 "正泰"的组织变迁

中国正泰集团公司是温州最大的民营企业之一，专门生产电器元件。它经历了从成立之初的作坊式到股份合作制，又从股份合作制到公司制，再发展成企业集团，最后到控股集团公司的巨大变迁，稳步完成了适应企业发展阶段的治理方式的调整和变换。到2000年销售额已达30亿元，并开始实施新的竞争战略，从而走向现代企业规模扩张模式的发展道路。

正泰集团公司的成功得益于其产业定位和产业升级的核心竞争战略，而这种竞争战略的成功实施是与它的企业制度和企业治理方式的及时转换紧密相连的。正泰集团公司认为，民营企业的发展应分三步走：第一步是要取得生存权，并使资金的积累达到一定程度；第二步是战略调整和夯实基础阶段，建立现代企业制度，并做强做大企业；第三步则是大提高、大发展阶段，努力形成自己的企业文化，并将企业塑造成"百年老店"。

从1994年到现在，正泰在向外扩张、进一步做大的同时，致力于现代企业制度建设，积极开展各种制度创新。一方面不断完善内部核算和分配制度，正确处理职工、股东、国家三者之间的利益关系；另一方面，又以企业法和公司法为准则，不断深化企业改革，按照现代企业制度的要求，建立健全"三会"（董事会、股东会、监事会）制度，并形成了三会制衡、三权并立的机制，适度分离企业经营权与所有权，给股东以实惠，给人才以舞台，从而规范了企业行为，增加了企业活力。

正泰集团公司从家庭作坊到股份合作，再到规范的股份制，正是他们主动顺应市场经济，不断创新机制的结果。

【案例1-3】 通用电气公司的组织管理

1. 通用电气公司的管理体制

美国各大公司的企业管理体制从20世纪60年代以后，为了适应技术进步、经济发展和市场竞争的需要，强调系统性和灵活性相结合、集权和分权相结合的体制。到20世纪70年代中期，美国经济出现停滞，有些企业在管理体制方面又出现重新集权化的趋向。有一种称为"超事业部制"的管理体制，就是在企业最高领导之下、各个事业部之上的一些统辖事业部的机构就应运而生了。美国通用电气公司是美国也是世界上最大的电器和电子设备制造公司，它的产值占美国电工行业全部产值的1/4左右。美国通用电气公司于1979年1月开始实行"执行部制"，就是这种"超事业部"管理体制的一种形式。

2. 不断改革管理体制

由于通用电气公司经营多样化，产品品种规格繁杂，市场竞争激烈，企业在企业组织管理方面也积极从事改革。20世纪50年代初，该公司就完全采用了"分权的事业部制"。当时，整个公司一共分为20个事业部。每个事业部各自独立经营，单独核算。以后随着时间的推移，以及企业经营的需要，该公司对组织机构不断进行调整。1963年，公司的组织机构共计分为 5 个集团组、25 个分部和 110 个部门。到 1967 年以后，公司的经营业务增长迅速，几乎每一个集团组的销售额都达 16 亿美元，原有的组织机构已不能适应，于是集团组扩充到 10 个，分部扩充到 50 个，部门扩充到 170 个；同时领导机构也进行了改组。

3. 新措施——战略事业单位

在 20 世纪 60 年代末，通用电气公司在市场上遇到威斯汀豪斯电气公司的激烈竞争，公司财政一直在赤字上摇摆。公司的最高领导为挽救危机，于 1971 年在企业管理体制上采取了一种新的战略性措施，即在事业部内设立"战略事业单位"。这种"战略事业单位"是独立的组织部门，可以在事业部内有选择地对某些产品进行单独管理，以便事业部将人力、物力能够机动有效地集中分配使用，对各种产品、销售、设备和组织编制出严密的有预见性的战略计划。这种"战略事业单位"可以和集团组相平；也可以相当于分部的水平，还有些是相当于部门的水平。通用电气公司的领导集团认为"战略事业单位"是"十分有意义的"，对公司的发展十分重要。事实也证明了这一点，1971 年，该公司在销售额和利润额方面都创下了新纪录。

4. 重新集权化——执行部制

20 世纪 70 年代中期，美国经济又出现停滞，通用电气公司领导者担心到 80 年代可能会出现比较长期的经济不景气，于 1977 年底又进一步改组公司的管理体制，从 1978 年 1 月实行"执行部制"，也就是"超事业部制"。这种体制就是在各个事业部上再建立一些"超事业部"，来统辖和协调各事业部的活动，也就是在事业部的上面又多了一级管理。这样，一方面使最高领导机构可以减轻日常事务工作，便于集中力量掌握有关企业发展的决策性战略计划；另一方面也增强了企业的灵活性。

5. 建立网络系统

通用电气公司在企业管理中广泛应用计算机后，建立了一个网络系统，大大提高了工作效率。这个网络系统把分布在 49 个州的 65 个销售部门、分布在 11 个州的 18 个产品仓库，以及分布在 21 个州的 40 个制造部门（共 53 个制造厂）统统连接起来。在顾客打电话来订货时，销售人员就把数据输入这个网络系统，它就自动进行以下一系列工作：如查询顾客的信用状况，并查询在就近的仓库有无这种产品的存货；在这两点得到肯定的回答以后，网络系统就办理接受订货、开发票、登记仓库账目，如果必要，还同时向工厂发出补充仓库存货的生产调度命令，然后通知销售人员顾客所需货物已经发货。这全部过程在不到 15s 的时间内即可完成。值得注意的是，除了办事速度快以外，这个网络系统实际上已把销售、存货管理、生产调度等不同的职能结合在一起了。

6. 科研组织体制

同样，美国通用电气公司也非常重视科研工作，而且已有悠久的历史。从公司成立后的第二年，就有一位德国青年数学家斯坦梅兹从事科研工作，1900 年即成立实验室。据报道，该公司共有 207 个研究部门，其中包括 1 个研究与发展中心，206 个产品研究部门，共有科研人员 17200 余人，占公司职工总人数的 4%。

通用电气公司的科研工作分为基础理论和应用研究两个方面。1968 年，通用电气将 1900 年成立的实验室正式命名为研究与发展中心，从事这两方面的工作。该中心下设两个研究部，即材料学与工程部（分 4 个研究室）以及物理科学与工程部（分 5 个研究室）；此外有 3 个行政管理部，即研究应用部、研究管理部和法律顾问部。公司的 206 个产品研究部门，一般设在产品生产厂附近，重点放在应用研究方面。

【案例 1-4】 活力 28 的兴衰之旅

1998 年，在一次关于洗衣粉认知率的调查中，高居榜首的不是汰渍、奥妙等广告满天飞的外资品牌，也不是熊猫、白猫这些老牌国有洗衣粉品牌。达到 100% 认知率的是在市场上消失近一两年的活力 28。

然而就在 1999 年，上市公司活力 28 发布亏损公告，引来社会一片哗然。一个上市三年的绩优企业，怎么突然亏损到足以将过去三年的业绩全面抹去的地步呢？人们觉得不可思议。

一个被誉为"民族之骄傲"的企业为何如此匆匆落幕？让我们走入活力 28 的兴衰之旅，去细细品味其中的甘苦滋味吧！

1. 成功：一次尴尬的转型

提起活力 28，不得不追溯到 1951 年，这个由李先念亲自命名的企业只是沙市一家油厂，与日后生产洗衣粉毫不相干。这家油厂向日化延伸的第一步，不过是觉得油脂的废料丢弃极为可惜，于是加工成肥皂，作为一种补充。

20 世纪 80 年代中期，沙市油厂面临着巨大的生存压力，由于国家的宏观调控，原材料价格上涨，赢利的空间越来越小。领导人第一次感到身上的担子很重，工厂急需开发一个新产品来解危。

一年一度的广交会给当时的沙市油厂带来了契机。荷兰一家公司提供了一种洗衣粉配方，具有去污力强、用量少、超浓缩等特点，希望转让给国内洗衣粉厂家。油厂负责人滕继新灵机一动，仿佛觉得曙光就在前头，于是火速组织人马进行研制。结果配方让这个本不是做洗衣粉的"局外人"获得了，超浓缩洗衣粉也就成了沙市油厂安身立命的法宝。

活力 28 后来又经过一段艰辛的市场之路，终于成功了。

2. 巅峰：一个虚壮的英雄

在广告的强力推动下，活力 28 排队等货的人数不胜数，甚至还要拉关系、走后门才能拿到货，活力 28 也让地处湖北的沙市闻名全国，超浓缩洗衣粉近一半的利润使职工的待遇让人羡慕不已，众多明星参加的活力 28 文艺晚会，更是轰动一时。

滕继新这时已不再满足单一的洗衣粉生产，而是要借势发力，一口气引进了国外先进的餐洗、洗发水、香皂设备，为活力 28 规划了一个大日化的美好蓝图。

不可否认，滕继新的规划对活力 28 未尝不是一件好事。从长远看，单一的产品在日渐激烈的竞争中难以规避风险，多业并举可以给活力 28 加大抗风险的筹码，更何况滕继新选择的都是成长性十分强劲的洗发水、香皂等。

但这种前瞻性并未如愿以偿，而只是留下悲怆的足音。何以至此？据调查分析，主要是当地政府不适当的"关照"，致使活力 28 迎来了一批兄弟企业的加盟。这种加盟非但未给企业注入活力，反而让活力 28 的资金捉襟见肘；加之一口气引进大量的先进设备，让企业耗资超负荷，使得销售资金的投入力不从心。因此，滕继新的日化霸业梦想就此注定要破灭了。

3. 合资：一个被迫的壮举

1994 年以后的活力 28，呆账达到近一亿元，流动资金严重匮乏，新项目又相继胎死腹中，拳头产品洗衣粉的销量也开始下滑，严峻的企业形势令人忧心忡忡。如何寻找突破，重焕生机？活力28想到了上市，这一方式却遭到了市政府的阻止。无可奈何，活力28选择了合资。经过一番讨价还价之后，活力28于1996年以品牌和生产设备一起作价7000万元给了德国的邦特色公司，成立了美洁时公司。三个月之后，活力28又戏剧性地被批准上市。

对活力28来说，合资与上市似乎一扫阴霾，"钱"景一片光明。但短暂的喜悦过后，才发现人们面对的是一堆没有商标的洗衣粉，是等待开辟销售渠道的新市场。

4. 重组：一出落幕的悲剧

活力28集团在二次创业中，为自己勾画了大好前景：形成以洗涤、纸品、纯水、房产、医药为支柱的集团化公司，同时兴建活力工业园，洗衣粉、餐洗和纯水在2005年分别达到三个20万t的产能。只可惜，面对这个泡沫，职工早已视之漠然。实情是，除了洗涤产品在苟延残喘外，其他产品均奄奄一息。1999年，是活力28集团彻底走向落寞的一年。

活力28的陨落，无非是集团多元化，资金严重分流，经营由之恶劣的众多企业中的一个典型。为了挽救企业，证监会勒令活力28资产重组。为了重组成功，市政府又抽调干部任董事长，主要工作就是稳定职工情绪，尽快恢复活力28的活力。

此后的活力28集团就像走在一根钢丝上颤颤巍巍。活力28的领导换了一茬又一茬，整个企业人心惶惶，整个销售工作处于停滞状态。至此，这个日化行业与证券市场的双料明星正式结束了其光辉历程。

5. 再生：一个美丽的梦幻

活力28集团不再是上市公司了，活力28又成为当年的小日化厂，十几年过后，又重新回到了起点。这一切，让活力28的员工心灰意冷，上市三年来招收的近三百名大学生及技术人才早在重组后就纷纷离去，近两百名销售人员也在分流之后"孔雀东南飞"，目前仅剩下几个大学生留在日化厂销售部。

这种政府性的重组，几乎断送了活力28的命运。尽管口口声声说要发展日化行业，但以活力28的现状，重生还有机会吗？

在变幻莫测的竞争世界里，人们又开始了一个新的梦幻！

6. 反思：一个共同的教训

纵观我国企业，国营的也好，民营的也罢，不少企业都是几年好光景就开始走下坡路了，再好也不过十几年而已，似乎成了一个怪异的规律。从中山威力、爱多，洛阳春都、飞龙，就连当初在家电业声名显赫的长虹、康佳也低下了自己高贵的头。这些当年还信心十足要进军世界500强的明星企业，脚还没伸出国门，就在自家门口摔了个大跟头！

仔细研究这些明星企业的历程，不难发现一些共性：

1）成功之后好大喜功，盲目多元化。
2）地方政府不适当的干预让企业失去独立经营权。
3）企业市场竞争意识淡薄，对企业环境缺乏分析研究。
4）企业管理不科学，制度不健全。

活力28的兴衰史，不过是众多陨落企业的一个缩影，透过它可以让有过类似经历，或正在经历，或许将会经历的企业警醒：面对加入WTO的全球化经济市场，中国的大门已向全世界开放，中国的企业只有先练好内功，才能真正具有竞争的实力。但愿活力28的悲剧不再重演！

第一节　现代企业的概念

一、企业的概念

企业是一种从事生产、流通或服务等经济活动，为社会提供商品或劳务，满足社会需要并获取盈利，实行自主经营、自负盈亏、独立核算，具有法人资格的经济组织。

按照这一定义，企业可分为工业企业和商业企业两大类。工业企业乃是从事工业性生产的经济组织，它利用科学技术、机器设备，将原材料加工成社会所需要的产品，同时获得利润。商业企业则是指从事商业性服务的经济实体，它以营利为目的，直接或间接向社会供应货物或劳务，以满足顾客的需要。

作为一个企业，必须具备以下基本要素：

1）拥有一定的资源。既拥有一定数量、一定技术水平的生产设备和资金，又拥有一定技能、一定数量的生产者和经营管理者。
2）拥有开展一定生产规模和经营活动的场所。
3）从事社会商品的生产、流通或服务等经济活动。
4）生产经营的目的是获取利润，在经济上必须独立核算、自负盈亏，具有自我发展和自我改造能力。
5）法律上具有法人地位，有一定的义务和权利。

任何企业都应具有这些基本要素，其中最本质的要素是企业的生产经营活动必须获取利润。

二、企业的特征和目标

1. 企业的特征

从企业的定义中，不难发现企业具有如下特征：

1）企业是一个经济组织，它与行政组织或政权组织不同，企业的主要任务是执行政策法令和发展规划，直接从事生产、流通等经济活动。
2）企业也是一个社会组织，是一个向社会全面开放的系统，它的经济活动必然受到社会环境、政治环境等的影响和制约，它对社会发展、文化繁荣会产生重大影响，企业是国民经济的微观基础。
3）企业必须是营利性的经济组织，是一个基本核算单位，实行独立核算，自负盈亏，那些虽然也从事生产和服务活动，但是非营利性的组织，则不是企业。
4）企业必须经过政府批准设立，在法律上取得"法人"地位，企业直接承担在经济活动中的法律责任，法律也同时保护企业的合法经济权益。

简言之，企业具有主体性、独立性、营利性、活力性和开放性。

2. 企业的目标

企业为了生存和发展，不仅要满足本企业的目标，而且要满足范围更大的社会需要和期待。因此企业的目标具有两重性：既要追求自身的经济效益，谋求自身发展，又要满足社会的需求，承担社会责任。

（1）获取利润　追求生产利润和扩大企业规模，是每个企业根本的发展目标。任何企业一旦问世，不论谁是企业资产的所有者，其首要任务就是要实现利润。没有利润，企业员工的工作条件和生活条件就难以改善，甚至企业本身也无法继续生存。只有获得一定的利润，企业才能生存得更好，才有能力追加投资去扩大生产规模，取得更好的经济效益。

（2）承担社会责任　企业不仅是一个经济组织，而且是一个微观的社会组织。企业必须生产和提供人们所需的物品，满足社会需要才能存在。企业的正常生产秩序也必须由社会、国家提供服务和保证。因此，企业与社会密切相关。企业必须自觉承担一定的社会责任，向国家缴纳税金，满足社会公益活动和公益设施的需要；必须同政府一道共同设法解决面临的社会问题，如不断创造和提供更多的就业机会、保护自然环境等。

（3）获取利润与承担社会责任的关系　企业的双重目标在整个企业发展过程中的分量是不同的、变化的。企业需要利润，同时必须承担社会责任。企业从单纯追求利润最大化，到获取适当利润的同时承担社会责任，体现了企业价值观的转变和进步。事实上，承担社会责任与获取利润的关系并非相互排斥，而是互为条件、互相补充的。

首先，利润是企业满足社会需要程度的标志。一个企业获取的利润高，意味着其产品能够满足社会上购买者的需要，赢得了社会的认可，在市场上深受欢迎。

其次，利润也是企业满足社会需要的前提。没有利润，企业难以追加投资，难以扩大经营规模，就不能生产更多的产品满足社会需要，也无力承担更多的社会责任，不能为社会提供更多的就业机会和提供解决社会问题的资金。

因此，利润和承担社会责任是相辅相成的。只有满足社会需要，承担社会责任，企业才能获取利润；同时，只有获取一定利润，企业才能更好地满足社会需要，承担社会责任。

三、工业企业的基本特征

工业生产是指运用物理、化学、生物等技术，对自然资源、农业产品及其中间产品进行采掘、加工并使之成为具有一定功能的产品的活动。凡是从事工业性产品或劳务生产经营活动的企业，均称为工业企业。

工业企业经历了资本主义的简单协作、工场手工业和机器大工业三个阶段后，才逐步发展成为社会化大生产的现代化工业企业。

1. 现代工业企业的基本特征

现代工业企业具有如下基本特征：

1）大规模地采用以现代生产技术装备起来的机器体系进行生产，并将系统的科学知识应用于生产。

2）实施科学的分工和严密的协作，有广泛、密切的外部联系，属于一种高度社会化的大生产。

3）生产自动化程度高，生产过程具有高度的比例性和连续性。

4）生产遵循可持续发展原则，十分注重环境保护。

2. 工业企业的分类

1）按产品用途，工业企业可分为重工业和轻工业两大类。

2）根据产品的经济用途、使用原材料和生产技术，工业企业可划分为六大类：冶金类、制造类、能源类、轻工类、化工类、民生类。

3）按规模划分，工业企业可分为以下三种：

① 大型企业。标准为资产总额40000万元以上，年销售额30000万元以上，从业人员2000人以上。

② 中型企业。标准为资产总额4000万～40000万元，年销售额3000万～30000万元，从业人员300～2000人。

③ 小型企业。标准为资产总额4000万元以下，年销售额3000万元以下，从业人员300人以下。

四、现代企业的内涵

1. 现代企业的特点

现代企业是现代市场经济社会中代表企业组织的最先进形式和未来发展主流趋势的企业组织形式。所有者与经营者相分离、拥有现代技术、实施现代化的管理和企业规模呈扩张化趋势是现代企业的四个最显著的特点。

（1）所有者与经营者相分离　随着公司制成为现代企业的重要组织形式，由于公司以特有方式吸引投资者，公司资本所有权出现多元化和分散化，同时也由于公司规模的大型化和管理的复杂化，那种传统的所有权和经营权集于一身的管理体制再也不能适应生产经营的需要了，因此出现了所有权与经营权相分离的现代管理体制和管理组织。

（2）拥有现代技术　技术作为生产要素，在企业中起着越来越重要的作用。传统企业中生产要素的集合方式和现代企业中生产要素的集合方式可用如下关系式来概括：

$$传统企业生产要素 = 场地 + 劳动力 + 资本 + 技术$$

$$现代企业生产要素 = (场地 + 劳动力 + 资本) \times 技术$$

在现代企业中，场地、劳动力和资本三个生产要素都要受到技术这个要素的影响和制约，主要表现在以下两个方面：

1）现代技术的采用，可以开发更多的可用资源，并可寻找替代资源来解决资源紧缺的问题。

2）具有较高技术水平和熟练程度的劳动者，以及使用较多高新技术的机器设备，可以使劳动生产率获得极大的提高。

因此，现代企业一般都拥有先进的机器设备和工艺装备，集中了大批专业技术人员和工程技术人员，实行精细的劳动分工和协作，组成复杂的、连续的生产经营活动。

（3）实施现代化的管理　现代企业的生产社会化程度空前提高，需要更加细致的劳动分工、更加严密的劳动协作、更加严格的计划控制，形成严密的科学管理。现代企业必须实施现代化管理，以适应现代生产力发展的客观要求，创造最佳的经济效益。

（4）企业规模呈扩张化趋势　现代企业的成长过程，就是企业规模不断扩大、不断扩张的过程。实现规模扩张的方式主要有以下三种：

1) 垂直型或纵向型扩张。收购或合并在生产或销售上有业务联系的企业。
2) 水平型或横向型扩张。收购或合并生产同一产品的其他企业。
3) 混合型扩张。收购或合并在业务上无大联系的企业。

随着企业规模的扩大，分权的事业部制的公司管理结构也开始出现了，并奠定了公司制的基本模式。

2. 现代企业的类型

现代企业是多种多样的，可以根据不同的标志对企业进行如下分类：

1) 按照生产资料所有制的性质和形式划分为国有企业、集体企业、私营企业、个体经济、"三资"企业、混合所有制企业等。

国有企业是指企业生产资料属于社会全体劳动人民所有，经济上相对独立的经济单位，过去又称为全民所有制企业。它是我国国民经济的主导力量。

集体企业是指生产资料归企业全体劳动者集体所有的企业。它有权独立支配企业的财产和产品，在国家的统一领导下，根据市场需要独立进行生产经营活动，自负盈亏。企业依照法律规定实行民主管理。

私营企业通常是指生产资料归经营者私有或其家庭所有，主要依靠雇佣劳动从事生产经营活动的企业。我国现阶段的私有企业是以公有制为主体的社会主义市场经济的重要组成部分，对国民经济起着必要的补充作用。

个体经济是指生产资料归劳动者个人或家庭所有，以个人或家庭劳动为主的生产经营单位。我国目前个体经济主要包括城乡个体工商户、农村专业户、农业承包者等。

"三资"企业是指外商独资企业、国外合资企业、中外合作企业，是依据平等互利、共同投资、共同经营、共享红利、共担风险的原则，由外商独立投资或与国内企业共同投资在我国境内兴办的企业。

2) 按照企业生产要素所占比重的不同划分为劳动密集型企业、技术密集型企业、知识密集型企业。

① 劳动密集型企业是指技术装备较少，用人较多，生产过程主要靠人工劳动，产品成本中劳动者工资等报酬占有较大比重的企业。

② 技术密集型企业是指需要投资较多，技术装备程度较高，用人较少，生产过程主要依靠机械化、电气化设备加工，产品成本中固定成本占较大比重的企业。

③ 知识密集型企业主要是指拥有较多中高级科技专家，综合运用国内外先进科学技术成果进行生产经营的企业。

3) 按照企业投资者结构的不同划分为独资企业、公司企业、合伙企业。

① 独资企业是指个人或某一投资者全额出资经营，自己管理或委托他人管理，资产所有权与经营权完全统一的企业。

② 公司企业是指依据公司法中规定程序设立的，由两个以上股东共同出资组建或由两个以上企业出资组建，共同经营、风险共担、利润按出资额分配的企业。

③ 合伙企业是指由两个以上企业共同出资组建，完全由双方共同经营与管理、共享收益和共担风险的企业。

第二节　现代企业的管理体制

一、企业组织形式的概念

企业组织形式是指企业具体采用的管理组织结构。企业管理的组织结构主要是由生产力的水平和科学技术的进步所决定的，它反映一个企业的生产经营模式和与社会发生联系的方式。工业企业的组织形式一般受以下因素制约：

1）企业的行业特点以及生产分工与协作关系。
2）企业的生产规模以及人员、设备的构成。
3）企业生产技术的复杂程度和专业化水平。
4）企业的地理位置及其生产经营场所的分布。
5）企业产品的市场需求变化与市场竞争情况。
6）企业的经营管理能力和管理水平。

在企业规模小、管理水平低、社会分工与协作关系简单的时期，一般采取比较单一的工厂制。随着社会化大生产的快速发展和科学技术进步的加快，企业的规模以及协作关系、管理模式等发生了很大的改变，公司制也就应运而生了。以后又进一步发展成资本高度集中的垄断型企业、跨国公司等。

二、企业的组织结构

1. 企业组织与管理组织的概念

组织是在共同目标指导下协同工作的人群社会实体，是为了实现既定目标，通过人与人、人与生产资料以及信息的有机结合而形成的社会系统。

企业组织则是为有效地向社会提供产品或劳务，将企业的各种资源按照一定形式结合起来的社会系统。

企业组织分为两大方面：一是由职工和生产资料紧密结合而形成的企业生产劳动组织；二是配备一定数量和能力的管理人员，按分工协作关系划分，具有明确职责、权限和义务的企业管理组织。管理组织通过其整体性的活动和信息传递，决定和影响企业生产劳动组织配置的合理性和效率。企业管理组织既要对直接生产过程进行组织、指挥、协调，又要对企业生产经营过程中出现的一系列问题负责。

2. 管理组织的构成要素

管理组织是由多种要素结合的整体，其主要要素有管理人员、规章制度和企业信息。

（1）管理人员　管理人员是企业组织的主体，其数量、素质和结合的方式决定性地影响到整个组织的效率和其他各个方面。管理人员的主体作用主要通过三个环节来表现：

1）管理人员的职务和素质协调。
2）管理人员的职、责、权一致。
3）管理人员的素质应不断培养和提高。

（2）规章制度　规章制度是企业组织人员的行为准则，也是影响企业凝聚力的因素之一。企业组织系统的层次不同、岗位不同，生产人员和管理人员的素质各有差异，必须依靠共同的劳动纪律、操作规程、规章制度加以约束和协调，树立一个共同、规范的行为评价标准，使企业每个成员的行为指向企业目标，使企业的组织系统有秩序、协调地运行。

（3）企业信息　企业信息是企业组织系统正常运行、相互沟通的媒介。企业在生产经营过程中，只有及时、准确地吸收有关外部信息，才能做出正确决策，采取适当措施，安排好自身的经营活动；企业组织的管理人员只有通过相互传递和交流信息，才能开展组织管理活动，才能贯彻落实生产经营计划，督促检查企业各项活动开展的情况，提高管理的功效。

3. 管理组织的工作内容

管理组织本身的工作主要包括以下三方面的内容：

（1）组织机构的设计　组织机构的设计是指从企业生产技术和经营特点以及外部环境等客观条件出发，确定整个企业组织的框架结构，确定企业中各部门、各管理层次的联系和协调方式。它包括：

1）决策组织系统的设计。

2）生产经营指挥系统的设计。

3）职能参谋系统的设计。

4）组织内各部门、各基层单位岗位职责的确定。

5）组织信息沟通方式的选择。

（2）组织规章制度的建立　为了从制度上保证管理工作的整体性、规范性和有效性，通常从总体和局部两方面着手，具体制定各层次管理部门的行为准则、岗位职责以及协调、检查和信息反馈制度。

（3）组织人事工作　组织人事工作是指管理组织中干部和工作人员的配备。为了充分发挥管理组织的功效，必须按照组织的不同层次、不同岗位、不同职务和职责，从工作要求出发，合理选拔和配备管理人才。

4. 管理组织的作用

一般来说，管理组织有如下作用：

（1）确定企业的生产经营目标　随着社会主义市场经济的发展，经营决策对企业起着越来越重要的作用。对企业的经营目标和经营战略做出决策并加以贯彻落实，是管理组织的重要职能之一。做出决策和制定目标，领导者个人的才智、能力和知识对组织整体固然有十分重要的影响力，但领导者只有与组织的力量和集体的智慧融合在一起，才能充分发挥其龙头作用。

（2）组织生产经营，实现企业目标　企业只有经常不断地对企业的各种物质资源、劳动力、资金和信息做出适当安排和合理配置，才能形成持续发展的生产力，才能实现企业的经营目标。

（3）协调各职能部门的工作　企业的人、财、物、产、供、销等各个环节，各个管理部门和生产部门之间，经常会出现各种脱节和不平衡的情形，组织管理的职能就是要发现和解决这种脱节和失衡的问题，使生产经营活动均衡发展，保持良性循环状态。

（4）发挥组织的凝聚作用和群体效应　管理组织通过一定的组织制度和激励措施，能够将分散的、个别的企业员工，凝聚成一个强大的整体，使全体员工紧紧围绕企业的总目标

三、现代企业的组织原则与组织设计原则

1. 现代企业的组织原则

如何正确选择企业的组织形式，是企业投资者和决策人首先要考虑的战略性问题。合理组建现代企业，确定企业的组织形式，应遵守以下原则：

1) 遵守国家的法律、法规、政策、方针。
2) 适应社会化生产的需要和经济发展水平。
3) 有利于企业生产经营活动的开展和生产效率的提高。
4) 有利于充分利用各种社会资源。
5) 有利于技术进步和企业管理水平的提高。
6) 有利于保护股东和债权人的合法权益，有利于维护用户、供应商的利益等。

2. 企业组织设计的原则

企业组织设计是为了有效地实现企业生产经营目标，从实际出发探索应该如何设计组织结构。组织设计是影响企业生产和服务效率的关键因素。设计和建立一个科学的、合理的、先进的企业组织，通常应遵循以下原则：

（1）目标统一原则　目标统一原则是指企业组织结构设计应使企业组织中每个部门或个人的贡献有利于实现企业的生产经营目标。企业组织应将人们承担的任务组成一个体系，通过将企业目标层层分解成子目标，落实到企业中的各部门直至个人，并以此来统一企业全体成员的行动。

（2）有效管理幅度原则　管理幅度是指一个主管人员能够直接指挥的下属单位的人数。与之相对应、成反比的是管理层次。管理层次是指企业高层的决策、指令贯彻到基层所经过的环节的多少。管理幅度与管理层次是矛盾的统一体。为了保证企业组织的有效运行，必须使企业组织的管理幅度和管理层次适当，这主要由企业规模、生产工艺过程和技术的难易程度所决定。

（3）分工协作原则　企业任务的完成和目标的实现，离不开企业内部的专业化分工和协作。专业化分工有利于提高工作效率，但也使管理幅度增大，进而加大了协作的难度。企业组织结构设计时，既要实行专业化分工，又要重视部门的协作配合，使组织结构精干、高效。

（4）责权一致原则　在组织结构设计中，职位的职权和职责越是对等一致，组织结构就越有效。作为企业各部门的主管人员，在组织中占据一定的职位，从而拥有一定的职权，必须要负一定的责任，即职务、职责、职权三者是相等的。实际工作中，常出现有人争夺职权而逃避责任的现象。为坚持权责对等，避免滥用职权，必须加强主管人员的个人修养，使之具备较高的道德素质。

（5）精简高效原则　组织结构设计应当在保证完成企业任务和目标的前提下，力求做到机构精简、用人少、效率高，用最少的人力、物力、资源办最多的事，每一个成员的职责和权限都必须从目标和任务的要求出发，将因事设职、因人设职的标准作为企业机构改革的目标。精简高效原则是社会化大生产的本质要求，是组织管理的重要原则。

（6）专业化原则　现代企业的组织机构必须按照专业化原则建立，将企业的生产经营

活动适当地分类与分配，以确定各个部门和成员的业务活动的种类范围和职责。企业内各部门和各个成员都尽量按专业化的原则安排，可以大大地提高工作效率。

（7）集权与分权相结合原则　集权与分权在企业管理体制上主要表现为企业上下级之间的权力分配问题。集权形式就是将企业经营管理权集中在企业的最高管理层，而分权形式则将企业经营管理权适当地分散在企业的中下层。企业在进行组织结构设计和调整时，为了有利于组织的有效运行，必须科学地处理集权与分权的关系。有些情况下，为了便于统一领导和指挥，有必要集中权利；有些情况下，为了调动下级的积极性和主动性，则需要适当分权。两者是相辅相成的。

（8）稳定性与适应性相结合的原则　为了保证生产经营活动有序进行和提高效率，企业组织结构设计首先应保持一定的稳定性，即保持相对稳定的组织结构、权责关系和规章制度。同时，环境条件的变化必定影响企业的目标、企业成员的态度和士气，因此企业组织结构必须有一定的灵活性和适应性，能够在外部环境和内部条件变化时迅速做出调整。

四、现代企业组织结构的形式

1. 组织结构

随着现代大工业的产生和发展以及领导体制的演变，企业的组织结构形式也经历了一个发展变化的过程。企业组织结构的主要形式有：

（1）直线制组织结构　直线制组织结构又称为单线制组织结构，如图1-1所示。它是最早使用的一种结构形式。其特点是企业各级行政部门从上至下实行垂直领导，下属部门只接受一个上级的指令，没有专门的职能部门，组织结构简单、权责分明、指挥统一、工作效率高。但这种结构形式缺乏弹性，同一层次的部门之间缺乏必要的联系，主管

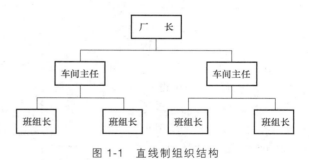

图1-1　直线制组织结构

人员独揽大权，职责繁重，一旦决策失误，就会造成严重损失；加之这种形式没有专业管理分工，主管人员必须具备多方面的管理业务能力。因此，它只适用于技术简单、业务单纯、规模较小的企业。

（2）职能制组织结构　职能制组织结构又称为多线制组织结构，如图1-2所示。它是按照管理职能进行专业分工来代替直线制全能管理者的组织形式。其特点是各级行政部门除主管负责人外，还相应地设立一些职能机构和人员，各职能机构在自己的业务范围内可以向下级下达命令和指示，直接指挥下属。该组织形式能适应现代企业生产技术比较复杂和管理分工比较细致的情形，能充分发挥职能机构的专业管理作用，减轻企业高层领导的工作压力。但这种组织形式难以明确划分各行政负责人和职能机构的职责权限，容易出现妨碍集中领导和统一指挥，甚至生产秩序混乱的情况。实行职能制组织结构的企业高层领导必须具有较高的综合平衡能力，否则不宜采用职能制组织结构。

（3）直线-职能制组织结构　直线-职能制组织结构也称为生产区域制组织结构、直线参谋制组织结构。它是在综合了直线制和职能制特点的基础上，取长补短建立起来的，是按照

命令统一原则组织的指挥系统和按照专业化原则组织的职能系统相结合的组织形式，如图 1-3 所示。在这种组织形式中，只有直线机构的行政领导才有权向下发布命令，职能部门是直线指挥的参谋，只能对下级机构实行业务指导。其特点是既保证了企业管理体系的集中统一，又可以在各级行政负责人的领导下，充分发挥各专业管理机构的作用，但这种组织形式使得职能部门之间的协作和配合较差，办事效率较低，上层领导的工作负责较重。这种组织结构适用于中、小型企业，规模较大的企业不太适宜。

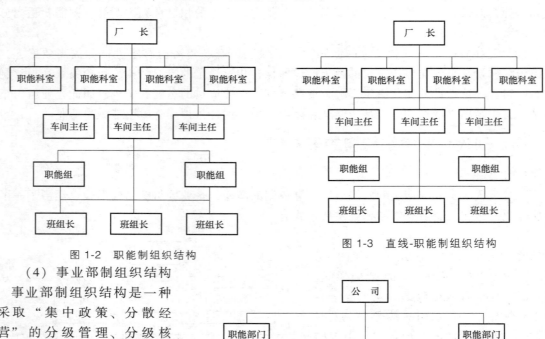

图 1-2　职能制组织结构

图 1-3　直线-职能制组织结构

（4）事业部制组织结构

事业部制组织结构是一种采取"集中政策、分散经营"的分级管理、分级核算、自负盈亏的分权管理形式，其结构如图 1-4 所示。在这种制度下，企业按产品、地区或经营部门分别设立若干事业部，该项产品或地区的全部业务，从产品设计、原料采购，到产品制造，一直到产品销售，全部由事业部负责。企业高层管理者只

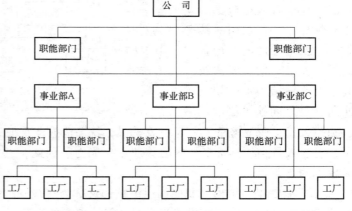

图 1-4　事业部制组织结构

保持人事决策、财务控制、规定价格幅度以及监督等大权，并利用利润指标对事业部进行控制。这种组织结构的特点是高层领导可以摆脱日常事务，集中精力考虑全局性的问题，可以充分发挥下属组织的经营管理积极性和展示个人才智，也便于组织专业化生产和企业内部协作，但该组织形式职能机构重叠，造成人员浪费，各事业部只考虑自身利益，容易引发本位主义，影响事业部之间的协作。事业部制组织结构适用于大型企业或跨国公司。

（5）模拟分权制组织结构　模拟分权制组织结构是一种介于直线-职能制组织结构与事业部制组织结构之间的组织形式。许多大型企业，如连续生产的钢铁、化工企业，由于产品

品种或生产工艺过程的限制，难以分解成几个独立的事业部；又由于企业规模庞大，以致高层管理者感到采用其他组织形态都不容易管理，这时就出现了模拟分权组织结构形式。所谓模拟，就是模拟事业部制的独立经营、单独核算，而不是真正的事业部，可又是一个个实际的生产单位，这些单位有自己的职能机构，享有尽可能大的自主权，负有"模拟性"盈亏责任，目的是调动他们的生产经营积极性，达到改善企业生产经营管理的目的。由于这些生产单位进行的生产是连续的，很难将其截然分开，因此它们之间的经济核算只能依据企业内部的价格，而不是市场价格。模拟分权制组织结构的特点：可以调动各生产单位的积极性，解决企业规模过大不易管理的问题，减少了高层管理人员的行政事务，使之将精力集中到战略问题上。但这种组织形式不易为模拟的生产单位明确任务，考核上存在一定困难，各生产单位较难了解企业全貌，在信息沟通方面也存在明显缺陷。

（6）矩阵制组织结构　矩阵制组织结构是既有按职能划分的垂直领导系统，又有按产品划分的横向领导关系的组织形式，如图1-5所示。这种结构按照一定任务的要求，将具有多种专长的人员调集到一起，既便于沟通，又便于接受新观念、新方法；同时，由于所有成员都了解整个组织的任务和问题，因而便于将自己的工作与企业整体目标联系起来；而且这种结构还有利于将企业组织的垂直联系和横向联系更好地组合起来。这

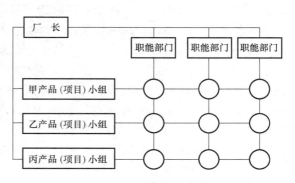

图1-5　矩阵制组织结构

种结构的特点是灵活性、适应强，但由于组织成员要接受双重领导，当出现两种意见不一致的情况时，会感到无所适从，并且该组织结构稳定性较差，容易出现成员责任心较差的情形。该组织形式适用于产品开发和一些重大项目的攻关。

此外，还有企业集团（股份制）和多维立体组织结构。鉴于这两种组织结构形式属于特大型组织结构，一般较少采用，在此从略。

2. 组织的变化与发展

一个企业组织如果只想保持原有的组织结构，满足于过去在这种组织结构下取得的成就，那么这个企业必将丧失对未来的适应能力。因为一切事物都在变化之中，未来的组织结构如何变化，朝什么方向变化，这是每个企业家都十分关心，都在认真探索的问题。

（1）企业组织变革的原因

1）时代的要求。历来，人们都认为直线式的等级制度最有效，命令可以畅通无阻地层层下达，是工业时代典型的管理形式，但是这种管理系统依赖的条件，一是现场要有大量精确的反馈，二是决策的性质大致相同。然而今天它所依靠的两大条件已难以为继了。随着经济全球化和知识经济时代的到来，企业组织结构正在发生深刻变化，公众参与势在必行，企业管理权正在从集中走向分散。任何企业管理组织都必须适应这种变化，改善自身的组织结构。

2）外部环境的影响。外部环境主要有社会经济环境、科学技术进步、市场竞争的影响和社会价值观的变化等。这些因素都影响着企业组织的变化。

3) 内部条件的影响。企业组织内部也有许多因素迫使企业进行组织变革，如企业目标、人员素质、技术水平、个人价值观、权力结构系统以及管理水平、人际关系的变化等。

（2）企业组织变革的发展趋势　进入21世纪后，企业组织结构变化的趋势如下：

1) 组织重心两极化。随着买方市场和竞争机制的形成，企业工作重心已由过去的扩大生产逐渐转向产品开发和市场销售，从企业生产经营的过程来看，其组织结构特征正在由"橄榄型"转变为"哑铃型"，即重心出现两极化倾向。企业组织结构发生这种转变的主要原因是市场环境的变化。买方市场的形成、科学技术的进步、新技术特别是网络技术的发展使得企业解决生存和发展的核心问题已不再是产品的生产问题，而是企业产品的创新速度和市场拓展能力。传统的大批量生产的工业经济时代企业取胜的法宝是高质量、低成本，而在知识经济时代，未来企业竞争取胜的关键则是全新产品投放市场的速度。过去强调规模经济的企业组织模式将会越来越受到未来利用新技术降低成本的灵活组织结构的冲击。同时，买方市场的形成使得如何通过品牌竞争占领市场、扩大市场成为企业最重要的任务。因此，企业的研究开发和市场营销成为当今企业的中心问题，也是现代企业资源配置的重点。

2) 企业结构由"金字塔型"向"大森林型"演化。所谓"金字塔型"的组织结构，就是企业的管理组织从结构上层层向上，逐渐缩小，权力却逐级扩大，有严格的等级制度，形成一种纵向体系。而"大森林型"的组织结构则是减少管理层次，形成一种扁平的、同一层次的管理组织之间相互平等、横向联系密切、像一棵棵大树组成大森林那样的横向体系，这种组织结构的特点有：①分厂制代替总厂制；②分层决策制代替集中决策制；③产品事业部制代替职能管理制；④分散的利润中心代替集中利润中心；⑤研究开发人员的平等制代替森严的等级制。"大森林型"企业组织结构可使管理层次大大减少，使管理效率大大提高。

3) 组织结构柔性化。企业组织柔性化是指企业组织结构必须具备一定的可调性，应具有一定的适应环境变化、战略调整的能力。因为在当今这个知识经济时代，企业将在一种动荡的环境中运作，外部环境的变化速度大大高于原来工业经济时代的变化速度，企业的经营战略必须随时对外部变化做出反应，进行及时的调整，企业才能顺利地发展，因此企业组织结构柔性化成为企业未来发展的趋势。

4) 团队结构制的兴起。在知识型企业中，一种被称为团队结构的组织形式正在被普遍推广采用。所谓团队，指的是由为数不多的团队成员承诺共同的工作目标和任务，并且互相承担责任。这是一种建立在自觉的信息共享、横向协调的基础上的组织结构。这种团队由具有技术、决策能力和交际能力的成员组成，在团队中没有拥有制度化权力的管理者，团队成员也并不专业化，而是多面手，具有多重技能，分工并不那么明确、严格，相互协作、彼此激励、共同承担责任是其最重要的特征。团队组织形式的采用，可以消除因目标对立而引起的内耗，可以将竞争关系转化为合作伙伴关系。团队与群体不同，在工作群体中，成员共享信息，做出决策，群体绩效等于个人贡献的叠加，而工作团队则能通过成员的共同努力产生积极协同作用，使团队绩效远大于个人绩效的总和。

5) 企业整体形态不断创新。高新技术，特别是在网络技术的激励下，企业的组织结构模式正在经历一场深刻的、根本的大转变，组织形态也在不断创新，以适应知识经济时代的要求。传统的固定、封闭的集权式结构正在逐渐改变为灵活、开放的网络式结构，这种结构将协作伙伴、客户、雇员、承销商、供货商等以各种不同的合作形式联系在一起，彼此互相依存、紧密合作，形成一种无界限的组织。这种组织以被授权的多功能团队取代各种职能部门，取消组织的垂直界限而使组织趋于扁平化；通过经营全球化、实行组织间战略联盟等策略，致力于打破组织与客户间的外在界限以及地理障碍。计算机网络使人们能够超越组织界限进行交流，远程办公方式也模糊了组织界限，使无界限组织形式成为可能。未来，成功将属于那些以合伙方式创造新未来的公司。

随着信息技术的迅猛发展，世界经济一体化的障碍已经逐渐消除，竞争自然会进入一个空前的时代。为此，越来越多的企业采用了现代的或新型的企业组织结构形式，以期带来更大的灵活性，力求对变幻莫测的外部环境做出迅速的反应，使企业在市场竞争中立于不败之地。

案例分析

【案例分析1-1】 金箭公司成功扩张的经验

在一个充满浮躁情绪的大市场里，很多企业不顾实际地推行兼并、重组，最后因"消化不良"不得已收缩战线，甚至轰然倒地，巨人、德隆的消逝即为最好的例证。也许正是因为认识到了盲目扩张只会将企业带入发展的"死胡同"，湖北金箭股份有限公司在一系列兼并重组中，始终保持着清醒的头脑，稳扎稳打，步步为营。

湖北金箭股份有限公司是靠经营五金水暖器材起家的，主要生产各类铸铁、铸钢、黄铜、不锈钢等多种材质的闸阀、截止阀、球阀、蝶阀、水表、PP-R管材及管件。经过多年的发展，目前年产各类铸铁阀门、水嘴500万件，成为湖北省水暖行业最大的工业企业，销售量及市场占有率在全国同行业中均居领先地位，连续几年被评为荆州市经济效益型先进单位、湖北省经销工作先进单位。产品均为省优、部优产品，冷水嘴为国家A级产品，获第五届北京亚太国际贸易博览会金奖及湖北省精品名牌产品展销会金奖。

奠定了在全国同行业中的领先地位之后，从1998年开始，金箭公司着手做大的计划。碰巧的是，金箭的计划与湖北省松滋市打算通过重组盘活一部分中小企业的想法不谋而合。进入市场经济之后，大批不适应环境变化的企业惨遭淘汰，即便活着的也是负债累累、苟延残喘。湖北省松滋市的仪表电磁阀有限公司、金箭厨具有限公司、灯头厂三家企业就是等待救助的"困难户"。为了尽快让这三家企业脱困，松滋市委市政府以企业资产所有者的身份，大胆地提出将三家企业长期停产或半停产，并为它们物色重组对象。

作为地处松滋市的国有企业，金箭公司不能不考虑政府的想法，但金箭高层考虑得更多的还是企业的长远发展。他们认为，资本要素是现代企业的最基本要素之一，资本积累是企业快速发展的根本保证，资产重组是实现资本快速积累的有效途径。但是，在进行资产重组的过程中，如果只注重资本的扩张，忽视其他要素的有效聚合，则只能是资本的简单相加，不能使多种要素共同作用产生1+1>2的整合功效。目前，许多经营困难的中小企业，一方面缺乏优势生产要素，另一方面自身所具备的优势生产要素由于缺乏其他要素的组合，又持续处于闲置和浪费状态，作用发挥不充分。因此，在资产重组过程中，如果不充分分析企业的要素需求，搞各种要素的简单相加、"拉郎配"和"扶贫式"重组，不仅达不到壮大活小的目的，反而会使优势企业背上沉重的包袱，使困难企业更加困难。

所幸的是，松滋市领导班子对金箭的想法给予了最充分的理解。为了达到最优化的重组，金箭股份有限公司对湖北仪表电磁阀有限公司进行整体接收式兼并，成立金箭仪表电磁阀有限责任公司。金箭公司的全资子公司金箭厨具有限公司对灯头厂实行整体接收式兼并，将金箭厨具有限公司整体搬迁至灯头厂，进一步扩大该公司的生产能力。被金箭兼并、重组的三家企业，其主业与金箭所经营业务多有关联，因此其扩张是相关产业的多元化，能够将资源进行最优化的整合。

在对三家困难企业进行重组的过程中，金箭高层还注重多条渠道分流，妥善安置职工，避免因重组而给企业造成大的震荡。

由于历史原因所致，国有企业普遍存在人员包袱沉重的问题，人员的分流安置是国有企业改革中重要的一环。被金箭兼并的三家企业由于生产经营长期不正常，经常拖欠职工工资，养老保险不能按时发放，职工为生活所困，上访现象时有发生，给稳定工作带来很大压力，这一问题也是促使松滋市下决心进行资产重组的一个重要原因。为此，金箭根据企业的人员构成，拿出了安置分流的办法。一方面，对仪表电磁阀公司、金箭厨具公司两家参加了养老保险的企业，千方百计筹措养老保险金，保证离退休职工养老保险金能按时发放；另一方面，对灯头厂这样没有参加劳动保险的企业，金箭公司拿出30多万元，按有关政策买断了原灯头厂下岗职工的身份，较好地解决了下岗职工的问题。

为进一步巩固重组成果，金箭公司还特别注意将自己先进的经营理念与经营机制注入新组建的公司中。过去，一些中小企业虽然实行了资产重组，但仍未能摆脱困境，其重要原因之一，就是在资产重组中只看重企业有形资产等"硬"要素的组合，而忽视了经营机制等"软"要素的组合。要使资产重组后的企业灵活、高效运转，就需要在理顺产权关系的基础上，大力转换企业经营机制。为此，金箭公司对重组后新组建的公司严格按公司制的要求明晰了产权，并对机构设置、劳动用工和工资分配等进行了大幅度改革。金箭电磁阀公司和金箭厨具公司原来的班子分别由一正五副和一正四副组成，现在两家公司都只设一名经理，未设副职；公司管理机构精简了60%；公司管理人员和车间用工实行竞争上岗、择优录用。在内部管理中，两家企业都引进了金箭公司"一定三挂"的管理办法，即从严制定工时定额，职工工资与原材料消耗、产品质量和生产任务挂钩，彻底改变了职工吃企业"大锅饭"的现象。另外，在现场管理、营销管理以及各项专业管理方面也借鉴了金箭公司严格、科学的管理机制，使新建的公司在运作之初便步入了良性发展的轨道。

【案例分析问题】

1）金箭公司成功扩张的经验是什么？
2）金箭公司的成功给了我们什么启示？

【案例分析1-2】 什么样的企业才是好企业

几位厂长凑到一起，谈起了过去一年中各自工厂的一些情况。老王很得意地炫耀说："我们厂去年获纯利60万元，比前年增加了10%，如果不是原材料的提价还会多些。照去年的势头，今年又引进了一条流水线，产量可增一倍，今年利润定会翻番。哎，你们厂怎么样？"

听到老王的问话，老赵放下手中的茶杯，并没有顺着老王的问话回答，却反问："老王啊，你说利润提高和翻番，这意味着什么？""当然意味着我们企业工作进步了。"老赵对老王工厂取得的成绩表示祝贺后说:"利润上去了当然是好的。但利润高不见得工厂工作就真做得好。利润是受许多因素影响的,比如价格,目前有些企业利润状况不是因为经营管理好得到的,却是因原材料价格低等而得到的。如果国家价格体系一旦调整,很可能工厂就会变盈利为亏本了。当然,你们厂的工作,据我所知确实是做得好的,比如说很注意技术进步。"

老王听到这话后接着说:"这倒是,但价格调整又不是只对我一家,全国都是这样做的,到时我们利润少了,别厂的利润也会少呀。""所以利润并不能作为衡量企业经营状况的唯一标准。""我同意你的高见,那我要听听什么是搞好企业工作的标准呢?"

"依我看,企业应该追求的是经营管理合理化。只有具备稳固的管理基础,才能发挥良好的绩效,使企业的经营趋于稳健,不致因客观条件的变动而动摇根本。一味追求利润,如此舍本逐末,本者不固,利从何生呢?因此我们厂不着眼于该赚多少或赚钱多少,而只重管理绩效。"

老王说:"老兄,什么叫管理绩效?"老赵并没有正面答复老王的话,继续说:"正因为如此,在目前经济环境下,我们反而担心赚钱的副作用,因为我们赚的钱,有些并不是我们真正努力得到的。这样的钱赚了,反而会促使我们员工产生骄傲心理。我认为,不景气倒能使工厂上下一心,不敢有丝毫怠惰。"老王显然不同意老赵的观点:"按你的说法还是亏本好。一味追求利润固然不好,但是也不能说不要利润啊,不然企业吃什么?国家要你企业干什么?企业又怎样去生存、去发展?再说经营管理合理化也不是一个空泛的词,管理绩效也不是一句时髦用语,它也要通过盈利来反映啊。我们说今年是质量管理效益年,这里就含有盈利要求。现在企业实行承包制,承包什么?利润难道不是其中一个内容吗?"老赵说:"老兄你误解我的话了,我是说要强调搞好企业工作经营管理合理化……。"

老王不等老赵讲完话说:"什么是经营管理合理化?什么是搞好企业工作?搞好企业要做很多工作,国家要做工作,企业自身也要做很多工作。搞好企业正是要体现在资产增值力上的。"老赵争论说:"搞好企业工作难道仅仅只表现在资产增值上?"就这样,两位厂长激烈地争论着。

【案例分析问题】

1) 两位厂长争论的焦点是什么?
2) 你认为什么样的企业才是好企业?

思考与练习

1. 何谓企业?一个企业必须具备哪些基本要素?企业的特征和目标是什么?
2. 简要说明现代企业的特征和类型。
3. 何谓工业企业?工业企业的基本特征是什么?简要说明工业企业的分类。
4. 现代工业企业的组织原则是什么?其组织形式有哪些?

第二章 现代企业车间及车间管理
CHAPTER 2

学习目标

【知识目标】

1. 了解车间和车间管理的概念，了解车间的类型，熟悉车间布置的原则。
2. 熟悉车间管理的任务、职能。
3. 熟悉车间管理的基本内容。

【能力目标】

1. 通过学习，能够初步掌握车间管理的任务、职能和基本内容。
2. 通过学习，能够初步学会规划和布置车间。

导读案例

【案例 2-1】 某轧钢厂中小型车间管理模式的改革

某轧钢厂中小型车间生产线全部设备由意大利达涅利公司引进，年设计生产能力为 40 万 t，随着近两年生产任务的不断攀升，原有的管理方式已远远不能适应现在产能提升新形势下的发展要求。面对新的形势、新的挑战，寻求扁平化、精细化的管理体制，提升管理的有效性和管理绩效，是促进车间不断发展的关键所在。为此，中小型车间把加强车间管理，探索车间扁平化管理的新方法、新手段，作为提高职工工作效率和工作质量的重要途径。

1. 原管理模式的现状分析

中小型车间成立之初采用的是工段和大班相结合的管理模式，由生产工段负责车间设备的操作，维修工段负责设备的维修与保养。随着车间产能的逐渐提高，1999 年车间产量已达到 42 万余 t，已经超过设计能力，同时设备超限问题也逐渐暴露出来，仅靠维护工段人员来管好设备，已经是力不从心了。为加强设备的管理与维护力度，车间先后成立了机械组、电气组、点检组、工艺组，负责全车间设备的技术攻关、点检反馈工作。2003 年，中小型车间面对全年 75 万 t 的生产重任，不断完善、落实设备点检、定修管理制度，实行全员参与的设备维护管理模式，使设备管理向精细化的方向发展。同时设立了工艺点检员，完善点检制度和考核标准，在维修工岗位和生产岗位推行了工时制和计件工资管理办法，合理调配劳动力资源。虽然调动了职工工作的积极性，但是离车间快速发展的新形势还存在一定的差距，暴露出一些不尽如人意的方面和不利因素。例如，生产单位、维修单位和职能组在生产管理、设备管理中出现的对待某一项问题相互扯皮、推诿的现象仍有发生，形成了都来管理、都管不好的现象，一旦出现问题，应该考核"谁"，还需要对问题进行分析后定论，显然与当前快速发展的新形势不相适应。针对种种不良现象，中小型车间领导班子通过深入班组进行调查研究，分析存在这种不良现象的因素，按照推行精细化、扁平化管理的要求，提出了车间内实行"操检合一"的区域化管理新思路。

2. 形成新的管理模式

创新管理方法，解决难点问题的新管理思路已经明确，结合车间实际情况，中小型车间领导班子经过多次研究分析，决定采用以点带面的方法，首先对部分岗位制订了"操检合一"的区域化管理方案，出台了推行作业区管理体制改革的实施办法。2003年7月份，中小型车间根据制定的作业区管理体制改革实施办法，率先在原来的精整岗位、机械岗位和电气岗位实行了区域化管理，成立了机械作业区和电气作业区。取消了机械工段、精整工段、电气组等六个工段（职能组）级单位和相应的工段级干部，实行了区域化管理作业。使机械、电气和生产岗位融为一体，将职能组的技术人员划归作业区，担任区域工程师的职务。并制定了区域工作标准和作业长、区域工程师职责范围。区域作业长负责作业区内部的各项管理工作，区域工程师担当起本区域内设备维护、改造等方面的技术工作，使每个作业区的干部职工不仅要组织协调好生产，还要维护好设备，形成了包产到户的良好格局。在每个区域，无论是生产管理，还是设备管理，都由本区域作业长一人抓，一旦出现问题，直接考核本区域相关人员。进一步增强了区域作业长的管理责任，全面增强了作业长在现场解决问题的主动性和积极性。

经过一个多月的区域化管理试运行，试点单位各项工作质量有了明显提高，设备与生产管理问题得到很好的解决。推行"操检合一"管理模式的成功试运行，加快了在全车间推行区域化管理的步伐。之后，中小型车间对剩余的工段、职能组进一步优化调整，实行了区域划分，取消了轧钢工段、生产准备工段和工艺组，成立了生产作业区和生产准备作业区，及时出台了作业区标准、作业长岗位职责和各岗位工作标准等，推动了车间区域化管理模式不断向全面规范化的方向迈进。

3. 新管理模式的效果

扁平化管理效果立显，促进了管理提速"操检合一"管理体制的有效运行，压减了管理层次，使作业长直接管理班组职工，消除了中间环节，在强化了各区域人员工作责任心的同时，减轻了维修工的工作量，促进了设备点检维修质量的提高。对此，机械维修岗位的职工最有感触：以前，无论车间哪台设备出现问题，他们都要到场进行维修，现在维修工划归作业区以后，负责的设备少了，责任明确了，在维护上也更加精细了，设备出现问题的概率明显减少，工作更有效率。新管理体制全面推行后的第二个月，正赶上车间的第四次设备大中修及深度挖潜改造。该车间按照新的管理体制，对各项改造维修项目进行了分工。各区域项目组人员各司其职，严格按照大修网络计划抓好工程进度。各区域人员之间相互帮助、互相支持、克服改造维修项目多等诸多不利因素，加班加点，每天工作在16小时以上，致使各项目提前20多个小时保质、保量地完成。从而验证了区域化管理对促进人员工作主动性和积极性呈现出的明显优势。在设备管理方面，新作业区将每一台设备指定到人头，制定了设备维护点检标准和严格的奖惩制度，形成了靠制度管人、靠制度约束人的良好局面，每一位职工的责任心明显增强，人的能力得到充分发挥。在工作中，由各区域维修工与操作工负责设备日常点检与维护，由值班维修工负责全面检查、检修和设备改造等工作。这样，无论是操作方面的原因还是设备故障方面的问题，只要是本区域出现的问题，区域人员都把它当成自己的问题来处理，推诿扯皮现象自然就不复存在了。2004年以来，中小型车间结合新的形势进一步完善作业区管理制度、作业区工作标准、作业区岗位职责和相应的考核标准，促进了职工工作效率和各区域工作质量的全面提升，增强了全体职工的责任意识，使设备故障停概率明显减少，推动了生产指标的不断攀升。

【案例2-2】 陕北矿业公司实施劳动定额，实现精细化管理

1. 运用劳动定额，确定劳动工效，合理安排生产计划

精细化管理是系统化管理，生产是企业车间的核心，均衡合理安排生产计划，按照编制的计划来组织与指导生产，使生产不会出现窝工或浪费时间现象，劳动定额是编制计划的基础，有了劳动定额可直接算出工效，有了工效就能算出生产天数，有了生产天数就能有序地安排年生产计划、月生产计划、日生产计划。编制计划必须要有各种定额来作为计算人力、物力、财力等资源需要量的依据，使各种管理更加精、细、准。陕北矿业公司充分运用劳动定额，合理、有效地调整生产作业，从2011年年产510.6万t提高到2013年1021.22万t。

2. 依据各种定额，强化成本意识，分解落实成本目标责任制

精细化管理是一种管理理念和管理技术，是通过规范的标准化管理体系加以管理。成本管理更是企业精细化管理的重要组成部分，有效利用各种消耗定额，把成本目标责任制层层分解，落实到单位、班组、个人，使成本支出有定额，费用开支有标准，事前有计划，事中有管理，事后有考核。采取各种有效的措施，把成本控制在目标范围内。根据企业生产的区队和所使用的设备及材耗，依据定额标准，实行大型设备使用年限、材料、水、电成本费用分解包干，节约有奖励，超亏有处罚。上下齐动，形成级级抓成本、人人管成本。

3. 利用劳动定额，科学定编、定员，减少人浮于事

定编、定员关系到企业人力成本水平的高低，先进合理的定编、定员水平是提高企业生产效率、避免造成人浮于事的基础。精准细致的定编、定员是组织均衡生产、合理用人、提高劳动生产率的重要措施之一。凡是企业都要用人，人用多少？都用什么人？怎么确定？这就需要编制企业的定编、定岗、定员，使劳动组织得科学、合理化。陕北矿业公司2011年年末全公司在册1869人，截至2013年年末全公司在册2020人，在产量提高2倍的情况下，人员仅加了8%。其做法如下：

1）按劳动效率进行定员。就是根据各生产区队的产量、进度及员工的劳动效率、出勤率来核算定员人数。

2）按设备进行定员。就是对所有区队的机器设备进行统计，根据实际需要开动的数量、开动班次、看管定额及出勤率来计算定员人数。

3）按岗位进行定员。对全公司各岗位进行统计，根据各岗位工作量的轻重，以及劳动者的工作效率来计算定员人数。

4）按比例进行定员。按照与企业员工总数或某一类服务对象的总人数的比例，确定某

种人员的定员人数。

5）按组织机构、职责范围和业务分工确定定员人数。

在上述 5 种方法中，不难看出前 3 种与劳动定额存在直接的联系。可以确定，定员是劳动定额的重要发展形式，定额是基础，没有定额的定员是粗放的定员，没有科学依据的定员，更谈不上精细化。通过科学合理的定编、定岗、定员，使公司的定员既保证实现企业生产经营目标，又做到了精简、高效、节约。

4. 充分发挥劳动定额作用，体现按劳分配

定额是计量劳动报酬的尺度，对于加强企业经营管理、合理完善内部分配制度、提高劳动生产率、充分调动广大员工的生产积极性具有重要意义。公司的做法：定额核定计件工资，按照员工完成的有效额量支付工资，把员工的劳动定量化、数据化，从而使企业内部工资分配更加科学、合理，给员工支付合理劳动报酬创造了重要的条件。以前，由于没有定额，无法计算出员工标准的劳动量，工资支付人为和随意性较大，所有工程都是估算，没有一个科学合理的计酬标准，无法真正体现按劳分配，无形中挫伤了员工的积极性。定额的出现，能有效计算出员工的准确计量，对报酬的支付，取决于有效劳动量，完成的任务多，其工资就多；完成的少，其工资就少。使员工在工作前，即能了解应完成的生产、工作任务的数量和质量，并了解可获得的报酬，为员工指明了努力工作的目标，有很好的事前激励作用，极大地调动了广大员工的生产积极性，从而不断提高生产效率。

【案例 2-3】 嘉陵机器制造公司"一室六制五活动"

1. 重庆嘉陵机器制造公司"一室六制五活动"星级班组管理模式

"一室"指班组学习室，为员工学习、交流提供场所，为班组集体活动和文化建设提供良好的环境和载体，为制度的建立和实施提供有效平台。原则上各个班组都要创造条件建设班组学习室，不具备条件的班组可共建学习室，其目的就是为员工学习、交流提供平台。通过配备报纸、杂志等读物及工艺技术、作业标准、操作规程等资料，供员工学习、培训、交流使用，以此促进小组成员全面提高素质，并适应企业改革、发展的需要。

"六制"指"六项基本制度"，包括"班组园地管理制度、班组台账记录制度、班组班前会制度、班组值班组长制度、班组员工培训制度、班组五大员职责制度"等基本制度。从规章制度角度对班组成员的工作行为进行规范和约束，而这些基本制度既是公司规章制度建设的最基本要求，又紧密贴近了规范班组各项行为的实际，从而达到提升班组管理水平，加强班组基础管理的目的。

"五活动"指"五项基本活动"，根据班组日常开展的活动情况，归纳提炼出"班组节能节约降成本活动、班组持续改善活动、班组合理化建议活动、班组技能竞赛活动、班组导师带徒活动"等班组基本活动，通过发动员工广泛开展群众性节能、持续改善、合理化建议、岗位练兵、技术比武、师徒"结对子"等活动，既突出了生产经营重点，又能在活动中体现班组建设的效果。

2. "一室六制五活动"模式与传统班组管理的联系与区别

不管是星级班组管理模式还是嘉陵传统班组管理方式，参与者均是企业员工，两者都是围绕企业的生产经营中心，不断加强生产管理、技术管理、现场管理、质量管理、劳动组织管理、设备管理、工具管理、安全管理、经济核算等，都强调发挥团队精神，发挥每个成员

的主观能动性、创造性，积极参与班组建设工作。不同的是，星级班组管理模式明确和规范了用"一室六制五活动"模式来全面统领和指导班组建设工作，相当于有统一的模板，而且有具体的规划；传统的班组管理无统一的管理模式，无模板参考，无具体规划，只是由各班组根据实际情况自行开展相应工作。

第一节 车间及车间管理的概念

一、车间的概念

1. 车间的定义及其组成

车间是企业内部承担产品制造或工业性劳务的基本生产单位，是企业制造产品的场所，拥有完成生产任务所必需的厂房（场地）、机器设备、工具和一定的生产人员、技术人员、管理人员。工业企业的车间一般有适度的规模，承担一个独立的产品或一个独立部件的生产加工任务，一般情况下不直接对外发生业务联系。

车间是企业的中层组织，它一般由若干个班组组成。车间管辖的班组则是作业层。一般来说，车间包括基本生产部分（如各种设备、装配生产线等）、辅助生产部分（如机修组、电工组等）、仓库部分（如半成品库等）和其他必需部分（如更衣室、洗手间等）等。

2. 车间的类型

车间可以根据不同要素划分为不同的类型。

1）按其在企业生产过程中的作用，车间可分为产品开发车间、基本生产车间、辅助车间和附属车间。

2）按生产要素和生产规模，车间可分为大型车间（400人以上）、中型车间（100～400人）和小型车间（100人以下）。

3）按工艺专业化原则划分，车间可分为机加工车间、铸造车间、锻造车间、冷作车间、油漆车间、组装车间等。它具有"三同一不同"的特点，即工艺设备同类型、同工种工人、工艺方法相同，加工对象不同类型。

4）按对象专业化原则划分，车间可分为以产品或部件为对象建立的车间，如汽车制造厂的发动机车间、底盘车间等；以同类零件为对象建立的专业化车间，如机床厂的齿轮车间，轴承厂的滚子车间等。它具有"一同三不同"特点，即工艺设备不同类型、不同工种的工人、工艺方法不同，加工同类产品。

5）按综合运用工艺专业化和对象专业化原则建立的车间，既有按主要零件工艺过程顺序排列设备，以设备组为基础设置班组，如机加工车间，设置车工班、铣工班、磨工班、钻工班等，又有按部件或产品生产为基础设置工段或班组，如机加工车间设标准件工段钳工班等。

6）按管理方式，可分为单纯的车间，也可为分厂。

3. 车间的布置

车间的布置直接牵涉产品在车间内生产时的效率和便利，以及生产现场管理和安全文明生产。进行车间平面布置时，先要进行车间的总体布置，确定车间各组成部分的相互位置，特别是基本工段、辅助工段和工具室、中间库之间的相互位置，应当使各基本生产工段、班组的相互配置符合工艺流程的顺序，辅助工段、生产服务部门的布置有利于对生产工段、班组提供服务。车间总体布置后，再进行车间的设备布置，并通过设备布置来校验和调整车间的总体布置。车间布置的原则主要有：

1）"线路最短"原则。按照生产过程的流向和工艺顺序布置设备，尽量使加工对象成直线运动，线路最短，将倒流减少到最低限度。

2）"便利快捷"原则。注意运输方便，充分发挥运输工具的作用，如加工大型零件和长棒料的设备应布置在车间入口处，大型加工设备应布置在有起重机的厂房里。

3）"安全舒适"原则。合理布置工作地，保证生产安全，并尽可能为工人创造良好的工作条件。

4）"方便看管"原则。考虑多机床看管工人作业的方便。

5）"规划合理"原则。合理利用车间生产面积，正确规定设备、墙壁、柱子、过道之间的距离。

6）"照顾重点"原则。注意维护设备精度，照顾设备工作特点，如精加工设备应布置在光线最好和振动影响最小的地方。

车间设备布置的基本形式有以下四种：

1）工艺专业化的布置形式，又称为机群式布置形式，它是将大致相同类型的设备相对集中地摆放在一起，形成一个群体，对产品进行相同和相似的加工，如按车床组、铣床组、钻床组等分区进行布置。这种设备布置形式有利于多品种、小批量生产条件。

2）对象专业化的布置形式，又称为流程式布置形式，它是将设备按产品的工艺顺序进行摆放，形成一条生产线，完成对产品的全部加工。这种设备布置形式有利于少品种、大批量生产条件，典型的形式就是流水线生产。

3）综合性的设备布置形式，又称为混合式布置形式，它是介于工艺专业化和对象专业化之间的相互结合的一种设备布置形式。

4）产品定位布置方式，又称为定位式布置方式，即大型产品定位加工，加工设备围绕产品布置，如造船工业的车间。

二、车间管理的概念

车间管理是指对车间所从事的各项生产经营活动进行计划、组织、指挥、协调和控制的一系列管理工作。

车间管理的基本属性如下：

（1）车间管理属于内向型管理　车间管理是以生产为中心的企业管理形态，是企业内部执行生产任务的单位，它以单纯完成厂部下达的生产计划为目的，只需要通过具体的生产活动来保证企业目标和计划的实施，一般不需要直接对外发生经济联系。所以说，车间管理属于内向型管理。

（2）车间管理属于中间管理层　按照管理层次的划分，企业管理位于管理的最高层，车间管理位于管理的中间层，班组管理位于管理的作业层。对于最高管理层来说，车间管理属于执行型；对于作业管理层来说，车间管理又属于指令型。车间既要执行厂部下达的指令，并且为厂部提供信息，又要对工段、班组下达指令，以便协调整个车间的生产活动。

（3）车间管理具有一定的独立性　车间系统是企业系统的子系统，是工段、班组系统的母系统。车间既与企业有紧密联系的一面，又有独立进行管理的一面。车间在厂部计划和指令下达后，要分析和掌握各类技术经济指标，要全盘考虑车间生产所需要的人力、物力条件，并把这些资源以有效的方式有机地结合起来，组织车间的生产活动。同时，还要根据工段、班组反馈的信息，及时纠正偏差，改进车间管理工作，建立正常而稳定的生产秩序。在此过程中，厂长赋予车间主任必要的决策权、任免权、指挥权和奖惩权。所以说，车间管理具有一定的独立性。

三、车间在企业中的地位

在现代企业的组织结构中，无论是流程式还是离散式的企业，无论是单件生产、多品种小批量生产、少品种重复生产还是标准产品大量生产的企业，都离不开生产车间。

生产车间是企业制造产品、获得利润、实现目标的主体，车间容纳了企业人数最多的作业和督导两个层次的人员，企业的所有生产经营任务最终都要落实到车间去完成。企业将各种资源经过工艺处理而转化成为用户需要的产品，而这个转化重任就基本上落在了车间的身上。车间是劳动力、劳动对象、生产工具等生产力要素的结合部，通过要素的结合使资源（原料、材料）转换成社会需要的产品。从经营的角度看，车间处在中间环节上，起到了承上启下的作用。

一个企业即使拥有优秀的经营决策者和卓越的营销人员，但如果车间生产线不能如期交货，这些经营决策者和营销人员也会束手无策，那么整个企业必然会面临严峻的甚至是混乱局面。因此，车间是企业的支柱，只有车间充满勃勃生机，企业才会有旺盛的活力，才能在激烈的市场竞争中长久地立于不败之地。因此，抓好车间管理有着十分重要的现实意义。

第二节　车间管理的职能

一、车间管理的原则

车间管理的基本原则如下：

（1）统一领导和民主管理相结合的原则　现代工业生产是建立在高度技术基础上的社会化大生产，生产力水平越高，生产的社会化程度越高，就越需要严格实行统一领导。

（2）思想政治工作和经济工作相结合的原则　职工在思想政治方面的问题，总是在经济活动中产生的，是在管理过程中产生的，或是从生产、技术经营管理活动中反映出来的。所以车间的思想政治工作必须结合经济工作来做，才能服务于生产，才能确保经济工作的正确方向，才能使车间生产活动顺利进行，并取得最佳的经济效益。

（3）效益优先与社会责任相结合的原则　车间是企业生产活动的主要场所，是产生经济效益的主要阵地，是实施经济核算的主要对象。车间盈利了，才能保证企业盈利。因此，车间管理工作必须遵循效益优先的原则来展开。但是，任何企业都是社会的一分子，社会效益也是企业效益的重要部分。车间的活动应该以大局为重,不能只顾小集体的利益。为了整个企业的利益,为了社会利益,有时必须做出一些让步甚至是牺牲。

(4) 以人为本,相互尊重,团结奋斗的原则　世界上一切事物的成功,人的因素总是第一位的。现代企业更是十分重视人的因素,强调一切活动都要以人为本,即创造以人文关怀为主的社会环境和企业环境,尊重人、关心人、爱护人、信任人,相互尊重,团结奋斗,充分发挥企业员工的聪明才智,实现企业经营目标。车间管理工作也应如此,才能让本车间职工在友好氛围与和谐环境中,共同为完成车间的生产任务尽自己的最大努力。

(5) 承上启下,吃透两头,不打折扣地上传下达的原则　车间是企业的中层组织,它具有过渡、连接、承上启下的作用。对上,车间必须对企业的决策、指示和下达的任务,认真贯彻,具体落实;对下,车间必须围绕企业的经营目标,对职工进行指导、组织、指挥、协调和服务。因此,车间的管理必须吃透两头,才能有效地将企业的决策、目标和计划,转化为生产一线职工的实际行动,齐心协力做好企业和车间的各项工作。

二、车间管理的任务

车间管理的任务主要有以下几项:

(1) 健全车间生产组织,合理组织生产　车间的中心任务是生产,围绕生产提高车间管理水平是车间管理的基本方向。为此,车间应在厂部生产指挥系统的领导下,建立健全统一的、强有力的生产组织机构。根据厂部下达的计划任务,为车间各工段安排生产和工作任务,组织均衡生产,使人、财、物能够得到有效的运转,取得最优的经济效益。

(2) 完善车间管理制度　车间在贯彻企业各项规章制度的前提下,要结合自身的特点,按照经济责任制的原则,制定各项管理制度以及车间内部职能组、工段、班组等各项组织和车间主任、职能组长、工段长、班组长、技术人员、工人等各类人员的工作职责、工作标准。做到事事有人管,人人有专职,工作有标准,检验有依据,强化车间管理。

(3) 加强劳动组织和劳动协作　劳动力是生产力三要素中最关键的因素,人的行为影响着目标的完成。车间在组织生产时,要努力为职工创造良好的生产环境,研究科学的劳动组织、协作模式和操作方法,制定先进合理的定额,实行按劳取酬的工资奖励办法,不断提高工人的技术和文化水平,使工人能够心情舒畅、同心协力地去工作,不断提高劳动生产率。

(4) 加强工艺设计,制定工艺规程　车间生产过程既是产品形成的过程,也是各种资源的消耗过程。车间要生产出高质量、低消耗的产品,就要加强工艺设计,制定工艺规程,严格技术管理,健全消耗、质量管理制度,在保证完成生产任务的同时,力求降低生产成本,提高产品质量,把投入到车间生产过程中的各种要素以最优化的方式,最合理、最有效地组织起来,从而取得最高的经济效益。

(5) 大搞技术革新,促进技术进步　车间要保证高效率地、高质量地全面完成企业下达给车间的生产任务,就要有计划地进行大规模的技术改造,用新技术、新工艺改造老设备,合理有效地计划、组织和控制车间的生产技术经济活动,使车间所生产的产品和采用的工艺方法、机器设备在技术上是先进的,在经济上是合理的。从技术上保证车间提高生产效率,以促进生产力的发展。

(6) 管好、用好固定资产　机器设备是车间生产的保障,是企业的固定资产。车间要保证生产任务的完成，就要不断提高设备的利用率和完好率，建立科学的设备使用、维护制度，监督设备使用状况，定期组织设备的中修和小修，不断加强设备和工具管理，防止设备和人身事故，保护工人身体健康，实现高产、稳产、优质、低耗和安全生产。

（7）加强基础核算工作　车间是企业内部的一级核算单位。车间核算由技术核算、统计核算和经济核算三个部分组成。一个企业能否取得良好的经济效益，很大程度上取决于各车间的生产经营效益，而生产经营效益只有通过核算才能有效地反映、控制和监督。加强车间核算工作，做到心中有数，才能对车间各方面的工作提出切实可行的改进措施，使车间管理水平不断提高。

（8）建立车间指标体系，做好车间利润评价　根据车间管理所要解决的问题和要达到的目的，建立起一套能充分反映目的、衡量方案优劣的评价指标体系，然后确定这些目标的要求值和目标的性能特点。车间管理系统的分析和评价，是以价值为标准来评定的，即以产生的经济效益、社会效益以及投入产出之比来评价的。车间对管理系统的评价主要从利润这一角度来评价，即对收益和费用进行综合考虑。评价以模型为基础，通过数学分析，以利润的大小来衡量。

三、车间管理的工作职能

车间管理的工作职能包括以下几方面：

（1）制订计划　计划是任何经济管理工作的首要职能，是一切现代化大生产的共同特点，是各项工作的指南，是动员和组织企业职工完成用户需要的产品的重要工具。车间管理的计划职能首先是制定整个车间的活动目标和各项技术经济指标，它能使各道工序以至每个职工都有明确的奋斗目标，能把各个生产环节互相衔接协调起来，使人、财、物各要素紧密结合，形成完整的生产系统。有了计划就有了行动的方向和目标，有了计划就有了检查工作、改进工作的依据，有了计划就有了衡量每个单位、每个职工工作成果的尺度。车间不参与对厂外的经营活动。车间制订计划的依据是企业下达的计划和本车间的实际资源情况。车间除每年制定生产经营和目标方针外，主要是按季、月、日、时制订生产作业计划，质量、成本控制计划，设备检修计划。

（2）组织指挥　组织指挥是执行其他管理职能不可缺少的前提，是完成车间计划，保证生产，使之发展平衡，并进行调整的重要一环。车间组织指挥的职能：一是根据车间的目标，建立、完善管理组织和作业组织，如管理机构的设置，管理人员的选择和配备，劳动力的组织和分配等；二是通过组织和制度，运用领导艺术，对工段、班组和职工进行布置、调度、指导、督促，使其活动朝着既定的目标前进，使相互之间保持行动上的协调。

（3）监督控制　监督就是对各种管理制度的执行，计划的实施，上级指令的贯彻过程进行检查、督促，使之付诸实现的管理活动。控制就是在执行计划和进行各项生产经营活动过程中，把实际执行情况同既定的目标、计划、标准进行对比，找出差距，查明原因，采取措施的管理活动。

（4）生产服务　由于车间是直接组织生产的单位，因此生产服务作为车间管理的一项职能是十分必要的。生产服务的内容包括：

1）技术指导。在生产过程中，要经常帮助职工解决技术上的难题，包括改进工艺过程、设备的改造和革新等。

2) 车间设备的使用服务和维修服务。
3) 材料和动力供应服务等。
4) 帮助工段、班组对车间以外单位进行协调和联系。
5) 其他生活服务。

（5）宣传教育　企业经营效果的好坏，其基础在于车间生产现场职工的精神面貌。因为在一定条件下，人是起决定性作用的因素，而车间肩负着直接激励职工士气的职责。激励士气，就是通过各种方法，调动职工的积极性和创造性，使人的潜力得到充分发挥，提高工作效率，保证车间任务的完成。车间应该广泛吸收职工参加管理活动，充分发挥他们的经验和才智；积极开展精神文明建设，宣传好人好事、先进典型，勉励员工积极上进，不断进步；及时宣传国家的重大科技成果，通报本企业、本车间的革新成果，激励员工的斗志，不断开拓进取，努力奋斗；积极推行企业文化，活跃车间的文化生活。

车间管理的全部职能都是相互联系、相互制约、相互促进的。这些职能的履行者，包括车间主任、副主任、工段长、班组长及车间相关职责人员。

四、车间管理的方法

车间管理最简洁的办法就是抓住 5M1E 这六个核心要素进行管理，即

（1）重视对人（Men）的管理　最大程度发挥人的潜能和竞争意识，加强岗位培训，鼓励自学成才，实行岗位和业绩考核，技能与工资挂钩，重点培养吃苦耐劳精神和严谨的工作作风。引入上岗机制，考试合格上岗，不合格下岗，管理人员从优秀员工中晋升，激发干部和员工的积极上进意识，鼓励提呈合理化建议，鼓励技术革新。倡导企业文化和精神文明相结合。

（2）加强对机器设备（Machine）的管理　提高设备的最大利用率，执行设备日保月保制度。实行设备动态管理，积极开展 TPM（全员、全过程参加的提高设备综合效率）活动。

（3）注重对物料（Material）的管理　做到最合理地投入产出，实行工序制造成本管理，制定可行的降耗、增效目标，控制物资材料的浪费，减少损耗。

（4）严格执行工艺方法（Method）　生产过程采用最佳的工作方式，认真执行操作规程，完善工艺流程卡，经常开展规范化作业检查，班组长对每班情况进行评价和考核。

（5）合理运用检测（Measure）手段　合理运用可靠的科学检测手段，发现生产中的问题，确保高效率、高质量地完成生产计划。

（6）加强工作环境（Environment）的管理　加强对车间工作作业环境的治理，减少和消除环境污染，不断提高文明生产程度，使员工在一个舒适、安全的环境中工作，使设备和产品免受污染。

此外，在管理手段上，还可采取行政命令、法律法规、经济制约、宣传教育等方法。无论采取何种手段，车间管理都必须遵循之前所述的管理原则，必须尊重职工的人格和权益，充分注意保护职工的工作热情，充分发挥职工的生产积极性。

五、车间管理的基本内容

车间是企业开展生产活动的主战场，管理工作内容最丰富、最具体、最繁杂，而且最具有随机性。虽然车间只是企业的一个中层机构，但它起着承上启下的关键作用，车间管理工

作的好坏直接影响企业的生存与发展。任何一个企业负责人都不会轻视，也不会放松车间管理工作。

车间管理工作千头万绪，归纳起来主要包括组织管理、生产管理、质量管理与控制、设备管理、物料管理、车间经济核算、制度管理、安全生产和环境管理等。

（1）车间的组织管理　主要是抓好车间的组织结构、班组建设。

（2）车间的生产管理　生产管理是车间管理工作的重头戏，它直接关系到生产任务的落实、产品质量的保证、生产流程的贯通、经济效益的创造以及企业经营目标的实现。车间生产管理工作主要有：制订生产计划，进行生产调度，实施现场管理、5S管理、看板管理，进行工艺管理等。

（3）车间的质量管理与控制　车间是质量管理的现场，企业质量管理的一切目标和措施都必须通过车间管理来实现。作为车间管理层，除了按照企业质量管理的部署和要求完成各项质量指标外，还应具体抓好质量教育、标准化建设、质量计划工作、工序质量控制、车间质量责任制、质量管理组织建设、质量信息反馈等各项基础工作。

（4）车间的设备管理　车间要想正常进行生产，除了有必要的技术人员和原材料之外，还必须要有能正常从事生产的机器设备。车间的设备管理问题，包括车间设备管理的目标和任务、车间设备管理的内容、车间设备管理水平的考核指标、车间设备的使用、车间设备的保养与改造以及建立和完善设备档案等。

（5）车间的物料管理　车间管理的物料大多为本车间正在使用或短时间内暂存的物料，主要包括固定资产、原材料和制品坯料、配件、工艺装备、成品与半成品。

（6）车间的经济核算　经济核算是企业管理的重要环节。企业通过对生产过程中的人工成本、资金运转等进行登记、核算、监督和比较，使企业不断改善经营管理，提高经济效益。车间的经济核算主要抓好成本控制、定额管理，建立经济责任制，效益意识宣传教育等。

（7）车间的制度管理　企业规章制度繁多，就车间范围来看，按其所起的作用和应用范围，大体可分为三类：岗位责任制度、车间管理制度、技术标准与技术规程等。

（8）车间的安全生产和环境管理　综合起来看，车间安全生产与环境管理包括安全生产、劳动保护、环境管理、清洁生产四个方面。

案例分析

【案例分析】　车间管理的十忌

一忌：不能俯下身子深入生产一线了解具体事由而乱安排、瞎指挥。

二忌：管理工作不务实、欺上瞒下、做表面文章，甚至虚报数据、损公肥私。

三忌：在遵纪守规方面缺乏自律，"只许州官放火，不许百姓点灯"，不能很好地起到模范带头作用。

四忌：作风问题不严明，爱占员工便宜，甚至公开索要，大兴腐败之风。

五忌：独权专制，不能很好地听取员工提出的合理化建议，甚至对优秀员工打击报复，限制其正常发展。

六忌：处事不公平，出现问题往往是对人不对事，大搞裙带关系。

七忌：遇事一筹莫展，畏首畏尾，不敢大胆管理。

八忌：政令不通，上级指示要求不能及时传达、落实下去，与上级步调不一致。

九忌：凡事不能很好地权衡利弊。安排工作找不到重点，往往首尾不得兼顾，大伤人力、物力。

十忌：惧怕别人评价，不敢大胆起用人才及技术标兵。

【案例分析问题】

对照车间管理"十忌"，检查自己犯了几忌。

思考与练习

1. 试说明车间有哪些类型，如何划分。
2. 简要说明车间管理的属性。
3. 车间管理的任务有哪些？车间管理的职能是什么？
4. 简要说明车间管理的基本内容。

第三章 现代企业车间的组织管理
CHAPTER 3

学习目标

【知识目标】

1. 了解现代企业的车间组织结构，熟悉车间组织管理的原则。
2. 了解车间班组的划分与设置。
3. 熟悉班组建设的任务，熟悉班组长的职责。
4. 了解班组民主管理的内容。

【能力目标】

通过学习，能够给车间合理划分班组。

导读案例

【案例3-1】 南京造漆厂涂料生产车间设置

涂料生产车间的设置，有两种基本形式：一是工艺专业化生产线，也称为机群式，就是按照不同的生产工艺来设置不同的车间或工段班组。在工艺专业化的车间内，集中同工种的工人和安装同种类型的设备，如涂料厂的树脂车间、研磨车间、过滤工段、调漆工段、包装工段等。二是对象专业化生产线，也称为封闭式生产线，就是以产品（或半成品）为单位来设置车间。在对象专业化的车间内，集中为制造某种产品所需要的各工种的工人和安装各种设备，它基本上独立完成该种产品的全部工艺过程，如硝基漆车间、聚氨酯漆车间等。

涂料工业的生产特点是原材料和产品品种多，生产工艺简单，流程短。传统生产车间的设置方式多为按工艺来划分的，根据油漆生产工艺：油料精制→熬炼→净化→拌和→研磨→调漆→包装，通常分成熬炼（或漆料）车间和色漆（或成品）车间。在同一车间内安装多台相同的工艺设备，如色漆车间有砂磨机群、三辊机群、球磨机群等，在调色工段通常有几台或几十台调漆罐，而几乎各类产品如油性漆、天然树脂漆、醇酸漆、氨基漆等，都在这个车间生产。南京造漆厂新设计安装的 15000t/年色漆车间就是典型的工艺专业化生产车间。

在这个车间内装有2台三辊机、2台卧式封闭砂磨机、4台卧式球磨机、8台立式砂磨机。按工艺专业化设置生产车间的优点是：能充分利用设备和生产面积；便于对工艺进行专业化管理；新产品的投产可以在已有的生产线上组织实施。这些优点在品种少、规模小的企业更明显。多年来我国油漆厂除了个别品种（如硝基漆、过氯乙烯漆）外，生产车间的设置几乎都采用工艺专业化形式，在涂料行业生产发展中发挥了一定的作用。

近年来涂料厂新产品开发速度加快，产品大类和品种增加很多，生产批量变大，此时企业按工艺专业化设置生产车间在实践中已逐渐暴露出它的缺点：① 不同品种在同一工艺设备中通过，对产品性能会产生干扰，易发生质量事故；② 品种更换时，因清洗机器增加物料消耗；③ 车间库存的在制品种类多，生产资金占用量大；④ 生产计划的编制和调度工作难度大，不便于管理水平的提高。针对上述情况，特别是丙烯酸树脂漆及水性漆被逐步开发后，不少企业开始改变传统的方法，探索按产品品种来设置生产线的新形式。例如，天津油漆总厂的云母氧化铁防锈漆生产线，武汉制漆总厂的聚氨酯漆和环氧漆生产线，北京油漆厂的乳胶漆生产线等在实践中都取得了较好的效果。哈尔滨油漆厂早几年曾设想学习国内厂家，按工艺来划分车间，准备把相同的工艺设备集中安放在一个车间，但发现上述一些问题较难解决，后来决定按品种来设置生产线，建立了醇酸漆、氨基漆、硝基漆、调和漆及中试等5个生产车间。几年的实践，使他们尝到了甜头：劳动生产率高，能源消耗低，原材料损耗小，产品成本降低，而且便于管理和考核。

按产品对象来设置生产车间，在一条生产线上安置着各种不同的工艺设备，如基料罐、高速搅拌机、砂磨机、调漆罐、包装机等。在每个工序、每台设备上，只通过一个产品或特性相似的几个产品。产品专业化生产车间的优点有：① 减少品种间的干扰，有利于技术操作和提高产品质量；② 减少因品种更换产生的物料工时消耗，生产效率高；③ 能使复杂的生产作业计划和调度工作得到简化；④ 可用最短的时间、最小限度的在制品量生产出最多的涂料产品，为实行最经济的生产计划管理提供了途径，有利于我国涂料行业改变作坊式生产方式，向大型化、连续化生产方向发展，有利于企业实行现代化管理。

【案例3-2】 鲁中冶金矿业集团车间班组设置与调整原则

鲁中冶金矿业集团结合本单位的实际情况，从有利于管理、有利于提高劳动生产率和企业经济效益出发，根据生产（工作）任务、生产工艺特点、分工协作关系等具体情况和需要来确定班组的设置与调整。

1）对于连续性倒班生产的车间（区、队），通常按生产工艺要求将同一时间上班的若干个岗位上的职工划分为一个班组。

2）对同一类型设备的同工种、不同岗位的若干职工划分为一个班组。

3）对生产工序联系性强的岗位，可按工艺流程的不同主要阶段分别设置班组。

4）对生产过程中劳动强度大的岗位，可按工作地相同或相邻的同工种划分为一个班组。

5）建筑安装专业通常按工种划分班组，也可根据施工对象的特点设置多工种班组。

6）按照有效的管理幅度和科学的管理层次设置班组和班组人数。原则上每个班组不少于10人，可根据生产工作任务需要设班长1人。因特殊情况少于10人的，必须经公司人力资源部门审定，但最少人数不低于6人。

7) 根据生产需要，结合改善劳动组织和编制定员，由公司人力资源部门适时对车间（区、队）提出的班组设置和调整意见进行审核，并建立班组档案；红旗标兵班组的注销、合并、班组长调整，应事先征得集团公司班组建设领导小组办公室同意。

8) 部分车间（区、队）设置的工段，应当纳入班组序列管理。

第一节　车间的组织管理

一、车间的组织机构

车间是企业中按工艺专业化或对象专业化原则设置的现场生产组织，在企业里完成生产中某工艺过程或单独生产某种产品，是企业内部的基本生产单位和行政单位，也是企业内部的一级经济核算单位。它由若干工段和班组组成，在厂长的领导下工作。车间的主要活动是贯彻执行企业的计划、厂部命令和批示以及规章制度；它直接实现产品的生产过程，全面完成厂级下达的各项经济技术指标，完成生产和经济责任任务。

企业的组织结构一般采取企业层级结构。层级结构是指管理系统和被管理系统之间的关系表现为按等级顺序排列，并赋予相应权利和义务的独立的下属单位结构及其相互信息联系的总和。在企业层级结构的建立和管理中，管理层次与管理幅度是密切联系的。管理层次是指从企业组织机构的最高层到基层之间隶属关系的数量，而管理幅度是指一名主管人员有效地监督、管理直接下属的工作人员数量。从加强管理控制的角度看，要求增加管理层次而缩小管理幅度；从发挥下属的权力自主性来看，又要减少管理层次而扩大管理幅度。因此，必须根据企业的类型、规模、生产技术特点以及管理人员素质和组织监控手段完善程度进行综合考虑，决定管理层次结构和管理幅度大小。

一个车间究竟应当设几个管理层次，每个层次设几个管理人员，主要应当考虑两方面的问题：一方面是生产技术特点，如规模大小、产品品种多少、生产技术复杂程度等；另一方面是管理幅度，即上一级领导能直接有效领导下级的人数，这受到领导者的知识、能力、经验的限制和职工素质的制约。

车间是企业的一个中层机构，麻雀虽小，肝胆俱全，通常它涉及多个工种，包括工程技术人员、一线技术工人（操作工、维修工、辅助工）和车间管理人员。车间组织机构的设置要受产品特点、生产规模、生产技术复杂程度和专业化管理水平等因素的影响。车间的层级结构主要有三级结构或二级结构，即车间、工段、班组等层级，小型企业的车间只划分班组，大型企业的车间还需要划分工段，工段再划分班组，它们各级的地位、职责及其相互关系有不同特点。

在传统的企业组织管理中产生了如下4种管理模式，即直线制、职能制、直线参谋制和直线职能参谋制，如图3-1～图3-4所示。在现代组织阶段中，还产生了另外4种管理组织模式，即事业部制、超事业部制、矩阵制和多维立体组织结构，这4种与车间管理组织机构设置的关系不大，所以这里不做介绍。

（1）直线制　直线制又称为单线制，它是工业发展初期的一种最简单的管理组织机构模式。其基本特点是组织中的各种职位按垂直系统直线排列，不存在管理职能的分工，一切指挥和管理职能均由公司领导和车间主任自己执行，下属单位只接受一个上级的指令。其模式如图3-1所示。

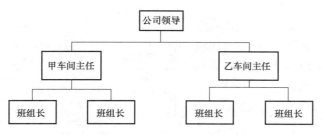

图3-1　直线制管理组织机构的模式

由图3-1可以看出，公司领导和车间主任都没有设置职能机构，生产、技术、销售、财务等业务都要他们亲自处理。这就要求公司领导和车间主任通晓各种管理业务，成为"全能"式的人物。这种组织模式的优点是机构简化、权力集中、职责分明、决策迅速、命令统一。其缺点如下：当企业规模扩大时，在产品品种多、业务复杂、技术要求高的情况下，公司领导和车间主任仅凭个人知识、能力和精力会感到难于应付。因此，这种模式一般适用于小型企业。

（2）职能制　职能制又称为多线制。它的基本特点如下：企业的各级行政负责人在其下都设置有相应的职能机构，并且各职能机构在自己的业务范围内可以向下级单位下达命令和指示，进行直接指挥。因此，下级行政负责人除了接受上级行政主管人的领导外，还必须接受上级各职能机构的领导和指挥。其模式如图3-2所示。

这种管理组织机构模式的优点是，能提高企业管理的专业化程度，能调动职能管理人员的工作积极性，可以弥补各级行政负责人管理能力的不足，能够适应大型、复杂企业管理的需要。其缺

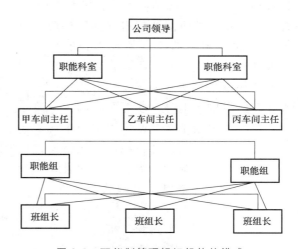

图3-2　职能制管理组织机构的模式

点是多头领导，不利于集中统一指挥，不利于明确划分各级行政负责人和职能机构的责权等。在我国，一般企业很少采用这种模式，但政府的经济管理机关和大型工业公司的组织机构基本上接近于这种模式。

（3）直线参谋制　直线参谋制又称为生产区域制。这种管理组织机构模式是在吸取上述两种模式的优点、摒弃其缺点的基础上发展出来的。这种模式的特点是，把企业和车间的管理机构和人员分为两类：一类是直线指挥机构和人员，他们拥有向下级下达命令、进行指挥的权力，并对本单位的工作全面负责，如车间主任就本车间的全部工作对厂长负责；另一类是参谋机构和人员，他们是直线领导者的参谋，只能给直线领导者充当业务助手，不能直

接对下级组织发布命令。其模式如图 3-3 所示。

这种模式的优点是综合了直线制和职能制两种模式的优点，既可保证集中统一指挥，又可充分发挥职能人员的专业管理作用。其缺点是各职能机构自成体系，相互之间的横向联系薄弱；信息传递路线较长，反映情况不够及时，各职能部门容易产生本位主义，相互发生矛盾，增加高层领导的协调工作量；工作容易重复，效率不高；结构呆板，缺乏弹性，不易适应外部环境和内部条件变化。这是一种典型的"集权式"的管理组织机构，目前为我国绝大多数大中型企业所采用。

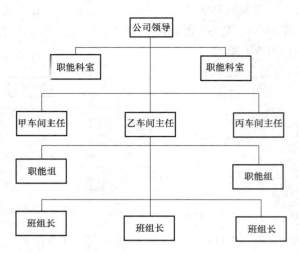

图 3-3　直线参谋制管理组织机构的模式

（4）直线职能参谋制　这种管理组织机构模式是在直线参谋制基础上发展而来的，是对直线参谋制的改进。它与直线参谋制的区别有：在保持直线指挥的前提下，为了充分发挥职能部门的作用，直线领导者授予某些参谋部门以一定程度的决策权、控制权和协调权，即职能职权。特别是协调性部门（如生产调度部门）和控制性部门（如技术检验部门、经营销售部门），如果对下级组织没有一定的相应权力是不利于企业生产经营活动正常运转的。但是，职能职权的授予应当慎重，如果授予得当，可以加强企业管理工作；如果不当，则将削弱直线指挥权。直线职能参谋制管理组织机构比直线参谋制更完善、更有效。其模式如图 3-4 所示。

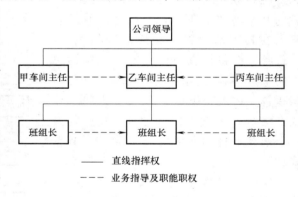

图 3-4　直线职能参谋制管理组织机构模式

在实际工作中，车间管理机构如何具体设置，并无统一规定。根据我国企业的实践经验，车间管理机构是按车间规模大小的不同设置的。图 3-5 所示为大型车间管理机构的图示。

二、车间组织管理的原则

众所周知，人是一切工作成败的决定因素。车间管理要做好，首先就应抓好车间组织建设，做好人的工作。车间组织管理大体应遵循以下原则：

（1）专业化分工与协作相结合的原则　根据工种或工种间的联系划分好班组，以利于互相沟通、互相协作。

（2）技能对口、人尽其才的原则　安排工作岗位要尽量照顾其生理特征，发挥其特长，用人要技能对口，人尽其才。

现代企业车间的组织管理 第三章

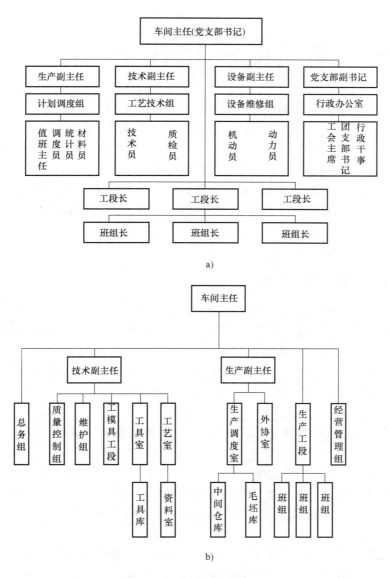

图 3-5 大型车间的管理机构

（3）注重情感、利于合作的原则　尽量不要将性格迥异的人安排在一个班组，志趣相投的人在一起工作可以互相学习、互相帮助，劳动氛围融洽，工作效率高。

（4）以生产流程为基础的原则　要根据生产流程进行组织管理，以方便生产调度，使生产流程路线为最短。

（5）利于培养团队精神的原则　充分发挥班组的战斗小分队作用，充分发挥党员、团员以及老职工的骨干作用，使整个车间形成一个紧密团结的战斗集体。

（6）弘扬正气、树立典型的原则　要经常进行人员素质的评议与考核，随时掌握员工的思想状态，对工作业绩突出、精明能干的员工应及时进行鼓励，以弘扬正气，树立榜样，增强组织的凝聚力。

第二节　车间的班组建设

班组是企业生产行政管理最基层的一级组织，它是根据产品或工艺的要求，把若干相同或不同工种的工人，在明确分工、分清职责、相互密切协作的基础上，运用所拥有的机器设备、工艺装备、原材料等生产资料，从事生产产品的劳动集体和劳动组织形式。企业的生产、技术、经济各方面的任务都必须通过班组来落实和完成。

班组是企业的细胞，是企业生产经营管理的第一线，具有提高企业经济效益、保证企业管理目标实现的作用。班组是企业能人、强人的聚集库，是企业活力的源头，对企业的发展起"输能"的作用；班组是企业职工的小家，具有育人和护人的熔炉作用，是企业民主管理的基地，具有团结和稳定职工的凝聚作用。

一、班组的划分与设置

生产班组是根据生产类型、工艺特点和生产需要来划分和设置的。

1) 根据工艺性原则。将同类设备和同工种工人组成一个班组，对不同产品进行相同工艺方法加工。这种组织形式，便于工人相互学习、交流经验。

2) 根据对象原则。按加工对象，将加工某产品所需的不同设备和不同工种的工人组成一个班组，对相同产品进行不同工艺方法的加工。这种组织形式作业管理比较简单，但培训指导较复杂。

3) 根据混合原则。在劳动分工的基础上，为完成某项工作任务，将相互紧密联系的不同工种的工人及其设备组成一个班组。这种劳动组织形式有利于各工种之间的协作配合。

4) 根据成组加工原则。它是将同类机器设备组成机组，或不同机器设备按工艺顺序组成机组，形成机群式的工作地，由一定数量的工人在明确分工的基础上，对零件进行加工的劳动集体组织形式。这一组织形式有利于促进工人生产效率和设备利用率的提高，有利于取得更好的经济效益。

划分和设置班组，必须从车间生产的实际情况出发，根据具体生产条件和需要来确定，必须注意人员的合理配备，明确岗位责任，有利于协作配合。

二、班组建设的任务

班组是企业组织生产经营活动的基本单位，是"两个文明"建设的第一线，是企业活力的源头。只有把班组建设搞好，企业才能稳步发展；只有班组充满生机和活力，企业才会有活力和后劲，才能挖掘出蕴藏在广大职工群众中的积极性和创造力，使企业在市场竞争中立于不败之地。加强班组建设，应该从思想建设、组织建设和业务建设三方面开展工作。

1. 思想建设

1) 加强思想政治工作，大力宣传先进，积极扶植正气，认真开展批评与自我批评，耐心细致地发现和解决职工中存在的思想问题。

2) 关心群众生活，了解职工的生活状况，及时帮助解决职工群众生活上的实际困难。

3）抓好精神文明建设，认真培养良好的工作作风，努力建设一支思想上进、干劲十足、技术过硬、办事严谨、团结友爱的战斗集体。

2. 组织建设

1）建设坚强有力的班组核心，关键是配好班组长。班组长应由能以身作则、能团结群众、技术精湛、处处起表率作用、原则性强、善于管理、有奉献精神的同志担任。

2）组织工人参加班组民主管理。

3）建立和健全班组管理制度。除企业和车间的各项管理制度外，班组还应根据实际情况，建立一套以岗位责任制为主要内容的班组管理制度，并让遵守制度成为群众的自觉行动。

3. 业务建设

1）加强生产管理，因人制宜合理分配生产任务，掌握生产进度，及时处理生产过程中的问题，组织均衡生产，开展劳动竞赛，保证高产、优质、低耗、安全地完成生产计划。

2）加强劳动管理，做好各项原始记录和凭证，做好统计工作，做好班组的各项看板，不断提高班组的出勤率、工时利用率和劳动生产率。

3）加强技术管理，牢固树立"质量第一"的观念，做好标准化建设工作，认真执行工艺规程，发动群众大搞技术革新。

4）加强设备管理，认真执行设备维护保养制度，努力提高设备的完好率和利用率，使设备始终保持良好状态。

5）加强经济核算，认真落实班组经济核算指标，抓好定额管理，调动群众参与经济分析活动的积极性，不断扩大经济效果。

6）坚持安全文明生产，定期检查，落实措施，交流经验，预防事故发生。

三、班组的管理制度

企业规章制度繁多，就班组而言，按其所起的作用和应用范围，大体可分为三类。

（1）岗位责任制度　这是按社会化大生产分工协作的原则制定的制度。它明确规定车间每个工作岗位应该完成的任务和所负的责任及其相应的权力。这种按工作岗位确定的责任制度，不论谁在哪个工作岗位上工作，都要执行该岗位的责任。这对稳定生产秩序，提高劳动生产率有着十分重要的作用。

1）班前准备六到位。提前到岗位，查看交接簿；检查安全防护装置，穿戴好劳保用品；了解作业计划，熟悉工艺图样；校对材料（毛坯）；检查设备和工装完好情况；先加油润滑后试车。

2）班中执着六坚持。坚守工作岗位；坚持按工艺操作规程和产品质量标准进行生产；坚持"三检"（自检、互检、专检），保证产品质量；坚持经常检查设备各部位完好情况，发现故障隐患及时排除，按时维护保养设备，保证设备清洁、完好和状态正常，提高设备利用率；坚持安全文明生产，按照规定使用劳动保护用品和安全装置，严防违章作业；坚持妥善保管和合理使用各种工具辅具，精打细算，修旧利废，节约使用，降低消耗，提高质量，减少不合格品。

3）班后负责三做到。擦拭好设备，整理好工量辅具、零件；清扫现场，为下一班创造良好条件；做好当班的各项原始记录，按规定交接班。

（2）管理制度　管理制度是指有关班组管理方面的制度，主要有以下几项：

1）职工考勤管理制度。该制度规定了职工请假的手续及对各种类别请假的处理办法，规定了职工的考勤办法。

2）思想政治工作制度。该制度规定了各级管理人员以及党员思想政治工作的任务和责任，提出思想政治工作的内容、形式和方法。

3）职工奖惩制度。该制度规定了职工受奖励的条件和等级，规定了受惩罚的范围和类别，明确了从车间主任到班组长的奖惩范围和权限。

4）工资奖金及职工福利费管理制度。根据企业工资奖金分配原则，制定具体的分配和管理办法。

5）设备维修保养制度。明确设备维护保养的具体要求，落实责任，制订设备维修计划。

6）交接班制度。确定交接班的内容、纪律和时间要求，严格交接班手续。

7）仓库保管制度。明确物资出库、入库手续，加强物资保管的"三防"（防火、防腐、防盗）措施。

8）低值易耗品及废旧物资回收利用管理制度。

9）安全生产制度。包括安全生产责任制度、教育制度、检查制度、事故处理制度和职业病防治制度等。

10）环境保护制度。包括切屑、废渣、废水、废气、废料、有毒物品处理制度，车间过道物品摆放制度，车间各种看板、宣传示板、通知广告等的张贴制度等。

（3）技术标准与技术规程　技术标准和技术规程是由企业制定的，车间和班组主要是贯彻执行这些标准和规程。

技术标准通常是指产品技术标准。它是对产品必须达到的质量、规格、性能及验收方法，包装、储存、运输等方面的要求所做的规定。此外，还有零部件标准、原材料、工具、设备标准。技术标准是职工在生产技术活动中共同的行为准则。

技术规程是为了执行技术标准，保证生产有秩序地顺利进行，在产品加工过程中指导操作者操作、使用和维修机器设备及技术安全等方面所做的规定动作。一般有工艺规程、操作规程、设备维修规程和安全技术规程等。

班组在执行企业颁布的技术标准和技术规程时，如发现某些规定不符合实际，或者有缺陷，必须报请企业有关职能科室进行验证，然后进行修改、完善，制定出新的规定后由主管领导批准实施。

四、班组民主管理

1. 班组民主管理的组织形式

企业职工是否具有积极向上的精神风貌，是否能积极主动地做好企业的各方面工作，很大程度上取决于他们在企业中是否具有主人翁意识，是否具有主人翁责任感。企业职工一旦觉得自己成为企业的真正主人，成为企业名副其实的主体，就会自觉地将企业的目标内化为自己的理想，就会发自内心地执着追求而焕发出一种巨大的献身精神。在东西方企业界都强调以人为本的企业文化的今天，要使职工具有主人翁意识和主人翁责任感，国内外普遍通行的办法就是发动和组织职工参与企业管理，实行企业职工民主管理制度。

在我国，企业班组实行班组长责任制与班组民主管理相结合的制度，把班组的行政管理与民主管理、专业管理、群众管理紧密结合起来，发挥每个职工当家做主、民主管理的作用。

车间班组的职工民主管理形式，一是车间职工大会（职代会），二是班组职工民主会，三是班组工会小组，四是工人自治小组，五是班组职工民主管理员（简称班组工管员）。其中，班组职工民主会、班组工会小组、班组工管员是当前我国企业的班组职工民主管理形式。

1）班组职工民主会是班组民主管理的基本形式，其目的是充分发挥群体作用，保证完成各项任务。班组职工民主会可按月由工会小组长和职工代表组织召开，会议的内容有：贯彻和落实职工代表大会决议；讨论审议班组作业计划、承包方案和生产技术、管理、安全等措施；讨论通过本班组贯彻本厂规章制度的实施细则、经济责任制分配方案以及关系职工切身利益的问题；通过对本班组职工的奖惩建议；评议企业各级领导干部。

2）班组工会小组也是班组民主管理的重要形式。工会小组长在班组民主管理中要积极发挥作用，积极组织职工提出合理化建议、进行技术革新和劳动竞赛；发现和树立先进榜样，推广先进经验；组织开好班组民主会，搞好班组民主管理工作；做好班组思想政治工作，搞好安全生产的监督检查工作和生活互助工作等。

3）班组工管员既是班组长的助手，又是班组职工民主管理的具体执行者。班组"七大员"主要由普通职工担任，按职责分工分别管理班组中各项事务，充分发挥职工群众管理企业和自我管理的作用，有利于培养和发扬职工的主人翁精神，调动职工生产经营的积极性，把班组工作做得更好。

2. 班组工管员

（1）班组工管员及其职责　班组工管员通常有七类，俗称"七大员"。

1）政治宣传员。安排班组的政治时事学习，检查学习情况，组织交流，记好学习记录；协助班组长掌握全班人员的思想、家庭、生活等情况，通过谈心等各种形式做好思想工作；对班组出现的好人好事，及时进行宣传、表扬和报道，办好学习园地和黑板报；组织群众积极参加上级组织的有关政治学习和文娱体育活动。

2）技术质量员。检查与督促全班职工严格执行技术操作规程和生产工艺流程，组织召开小组质量分析会；会同车间技术员、工艺员和专职检查员研究查明废品和不合格品的原因，制定改进措施，不断提高产品质量；做好记录，及时汇总、公布个人和班组每月质量指标完成情况；组织好全班业余技术学习和岗位练兵，开展技术革新活动。

3）设备安全员。经常进行设备维护保养和安全生产教育，严格执行安全操作规程，开展"三好"（管好、用好、修好）、"四会"（会使用、会保养、会检查、会排除故障）活动；根据机床换油卡，定期向车间润滑工提示设备换油，班前督促注油，班后督促擦拭设备，管好通用设备；搞好环境卫生，制止不按设备安全操作规程操作机床的行为，开好设备和人身事故分析会；管好、用好劳动保护用品，记好设备台账。

4）经济核算员。经常宣传增产节约的意义，人人树立当家理财的思想，认真组织全班开展"小指标"竞赛，协助班组长做好记分评奖工作；管好各项指标公布板和竞赛板；掌握各种物资的消耗情况和使用情况，按时搞好经济核算，公布核算结果，记好台账；负责积累班组、个人各项指标完成情况，协助班组长开好经济活动分析会。

5)物料管理员。掌握材料、工具消耗指标,会同经济核算员做好消耗指标的核算;严格执行材料、工具领用和退库制度,并指导班组工人合理使用;检查班组人员专用工具的使用和保管情况,查明损坏工具的原因;组织分析材料、工具消耗指标超支原因,研究改进措施;记好工具、材料台账。

6)考勤统计员。协助班组长和工会组长对班组成员进行劳动纪律教育,严格执行考勤制度;掌握本班组的出勤情况,准确及时填报考勤统计表;协助劳资部门做好定员、定额工作,研究制定提高出勤率和工时利用率的措施;协助班组长贯彻执行经济责任制,搞好班组工资奖励工作。

7)生活福利员。经常进行家访,掌握职工家庭生活情况,协助搞好职工困难补助工作,并开展互助互济活动,管好班组互助储金,搞好班组集体福利;配合医疗部门做好防病保健工作;帮助青年正确对待和处理恋爱、婚姻和家庭问题;搞好女工"五期"(经期、孕期、产期、哺乳期、更年期)保护。

(2)充分发挥班组工管员的作用 搞好班组建设,不仅要有一个坚强有力的班组核心和一个好的班组长做带头人,而且还要发动全班职工群众参加班组民主管理。设置班组工管员是实行班组民主管理的重要举措。车间和班组要充分发挥工管员的作用,使其真正负起责任,应做好以下工作:

1)加强教育,不断增强工管员的责任感。使工管员对工人参加管理的意义和前景有一个正确的认识,激发他们的工作热情。领导要经常与工管员谈心,进行个别帮助,召开座谈会、经验交流会,帮助工管员提高认识和改进工作方法。要尊重工管员的职权,支持工管员的工作。

2)明确任务,确定工管员的职权范围。工管员干什么,要发动全班组成员讨论确定,大家立规矩,大家自觉遵守。确立工管员的职责,要与班组的规章制度结合起来,每设一种工管员,就要建立相应的管理制度。例如,设立经济核算员,就要建立班组经济核算制度;设立设备安全员,就要制定设备安全制度等。这样,就明确了工管员的主要任务,是贯彻执行班组管理制度。同时还要为工管员创造条件,印制一套原始记录表格,疏通传递路线,并督促他们认真填写,及时统计、汇总、上报或公布。

3)耐心指导,认真培养,不断提高工管员的业务水平。专业管理部门要与工管员挂钩联系,运用各种形式培训工管员,进行业务上的指导和帮助,增强工管员的管理知识和业务知识。一些企业开展专业系统"一条龙"竞赛,定期评选和奖励优秀工管员,这对调动工管员的积极性、加强班组各项管理工作起到了显著的作用。

(3)努力做好工管员的工作 班组工管员明确自己的职责范围后,要做好工作,还要讲究工作方法。

1)工作要有计划性。按照职责分工制定工作指导书,明确任务,制定措施,及时召开分析会,发动群众完成各个时期的工作任务。

2)要当好班组长的参谋和助手。要积极主动地协助班组长处理生产、工作、学习、生活中的一些问题。

3)要努力钻研业务和管理知识,虚心向专业管理人员学习,不断提高自己的工作能力和业务水平。

4)在专业管理人员的指导下,积极主动记好原始记录和台账,定期统计公布,为班组总结、评比、奖励、竞赛提供准确数据。

5）要有强烈的责任心和事业心，工作不怕麻烦，不怕风言风语，以实事求是的精神和严谨细致的工作作风做好本职工作和工管员职责工作，成为职工群众的表率。

3. 职工代表大会

职工代表大会（职代会）的职工代表，是以班组或工段为单位，由职工直接选举产生的。职工代表中应当有工人、技术人员、管理人员、领导干部和其他方面的职工。职工代表实行常任制，每两年改选一次，可以连选连任。职工代表对选举单位的职工负责。选举单位的职工有权监督或撤换本单位的职工代表。

（1）职工代表的权利　职工代表的权利主要体现在以下两方面：

1）在职工代表大会上，有选举权、被选举权和表决权。

2）有权参加职工代表大会及其工作机构对企业执行职工代表大会决议和提案落实情况的检查，有权参加对企业行政领导人员的质询；因参加职工代表大会组织的各项活动而占用生产或工作时间，有权按照正常出勤享受应得的待遇。

对职工代表行使民主权利，任何组织和个人不得压制、阻挠和打击报复。

（2）职工代表的义务　职工代表的义务主要包括：

1）努力学习党和国家的方针、政策、法律、法规，不断提高政治觉悟、技术业务水平和参与管理的能力。

2）密切联系群众，代表职工合法利益，如实反映职工群众的意见和要求，认真执行职工代表大会的决议，做好职工代表大会交给的各项工作。

3）模范遵守国家的法律、法规和企业的规章制度、劳动纪律，做好本职工作。

4. 职工的权利和义务

（1）职工的权利　职工的权利主要体现在：

1）职工有领取报酬和在法定时间内获得休息、休假和参加文化娱乐、体育活动的权利；女职工有按国家规定享受特殊保护的权利。

2）职工有向上级领导机关反映真实情况，对各级领导人员提出建议、批评、控告的权利。

3）职工的合法权益受到侵犯时，有向有关主管机关提出控告，或为自己进行辩护和申诉的权利。

4）在国家规定范围内，职工有要求在劳动中保证安全和健康的权利。

5）职工有按照生产、工作需要获得职业培训的权利。

6）职工有进行科学研究、发明创造、技术革新和提出合理化建议的权利。

7）职工在年老、疾病或丧失劳动能力时，有按照国家规定享受退休、离休、退职的福利待遇和获得物质帮助的权利。

（2）职工的义务　职工的义务主要有：

1）职工要以国家主人翁的态度对待自己的劳动，服从领导，听指挥，自觉地完成生产和工作任务。

2）职工要爱护企业的各种设备和设施，节约使用原材料、能源和资金，敢于同浪费国家资源、破坏和侵占国家财产的行为作斗争。

3）职工必须遵守安全操作规程、劳动纪律和其他规章制度。

4）职工要努力学习，不断提高政治、文化、技术水平，熟练掌握业务本领。

5）职工必须遵守保密制度，保守国家的机密。

(3) 全国职工守则

1）热爱祖国，热爱共产党，热爱社会主义。

2）热爱集体，勤俭节约，爱护公物，积极参加管理。

3）热爱本职，学赶先进，提高质量，讲究效率。

4）努力学习，提高政治、文化、科技、业务水平。

5）遵守纪律，廉洁奉公，严格执行规章制度。

6）关心同志，尊师爱徒，和睦家庭，团结邻里。

7）文明礼貌，整洁卫生，讲究社会公德。

8）扶植正气，抵制歪风，拒腐蚀，永不沾。

车间班组建设一定要建立以行政班组长、工会组长、党小组长、团小组长和班组骨干为核心的班组领导小组或核心小组。一个坚强有力的班组核心小组，其成员思想好、技术高、能力强、干劲大、会管理，能严于律己、以身作则，事事起模范作用，做到思想工作做在前，生产任务干在前，艰巨工作抢在前，执行制度走在前，关心群众想在前，互相关心、互相帮助、取长补短、共同提高，就能调动班组所有人员的积极性，形成一个能打硬仗的无坚不摧的战斗集体，成为企业发展的坚强堡垒。

案例分析

【案例分析3-1】 任劳任怨的王强

王强是公司的工人技术骨干，为人老实厚道，多次在公司电工比赛中名列前茅。电工班老班长退休后，车间领导任命王强为电工班班长。王强好学、肯钻研，电工方面的技术问题很少能难住他。担任班长后，王强更加任劳任怨，不管是电气设备检修，还是运行线路的维护，每天从早忙到晚，手脚不得闲。王强还有个特点就是不太爱说话，平时和领导、同事们的话就很少，车间调度会他很少发言，班前会也只是简短几句布置一下任务。私下里和领导、班组成员几乎没有什么来往，班组成员身体不舒服，家里有什么事，情绪有什么波动，他很少，也没有时间注意到。他认为班长最重要的是以身作则，带头完成各项工作任务，再说，每天班上有那么多活儿要做，把精力用到鸡毛蒜皮的人际关系上，不应该。

【案例分析问题】

王强是个称职的班长吗？他的问题出在哪儿？

【案例分析3-2】 严格管理的程凯

经过一层层激烈的角逐，程凯终于如愿以偿成为钳工班班长。为人严谨的程凯认为班组管理的关键应该是制度管理，只要健全班组各项管理制度，严格考核，公平、公正，人们自然会心服口服，班组管理也会井井有条。上任伊始，他就细化了班组各项管理规定，并将考核结果与当月奖金挂钩，一旦发现违纪现象，他就绷起脸来，严加训斥。结果，在一个星期之内，班里15名工人被程凯训斥了8位，并对2位实施了经济处罚。这样一来，大家对程凯的意见很大，有人见到他就气鼓鼓的，就连以前和程凯关系不错的好兄弟也对他"敬而远之"了，程凯终于成了"孤家寡人"。

【案例分析问题】

试分析，程凯到底哪里错了？

【案例分析 3-3】 老好人刘丽

质检班长刘丽是个热心人，班里谁家有个大事小情的，她都能照顾得到，哪个身体不舒服，她都像老大姐一样关心照顾，还经常做些好吃的，拿到车间和大家一起分享。和同事、朋友相处，她从不计较个人得失，活儿干在前头，荣誉、奖金拿在后头。论人品，没二话，班长刘丽是个好人。刘丽对领导言听计从，领导安排什么，她马上向大家布置什么，自己从没什么想法，一旦大家提出异议，她马上便说："领导说了，就照这样执行，你照吩咐做了，出了差错领导不会怪你，你如果不照这样做，出了问题你得自己担着。"大家听了觉得有道理，也就不再说什么。如果有了不明白的地方，就不再问她，而是直接请示主管主任，因为大家知道跟她说了也没用，她还得去请示领导。令刘丽苦恼的是，她发现班里有个别人直接跟她"顶嘴"，不再服从她的指挥，有什么事也不跟她商量，直接找主任，她的"无能"渐渐被传播开来，以至于她原本"听话"的下属也开始不拿她当回事了。

【案例分析问题】

你认为刘丽的问题在哪儿？难道大家辜负了刘丽的一片好心了吗？

思考与练习

1. 简要说明现代企业的车间组织结构。
2. 试说明车间组织管理的原则。
3. 班组设置的原则和形式是什么？
4. 班组应建立哪些管理制度？
5. 班组长应具备什么条件？
6. 班组建设包括哪些内容？
7. 班组长有哪些职责？
8. 简述班组工管员的类别及其职责。
9. 班组民主管理有哪些主要形式？

第四章 现代企业车间的生产管理与技术管理

学习目标

【知识目标】

1. 了解现代生产的形式与特点,熟悉车间生产管理的内容与任务。
2. 熟悉车间生产过程的组织。
3. 掌握生产计划的编制,熟悉生产计划的执行与控制,熟悉 JIT 生产方式。
4. 熟悉车间现场管理的方式,掌握现场管理中看板管理、5S 管理及其他管理模式。
5. 了解车间技术管理的内容,掌握车间工艺管理的任务与原则。
6. 了解车间新产品开发、技术革新、技术改造的任务与原则。

【能力目标】

1. 通过学习,能够初步掌握车间生产计划的编制方法。
2. 通过学习,能够协助做好看板管理。
3. 通过学习,能够协助开展 5S 管理活动。

导读案例

【案例 4-1】 南通柴油机股份有限公司车间生产管理

南通柴油机股份有限公司生产车间依靠 ERP 系统对车间生产过程进行管理,重点是编制符合生产实际的 MRP,并对计划执行过程进行监控。MRP 编制的基础是合理的期量标准(批量方法、提前期),准确的需求信息和现有库存、车间在制品、采购在途等资源信息;计划执行及其过程监控阶段控制的重点是按照计划进行生产派工和组织生产领料工作,并严格报工制度,做到车间在制品账实相符。ERP 系统实施改善生产管理的要点包括下面几点:

1. 严格库房业务管理,确保库房账实相符

严格库房业务管理的目的在于确保库房账实相符,其主要内容就是要求库房管理人员和业务人员按照"日清日结,账实相符"的要求及时准确地在 ERP 系统内完成各类入出库业

务，其数量的准确性以实物为准，不以业务来源单据为准。业务来源单据只是申请的入出库数量，实际入出库数量才是库房账务变化的数量。需要特别强调的是，这里说的库房不仅仅包括管理采购物资的库房，还包括管理自制零部件、自制半成品的库房。同时，账实相符还有另外一个要求，那就是严格禁止物料编码的混用，坚决杜绝一物多码或多物一码造成的账务混乱。

2. 严格采购订单管理，提供准确的采购在途信息

强调严格控制采购订单管理的目的在于为计划编制提供准确的采购在途信息，订单正式下达之后，在没有完成到货入库或被关闭之前，一直被视为"采购在途"。如果这部分数据不准确，就会造成可用资源数量的偏差。一些制造企业的用户往往忽视对订单状态的跟踪，下达订单之后出现数量上的变化或取消合同的情况，没有及时修改订单数量或关闭订单，造成 MRP 数据错误。

3. 严格按照生产计划安排生产，并及时按照实际生产进度进行报工

在业务部门或技术部门提供的期量标准的基础上，结合需求信息、库存现有量信息、采购在途信息及车间在制信息，编制出 MRP 之后，车间作业层面还要编制工序作业计划，这要求各工序的加工时间要明确。计划编制之后，车间生产管理人员（车间计划员、车间调度员）按照计划规定的品种、批量、时间等要求，组织生产领料和生产作业。

生产领料环节的控制重点是严格按照投产计划的需求清单到库房领取对应物料，做到"计划投产什么品种，就为什么品种领料；投产多少就领取多少"，这里的难点是对于钢材等按重量计量的物料难以严格按照计划需求量领取，这就需要记录用料单位超计划领料的信息，并在下次领料的时候将其扣减。另外，对于计划外用料，必须进行严格的审核控制。

生产作业的控制重点在于车间及时准确进行完工汇报和完工入库，要求做到"及时准确，账实相符"。车间报工仅仅做到"日清日结"是不够的，车间必须做到"及时准确"或"近似及时准确"。所谓"及时准确"是指"加工一批、报工一批、传送一批"，车间作业完成一批零部件的加工或组装之后，必项完成工票报工才能往下进行工序传递。所谓"近似及时准确"是指要求车间每隔一段时间（如一小时、两小时、半个班次等）进行一次统一的报工，这种方式短时间允许前工序先进行零部件传递后进行补充报工，所以称之为"近似及时准确"。

4. 加强车间存制管理，压缩车间在制并提供准确的车间在制信息

加强车间在制管理包括车间物料现有量管理和车间自制半成品数量管理，前者可称为车间物料在制，后者可称为车间产品在制。车间物料在制数量伴随着生产领料增加，车间生产作业的进展减少；车间产品在制数量伴随着生产作业的进展增加，车间完工入库作业减少。

进行车间在制控制的目的在于，减少车间的物料积压，减少工艺平面占用，降低运营资金占用，提高企业资金周转速度。车间在制管理的重点在于对生产领料、作业报工、完工入库作业规范性的监控，使其能够做到"及时准确，账实相符"，实现生产过程信息的可视化与透明化，为进一步改善工作提供信息。

严格的生产领料作业控制了车间物料入口，要求做到"需要的物料请进来，不需要的物料请离开"。严格的车间作业报工控制了车间物料的消耗，车间在制半成品的增加是伴随着车间物料的减少发生的，要求做到"物料减少多少，在制半成品就增加多少"。完工入库作业是半成品减少和库房产成品增加的分界点，要求做到"半成品在制减少多少，库房产

成品增加多少"。为了及时消除不规范作业造成的"账实不符"现象，在一个阶段（如一个月）的生产作业结束之后，生产管理部门还要及时组织车间进行实物盘点，确保车间物料在制、产品在制、产成品库存的准确性。

需要特别注意的是，车间在制品账的管理必须与车间实物在制的管理结合起来，否则就会变成"账"和"物"两张皮的现象。这就要求ERP推进部门和车间密切配合，必要的时候必须让企业决策层参与，对于账实不符问题比较突出的单位进行问题分析与改善。

5. 在实施过程中不断优化期量标准

期量标准本为MRP编制的基础，但是编制出来的计划可能与实际情况有些出入，甚至有些物料的期量标准与实际差别较大，造成计划无法指导实际生产，因此，在计划执行过程中，期量标准责任部门（如技术部门、生产管理部门、生产车间或其联合）要跟踪分析期量标准的合理性。例如，分析批量方法的实用性、批量数量的大小、提前期的长短等，并适时对其进行修改，使企业基础管理工作中的期量标准工作逐步提供，计划的准确程度也能够不断得到优化。

【案例4-2】 南通通达动力股份有限公司强化车间现场管理

谈到现场管理，这似乎是一桩苦差事。何谓苦？因为现场管理涉及人员、机器、材料、方法、测量、环境诸因素，问题多，工作量大。抓一下可能好一点，稍微疏忽就会滑下来，时起时伏，时好时坏，这成了现场管理难以克服的怪圈。南通通达动力股份有限公司不断吸收和借鉴世界上先进的经营理念、管理方法，努力实现企业管理与国际接轨。随着企业不断推进现代科学管理，现场管理越来越得到重视。公司从3个阶段推进现场管理。

1. 以现场清扫、整理为主要内容的文明生产

推进现场管理的第一阶段，主要是针对两类问题，逐条消除。

第一类问题，主要是因为生产繁忙引起对现场管理重视程度有所下降。地面整洁问题，如积水、破损、油污、定置线模糊等；零件保护问题，如零部件着地、油污、积灰、手印、带屑、堆放不齐、占用通道、敲毛碰伤等；墙面墙角问题，如墙面污损、积灰、卫生死角、茶杯摆放等；设备管理问题，如设备搬迁、设备点检、严重滴漏、积灰、油污、设备上随意放物品等。

第二类问题，主要是因为现场管理意识不强，必须建立长效机制。工位器具问题，如外协料架管理不善、周转不畅、物品叠放、料架不洁等；外协车辆问题，如车辆滴油、车辆废气、占用通道等；包装装箱问题，如物料堆放、包装垃圾、包装过多等；车间橱窗问题，如橱窗利用不足、张贴不齐、标语陈旧等。

2. 以"5S"为主要内容的现场区域定置管理，区域定置、责任到人

公司以车间为单位，将生产现场管理职责划分到车间、工段。公司现有车间包括钣金、金工、装配、电控、动力、储运6个。公司现有生产过程仓库包括钢材仓库、立体仓库、辅料仓库、电子元器件仓库4个。每个车间、仓库都对车间生产管理全面负责，同时对车间、仓库区域的现场管理负责推进落实，具体落实车间"5S"管理、定置管理要求。

公司仓库都配有现场区域平面图，将现场区域按照生产流程、岗位区域、场地布局、设备设施、机台料架等内容划分为现场定置区，每个区都确定有责任人，责任人均为各车间内的岗位操作者或具体管理人员。责任人对于定置区内的物流堆放、标志标牌、机床设备、清

洁卫生、安全环保等具体负责落实。

公司以车间为单位，推进车间、班组现场管理。在钣金、金工、装配、电控等主要生产车间，将生产进度、管理要求通过车间底层管理信息系统在班组岗位现场的终端计算机上进行动态调配、管理。有的还通过班组生产看板，反映车间生产管理状态信息和管理要求。

3. 以信息流和物流结合为主要内容的现场综合管理

公司总体上开发和应用计算机管理信息系统（CIMS）进行销售、制造、物流、质量的信息传递与处理，制订公司的销售、生产、采购计划。CIMS 由管理信息系统（MIS）和工程信息系统（EIS）两部分构成，作为公司所有生产经营各类业务活动和管理信息交互平台。MIS 偏重于经营管理支持，EIS 偏重于产品开发和生产的技术管理支持。

公司精益生产活动已经启动，在生产制造环节以 MIS 的计算机管理软件（SAPR/3）平台为基础，集合 IES 技术支持系统，构架车间底层管理信息系统。生产计划严格根据当月销售合同订单生成，分解到各制造车间单元。对于需要外部采购的原材料，由生产供应部门根据生产计划编制采购计划，实施采购活动。在现场管理上，主要生产岗位和生产设备均已实现公司计算机联网，实时实地输入和控制生产制造信息数据。车间生产现场显示主要的生产进度信息，便于目视管理。车间现场提供生产管理图板，记录发布生产现场质量管理信息。原材料、半成品、成品的需求信息、进度信息，报交、检验等生产环节全面按照计算机信息流进行节点管理，而实物物流在钣金、金工、装配、电控、储运及外协供方之间做出配送、调度、周转。现场零部件都在专门车辆、料架内存放搬运。

【案例 4-3】 价值分析在新产品开发中的应用

20 世纪 70 年代初，石油危机爆发以后，西方各国石油供应短缺，汽油价格上涨，汽车用户的交通负担显著加重，从而使汽车销售量锐减，整个资本主义世界的汽车面临严重的危机。

日本汽车工业为了应付这场危机，对汽车设计和生产进行改革，大量生产廉价而节能的小汽车，以适应石油涨价后变化了的市场需求。这样，日本汽车工业不但顺利地渡过了危机，而且很快打入了欧美汽车市场。1980 年日本汽车总产量已经超过美国，跃居世界第一位。日本汽车工业应付这场危机采取的行动策略称为"不变负担准则"。这种准则站在用户的立场上，很好地解决了产品寿命周期总成本的问题。

美国第三汽车公司克莱斯勒公司在这场危机中则掉以轻心，认为美国人讲究阔气，不在乎多花汽油费，于是照样生产耗油量大的豪华型号汽车，结果跌了跟头，几乎陷入倒闭。而日本汽车工业实行"不变负担准则"，从降低汽车造价和节约用油两条途径努力，所制造的汽车轻巧实用，每辆售价 3000 美元，耗油比美国汽车节省 40%，占领了市场。

【案例 4-4】 美菱冰箱技术开发的成功

美菱集团公司是安徽合肥的一家以电冰箱生产为主的集团企业，大约在国内电冰箱市场接近饱和时才步入电冰箱产业，起步较晚。但是，经过多年的奋斗，美菱集团公司已经成为与国内数家电冰箱名牌企业并存的电冰箱市场中的一朵"红花"。

美菱集团公司发展的道路并不平坦。在严酷的电冰箱市场饱和的现实面前，美菱并没有沉沦，而是坚持走企业技术开发的道路，大胆更新产品观念和市场观念，在刚性的市场需求面上找出一道"缝隙"——保鲜电冰箱。

美菱保鲜电冰箱应用了六招"保鲜"技术：①透湿过滤，控制蔬菜和瓜果水分的散发，使食物始终保持鲜嫩效果；②冰温保鲜，美菱保鲜电冰箱的冷藏室特设冰温室，既能保持食物原有营养成分及鲜美味道，又避免解冻带来的食物组织结构的破坏；③消霉除臭，不仅能够去除电冰箱中的异味，而且能分解并吸收电冰箱中的乙烯气体，大大减缓水果、蔬菜的熟化过程，使其在相当长的时间内保持新鲜；④杀菌内胆，美菱电冰箱的全部内胆采用具有杀菌作用的新材料制造，食物既能迅速摆脱细菌活动的破坏，又能保持营养成分及鲜美口味；⑤速冻保鲜，使食物快速通过"易污染及变温区"，大大减少污染及变质的可能性，从而达到保鲜效果；⑥深冷保鲜，在食物表里均形成大量微小晶体，使其细胞结构不被破坏，始终保持新鲜。

美菱集团公司从开发保鲜技术入手，通过两次技术创新，并将创新技术转化为新产品——保鲜电冰箱，从而开拓出一个新市场，得到了又一份市场份额。美菱集团由小到大，由弱变强，由赶"末班车"到进入中国家电队伍中的第一方阵。据统计，1998年上半年，全国电冰箱销量比1997年同期下降7%，而美菱电冰箱销量却上升了12%。电冰箱市场的这种逆势变化，证明了美菱技术开发的成功。

第一节　车间生产管理概述

生产是社会生活中最为普遍的活动，一般是指将一系列的输入按照特定的要求转化为某种输出的过程。这是一个增值的过程，通过物态、功能和价值的转化而实现增值。生产管理是研究和提高生产过程的有效性和效率。

科学技术的进步和社会的发展，使得现代生产的概念逐渐扩展为既包括有形产品的生产，又包括提供劳务、知识及信息等无形产品的活动，大部分的制造厂商都兼有服务功能，许多产品是硬件、软件和服务的集成。因而，在探讨、学习生产管理时，必须先了解现代生产的形式和特点，明确现代生产管理的内容和任务。

一、现代生产的形式与特点

现代生产不仅追求低成本、高效率，更强调多品种、适应性和对市场变化反应的迅速敏捷。企业的生产必须是一个增值的过程，如果企业生产的产品不能满足市场的需求，不能实现其商品价值，其生产就不仅是没有意义的，甚至是一种浪费和破坏。现代企业生产面对的是这样的生产环境：

（1）企业面对的市场是一个买方市场　买方市场的特征在于，消费者是起支配作用的一方，生产者必须根据消费者的需求来安排生产，提供消费者所需要的产品，否则企业的生产将无法获得效益。

（2）企业提供的产品其寿命周期变短　由于市场的激烈竞争，企业都在努力将自己的产品在越来越短的时间内推向市场，所以产品的再设计在不断发生，产品在市场上的有效寿命常常遇到融入了最新设计特征的改进品种的冲击，难以期望有一个若干年稳定的高需求量。

（3）企业生产应用的技术在不断更新 科学技术成果转化为生产力的速度在不断地加快，形成了工业产品的更新换代正以前所未有的速度向前发展。如果说一个新产品从构思、设计、试制到商业性投产，在19世纪大约要花70年的时间，如蒸汽机技术从理论到产品开发大约花了80年的时间；而现在则只需花3年甚至更短的时间，如晶体管的应用就只花了3年时间，激光器的应用则仅仅用了1年的时间。

现代企业生产所处的新环境，形成了生产市场导向化、生产柔性化、产品独创化、经营多角化的现代生产形式和特点。

生产市场导向化的生产环境要求企业以市场需求、顾客需求为产品设计、生产的始点，以顾客满意为产品设计、生产的终点，表现为采用多品种、小批量的生产方式和从单纯的产品生产转向产品、服务的双重生产。

生产柔性化的生产环境要求企业能随机应变，适应市场的多元化需求并能快速交货，采用具有柔性、弹性、适应性的生产形式，以精益生产方式为代表，其特点是既突破"批量小、效率低、成本高"的生产管理逻辑，又改变大量生产的刚性，使成本更低、质量更好、品种更多、适应性更强。

生产产品独创化的生产环境要求企业生产具有竞争力的产品，以知识化产品的生产为代表。如果说机器化产品生产的特征是高的生产效率和大的生产能力，那么知识化产品生产的特征则不仅是高的生产效率，而且是高科技含量，一方面表现在产品含有大量的知识与技术，另一方面表现在使用高技术水平的生产设施和高素质的生产人员。在现代市场中，决定产品竞争的因素不仅是价格，更多的是产品中包含的科技含量，靠"模仿"的产品往往是缺乏竞争力的，企业必须有研发能力，才能生产出在市场上具有竞争力的产品。

二、车间生产管理的内容与任务

1. 生产管理的概念

生产管理是以企业内部生产活动为中心、以提高效率为目标的执行性管理活动，是现代企业管理大系统中处于十分重要地位的主要子系统之一。其定义有广义与狭义之分。

广义的生产管理是指对生产活动进行计划、组织和控制，以保证能高效、低耗、灵活、准时地生产合格的产品和提供顾客满意的服务，也就是指与产品制造或服务提供密切相关的各个方面管理活动的总称。

生产作为一个有效的转化过程，其系统可由图4-1表示。生产管理系统就是对生产系统的输入、转换、输出和反馈进行科学的计划、组织和控制，以达到生产目的的管理活动系统。现代有效的生产管理，应该使生产系统不仅是一个单纯的产品输出系统，而且是一个自行完善的系统，即在完成转化之后在得到有效的输出的同时，还应该得到有用的经验和更好的方法，使之成为学习型的系统。

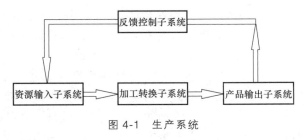

图4-1 生产系统

狭义的生产管理是指以生产产品或提供服务的过程为对象的管理，如生产技术准备、生产过程组织、生产计划、生产作业计划、生产调度、生产进度控制等。本章主要介绍狭义生产管理的内容。

2. 生产管理的内容

生产管理作为现代企业管理系统中的一个子系统，与经营管理、技术管理、销售管理等其他子系统有着密切的、相辅相成的关系。生产管理主要是保证和维持企业的生产活动与企业内部的人力、材料、设备、资金等资源的静态与动态的平衡，充分利用企业内部的条件，按要求、按计划、最经济地完成生产的转化。生产管理的内容，按其概念可概括为以下五项工作：

（1）计划管理　计划管理主要是根据预测和经营计划制订生产计划和生产作业计划。如确定产品的品种、产量、质量、产值计划，生产进度计划，具体的生产作业计划以及实现计划所需的资源等计划等的生产计划工作。

（2）生产准备　生产准备主要包括工艺技术方面的准备、人力的准备、物料和能源的准备、设备及运输方面的准备等。这些准备工作是正常生产活动所必要的基本条件。

（3）生产组织　生产组织主要是进行生产过程与劳动过程的组织。生产过程组织主要是解决产品生产过程各阶段、各工序之间在空间和时间上的衔接协调；劳动过程组织是在此基础上正确处理劳动者之间、劳动者与劳动工具、劳动对象之间的关系。它们既要保持相对稳定，又要适应市场需求的变化而变化。

（4）生产控制　生产控制主要是围绕完成生产计划任务，对生产过程实行的全面控制，包括对生产作业进度、产品质量、物资消耗、成本、资金占用和设备运行等各方面的控制。

（5）现场管理　现场管理主要是对从事产品生产、加工有关活动的场所进行现场调度、质量分析、安全监督等，使生产活动有秩序、按计划地进行。现场管理是生产控制的重要手段，是收集反馈信息的重要来源。

3. 生产管理的任务

生产管理的基本任务，就是通过计划、组织、控制等管理功能对生产系统进行有效的管理，根据生产过程的要求，把生产过程的人力、材料、设备、资金和信息等要素进行有机的、最佳的整合，经济、合理、按时地生产出顾客满意、适销对路的产品，满足社会的需求和获取企业发展所需的经济效益。生产管理的任务主要包括以下三个方面：

（1）按需生产　按需生产是指根据市场需求和订货合同，制订计划和组织生产，保质、保量、按期提供用户所需的产品和服务。

（2）均衡生产　均衡生产是指按照生产计划规定的进度，使各个环节和各个工序均衡生产，以建立正常、高效的生产秩序，提高设备利用率和工时利用率，降低消耗，减少在制品占用，加速资金周转，提高经济效益。

（3）安全文明生产　安全文明生产是指建立各项科学合理的生产管理制度和良好的生产秩序，做到文明生产、安全生产，保证生产过程顺利进行。

简而言之，生产管理的主要任务，就是使产品的质量、生产成本和交货期达到企业的预期目标。这是衡量企业生产管理成效的三大指标。

生产管理是车间管理工作的重头戏，它直接关系到生产任务的落实、产品质量的保证、生产流程的贯通、经济效益的创造以及企业经营目标的实现。车间生产管理工作主要有：制订生产计划，进行生产调度，实施现场管理、5S管理、看板管理，进行工艺管理等。

三、车间生产过程的组织

生产过程是企业最基本的活动过程，生产过程组织是企业生产管理的重要内容，是研究企业怎样从空间和时间上合理地组织产品生产，使投入的人、财、物、信息等各种生产要素有机地结合起来，形成一个协调系统，使产品运行距离最短、花费时间最少、耗费成本最省，从而获得最好的经济效益。

1. 生产过程及其构成

（1）生产过程的概念　任何一个工业产品的生产都必须经历一定的生产过程。一般地讲，生产过程是人们对社会经济资源不断加工，使其转换成为社会所需资源（产品或劳务）的过程，是一系列相互联系的劳动过程和自然过程相结合的全部过程。生产过程的概念有广义及狭义之分：广义的生产过程是指从生产准备开始，直到把产品加工出来为止的全部过程；狭义的生产过程是指从原材料投入生产开始，直到产品加工出来为止的全部过程。

（2）生产过程的构成　由于企业的专业化水平和技术条件以及生产性质和产品特点各不相同，生产过程的具体构成会存在较大的差异。根据生产过程各阶段对产品所起的作用，生产过程一般由四个部分构成：

1）生产技术准备过程。生产技术准备过程是指产品投入生产前所进行的各种生产技术准备工作，如产品设计、工艺设计、标准化工作、定额工作、设备布置，乃至新产品试制和工人的培训等。

2）基本生产过程。基本生产过程是指直接对劳动对象进行加工处理，把劳动对象变成基本产品所进行的生产活动，如机械制造企业的铸锻、机械加工、装配，轻纺企业的纺织、织布等。

3）辅助生产过程。辅助生产过程是指为保证基本生产过程的正常进行所提供的各种辅助产品和劳务的生产过程，如生产所需动力的供应、工具和刀具的制作、设备的维修、水质的处理等。

4）生产服务过程。生产服务过程是指为基本生产和辅助生产提供的生产服务活动，如原材料、半成品、外协件的供应、运输、储存、检验等。

以上是构成生产过程的四个子过程，它们之间有着密切的联系，基本生产过程是主体，其他过程都是围绕基本生产过程进行的。基本生产过程又由若干工艺过程组成，而每个工艺过程又可划分为若干工序。工序是组成生产过程的基本单位。

2. 合理组织生产过程的要求

不同的企业其生产过程也不相同，但任何产品的生产都是由一定人员、设备，按一定的工艺进行加工的，任何生产过程都要求各要素得到合理的组织，使生产过程始终处于最佳状态。合理组织生产过程是指把生产过程从空间和时间上很好地结合起来，使产品以最短的路线、最快的速度通过生产过程的各个阶段，并且使人力、物力和财力得到充分利用，达到高产、优质、低消耗的要求。这是保证企业获得良好经济效益的前提。生产过程的合理组织应考虑以下几方面的要求：

（1）生产过程的连续性　生产过程的连续性是指产品在生产过程各阶段、各工序之间的流动在时间上紧密衔接，形成一个连续不断的生产过程。也就是说产品在生产过程中始终处于运动状态，没有或很少有不必要的停顿和等待时间。生产过程的连续性是提高生产效率、降低生产成本的基础，需要有相应的生产技术、生产的自动化等条件。

（2）生产过程的比例性　生产过程的比例性也称为生产过程的协调性，是指生产过程中的各个生产阶段和各工序之间在生产能力上保持适当的比例关系。生产过程的比例性是保证生产平衡进行、保证生产连续性的基础，也是充分利用生产能力、减少人员和设备等的浪费、提高劳动生产率和设备利用率的前提条件，它取决于生产的设计及组织水平。

（3）生产过程的平行性　生产过程的平行性是指生产过程的相关阶段、相关工序尽可能实行平行作业。生产过程的平行性的优点是：可充分利用时间和空间，大大缩短产品的生产周期，提高生产效率。生产的平行性取决于生产的连续性和生产的组织方式。

（4）生产过程的均衡性　生产过程的均衡性也称为生产过程的节奏性，是指产品在生产过程的各个阶段，在相同的时间间隔内大致生产相同的数量或递增数量，使各个工作地的负荷保持均衡，避免前松后紧。生产过程的均衡性是最充分地利用生产能力的基础，能使人员、设备等要素得以最合理的利用，有利于提高产品质量，缩短产品的生产周期。

（5）生产过程的适应性　生产过程的适应性是指生产过程对市场需求的适应性，即生产过程能在短时间内，以最少的资源消耗，从一种产品的生产转换为另一种产品的生产。这就要求生产加工的组织必须具有灵活性、可变性、多样性。这是变化的市场需求对企业生产过程柔性化的要求。

以上各项要求是相互关联、相互制约的。对不同的企业以及企业在不同的条件下，各有不同的指导意义，企业应根据自身的实际情况加以综合应用，合理地组织生产过程，以求得系统的整体效益。

3. 生产过程的空间组织和时间组织

企业产品的生产过程，既要占用一定的空间，又要经历一定的时间。合理组织生产过程，就需要将生产过程的空间组织与时间组织有机地结合起来，充分发挥它们的综合效率。

（1）生产过程的空间组织　业的生产过程是在一定的空间内，经过许多相互联系的生产单位来完成的。企业的生产单位包括生产技术管理部门、基本生产部门、辅助生产部门和生产服务部门。企业的基本生产部门是从事基本产品生产的单位，包括生产车间、工段、班组等。合理的生产过程空间组织应使生产单位及其设施在空间布局上形成一个有机的整体，经济合理地完成各项生产任务。生产过程的空间组织有三种形式：

1）工艺专业化。工艺专业化也称为工艺原则，是按照生产过程各工艺的特点来设置生产单位的一种形式。其特点是在生产单位内设置相同的生产设备，配备相同工种的工人，按照相同的工艺加工不同的产品。

这种空间组织方式能适应产品品种变化的需要，增强企业对市场变化的应变能力；有利于专业化的技术管理，有利于同工种工人的技术交流；便于充分利用设备和生产空间。但由于只能完成一种或部分工艺的加工，所以在生产过程会出现频繁运输、待机待料现象；并且一般生产周期较长，资金占有量大，产品成本较高；对交货期和在制品管理控制难度较大。

2）对象专业化。对象专业化也称为对象原则，是按照产品的种类来设置生产单位的一种形式。其特点是在生产单位内设置着不同的生产设备，配备不同工种的工人，按照不同的工艺，对同一产品进行加工。

这种空间组织方式具有运输距离短、运输量少、等待时间短、生产连续性好、易于采用先进高效的专用设备和先进的管理组织方式等优点，有利于提高经济效益。但由于对象专业性很强，所以也存在市场变化适应能力差、不能充分利用生产面积及设备能力的问题。

3）综合形式。综合形式是综合运用工艺专业化和对象专业化方式来设置生产单位的一种形式。具体分为：在对象专业化的基础上采用工艺专业化设置生产单位；或在工艺专业化的基础上采用对象专业化设置生产单位。两种形式各有侧重，企业可视自身情况选定。综合形式可以取两者之长而补各自之短，是一种较为灵活的生产专业化形式，有较强的实用性。

采用何种空间组织形式，应根据企业的生产类型、具体生产技术条件、产品的结构及工艺复杂程度、企业的专业发展方向等因素确定。

（2）生产过程的时间组织　科学合理地组织生产过程，不仅要对企业内部各生产单位在空间上进行有效的组织，而且要对加工对象在不同车间和不同工序之间从时间上进行有效的控制，以提高产品在生产过程的连续性和平行性，实现有节奏地生产，缩短生产周期，提高劳动生产率和设备利用率。

要想缩短产品生产周期，首先要合理确定加工对象在生产过程中的移动方式。零件的移动方式有三种：

1）顺序移动方式。顺序移动方式是指一批加工对象在一道工序全部加工完毕之后，整批进入下一道工序继续加工的移动方式。这时，加工对象的加工周期可以按下式计算：

$$T_{顺} = n \sum_{i=1}^{m} t_i \tag{4-1}$$

式中　$T_{顺}$——顺序移动方式的加工周期；

n——批量；

m——工序数；

t_i——第 i 道工序的单件加工时间。

采取顺序移动方式，加工对象运输次数少，设备对加工对象的加工不间断，组织管理工作简单；但生产过程的平行性差，加工对象等待时间长，因而其加工周期长，资金周转速度缓慢。这种移动方式比较适合于加工对象的批量不大，单件加工工时较短，加工对象的重量和价值都很小的情况。

2）平行移动方式。平行移动方式是指每个加工对象在上道工序完成之后，立即转到下道工序继续加工的移动方式。也就是说，一批加工对象在各道工序上同时加工、平行作业。这时，加工对象的加工周期可以按下式计算：

$$T_{平} = n \sum_{i=1}^{m} t_i + (n-1) t_{长} \tag{4-2}$$

式中　$T_{平}$——平行移动方式的加工周期；

$t_{长}$——所有工序中单件工时最长者。

采取平行移动方式，由于各工序间的加工是平行进行的，所以加工对象的等待时间短，加工周期短，资金的周转速度快。但是，由于运输次数多，运输工作量大，部分工序的部分设备在加工时有间歇，且间歇时间分散，不易利用。这种移动方式适用于加工对象单件工时较长，加工对象批量较大，加工对象的重量和价值均较大的情况。企业如果交货期比较紧，需要赶工时，这种移动方式还是很奏效的。

3）平行顺序移动方式。平行顺序移动方式是指以能使下道工序连续加工为前提，组织平行作业的移动方式。这时，加工对象的加工周期可以按下式计算：

$$T_{平顺} = n\sum_{i=1}^{m} t_i - (n-1)\sum_{j=1}^{m-1} t_j \tag{4-3}$$

式中 $T_{平顺}$ ——平行顺序移动方式的加工周期；

t_j ——相邻两道工序中单件工时较短者。

平行顺序移动方式克服了顺序移动和平行移动的缺点，吸收了它们的优点，是一种较好的加工对象移动方式。

从以上三种移动方式的特点比较来看，各有优缺点。从加工周期来看，平行移动方式、平行顺序移动方式较好；从组织工作来看，顺序移动方式较简单，平行顺序移动方式的管理难度大，最复杂。企业应根据其生产特点、生产过程的空间组织形式等因素进行选用。加工对象在生产工序之间的移动方式是在加工对象有了一定的批量，而且存在两个以上的生产工序时才需要研究的问题，如果整个加工过程只有一道工序，就不存在加工对象在工序间移动的问题了。

（3）流水生产的组织与控制

1）流水生产及其特征。所谓流水生产，是指加工对象按照一定的工艺路线和统一的节拍，连续不断地顺序通过各个工作地的一种生产组织方式。流水生产具有以下特征：

① 工作地专业化程度高。在一条流水线上只固定生产一种或几种产品，每一个工作地只固定完成一道或几道工序。

② 生产过程连续性高。流水线上的在制品像流水般由一道工序运送至下一道工序，工序间的运输都采用传送带，加工对象做单向连续移动，极少有间歇现象。

③ 生产的节奏性强。加工对象在各道工序按一定的时间间隔投入和产出，各工作地完全按节拍生产，从而保证了流水线的连续性和均衡性。

④ 设备和场地按工艺过程顺序排列。流水线的设备和场地均按加工对象的工艺过程顺序排列，加工对象在各工序间做单向移动，保证运输路线最短。

⑤ 产品的工艺过程是封闭的。各工作地按加工对象的加工工艺顺序排列，并能在流水线上完成某一工艺过程的全部或部分工序。

⑥ 流水线上各工序之间的生产能力是平行成比例的。

2）组织流水线生产的条件。实现流水线生产需要具备一定的条件，最主要的有：

① 产品品种相对稳定，产量足够大，产品可以保证流水线有足够的负荷。

② 产品结构比较先进，设计基本定型，工艺性相对稳定，保证专用设备和工艺装备能发挥其潜在效益。

③ 工艺过程能划分为简单的工序，便于按照工艺同期化要求进行工序的分解与合并，使各工序的工时相差不大，以满足生产节拍的要求。

④ 产品必须标准化、系列化，原材料、协作件也必须标准化、规格化，并能及时供应，以保证工作地的运转正常。

⑤ 生产场地必须足以容纳流水线设备和运输装置，以保证生产顺利进行；机器设备必须完好，保证产品符合质量超标准。

3）流水线的分类。企业生产条件不同，组织流水生产的形式也会不同。流水线按照不同的标志可做如下分类：

① 按生产对象是否移动，可分为固定流水线和移动流水线。

② 按生产过程的连续程度，可分为连续流水线和间断流水线。
③ 按生产对象是否轮换，可分为不变流水线和可变流水线。
④ 按流水线上生产对象的品种数目，可分为单一对象流水线和多对象流水线。
⑤ 按流水线节拍的性质，可分为强制节拍流水线和自由节拍流水线。
⑥ 按流水线的机械化程度，可分为手工流水线和自动化流水线。

第二节　车间的生产计划与控制

一、车间的生产计划及其编制

1. 生产计划的概念与作用

生产计划是企业在计划期内应完成的产品生产任务和进度的计划。它具体规定企业在计划期内应完成的产品品种、质量、产量、产值、利润和进度等指标。

在社会主义市场经济条件下，生产计划应通过市场调查和市场预测的需求结果来确定，应根据销售计划来编制，因此生产计划是企业生产联系市场需求的纽带。企业的生产计划是企业经营计划的重要组成部分，是企业年度综合计划的核心，是编制其他企业计划的依据，也是企业在计划期内全体员工实现生产目标的行动纲领，它对于挖掘企业内部潜力、合理利用企业资源、科学组织生产活动、生产适销产品、提高企业经济效益，有着十分重要的作用。

2. 生产计划工作的内容和编制原则

（1）生产计划工作的内容　生产计划工作的内容主要包括：调查和预测社会对产品的需求；核定企业的生产能力；确定企业经营目标，制定经营策略；选择制订计划的方法，正确制订生产计划、库存计划、生产进度计划和计划工作程序，以及计划的实施与控制策略。

生产计划一般为年度计划，它是企业年度经营计划的重要组成部分，是编制物资材料采购、供应计划、库存计划、外协计划、人员计划、设备计划和资金计划的主要依据。

（2）生产计划编制的原则　生产计划是企业计划管理工作的一部分，生产计划编制工作必须遵循计划管理的基本原则，同时还应结合生产计划工作自身的特点，贯彻以下原则：

1) 以需定产，以产促销的原则。以需定产，就是企业在制订计划、安排任务时，应按照市场调查与预测的结果，根据市场对产品品种、质量、数量与交货日期的需要来进行。市场的需求是不断变化的，企业的生产计划必须根据市场的变化而不断地调整，这样才能满足市场需要和用户要求。企业既要以销定产，又要以产促销。也就是说，企业应该结合自身的特长，充分发挥企业人才、技术和管理资源的优势，开发新产品和生产具有一定特色的优质产品，唤起社会的新需求，指导用户的需求方向。只有这样，企业才能扩大销售，才能扩大生产，增加企业收益，提高企业的经济效益。

2) 合理利用生产能力原则。生产能力是指企业在一定时期内，在一定的组织技术条件下，一定的资源投入所能获得的最大产出量。生产能力代表着企业内部的生产条件，因此生产能力是编制生产计划的一个重要制约因素。

企业的生产能力划分为设计能力、查定能力和计划能力三种。设计能力是指企业设计任务书和设计技术文件中规定的生产能力,是按照企业规划设计中规定的产品方案和各种设计数据来确定的;查定能力是指由企业重新调查核定的生产能力,是根据企业现有生产技术和生产组织以及可能采取的各种先进技术和改进措施来确定的;计划能力又称为现有能力,是指企业计划年度内实际可达到的生产能力,是根据企业现有的生产技术条件和企业在计划年度内所能实现的各种改进措施的效果来确定的。

企业的生产计划必须与企业的生产能力相适应,才能合理地、充分地发挥和利用企业的生产能力。为此,企业的生产计划必须做到:

① 计划产品的工艺过程与企业设备的性能相一致。
② 计划产品的产量与企业设备的能力相一致。
③ 生产进度的安排均匀,使设备的负荷均衡。
④ 生产计划必须与销售计划、人力资源计划、物资供应计划、库存计划、设备计划、资金计划等相互衔接和协调一致。

3) 综合平衡原则。生产计划指标的确定受到各方面因素的制约,既涉及产、供、销,又涉及人、财、物,这就必须对它们进行综合平衡。综合平衡的一个方面就是要弄清楚企业内部生产的可能性和潜在能力,以生产任务为中心,与设备能力、技术准备、物资供应、资金和劳动力等方面进行综合比较,发现存在的不足和困难,从而及时提出措施加以解决,保证生产计划的顺利完成。综合平衡的另一个方面就是要对产品品种、产量、质量、成本、消耗、利润、资金等各项经济指标进行综合比较,要在尽可能提高经济效益的目标下,对生产计划的各指标予以合理调整,使确定的生产计划指标能够保证企业经营目标的实现。

4) 计划安排最优化原则。所谓生产计划安排最优化,是指在一定的资源条件下,对生产进行合理安排,求得最佳经济效益。生产计划安排最优化包括企业生产各产品的产量最优配合和计划安排的动态最优化,也就是根据企业的有限资源,既寻求生产数量满足成本与利润指标的要求,又要使生产成本与存货成本最少而设备负荷率最大。

3. 生产计划的指标体系

生产计划的指标体系由产品品种、产量、质量、产值等指标构成。

(1) 产品品种指标 产品品种指标是指企业在计划期内应当生产的产品品种和品种数。这项指标反映了企业向社会提供多样化产品,满足不同消费需求的能力,也反映了企业的生产技术水平、专业化协作水平和管理水平。

(2) 产品产量指标 产品产量指标是指企业在计划期限内应当生产的合格产品数量和工业性劳务的数量。这项指标反映了企业生产经营有效成果的数量和规模,也反映了企业生产能力及生产发展水平,它是企业进行产销平衡、物资平衡、计划成本和利润以及编制生产作业计划和组织日常生产活动的重要依据。

(3) 产品质量指标 产品质量指标是指企业在计划期内生产的每种产品应该达到的质量标准。这项指标反映了企业在使用价值上满足社会需要的程度,是衡量企业工作质量的综合指标之一。它不仅反映了企业的技术水平和管理水平,也从侧面反映一个国家的工业技术水平。

(4) 产品产值指标 产品产值指标是综合反映企业在计划期内生产成果的价值指标,

实质上是用货币表示企业生产的产品数量。该项指标由商品产值、总产值、净产值等指标表示。商品产值是指企业在计划期内生产的、可供出售的合格产品及工业性作业的价值,由企业自备原材料生产的成品价值、用供货商的原材料生产的成品的价值和已完成的工业性作业的价值三个部分组成。总产值是指在企业计划期内以货币形式表现的产品总量,由计划期内完成的成品价值和对外出售的半成品价值,工业性作业的价值,和自制半成品、在制品、工艺装备等期末与期初结存量的差额价值三个部分组成。净产值是指在企业计划期内工业生产活动创造的价值,是从总产值中扣除生产过程已消耗的物化劳动的价值之后的余额,它反映企业的生产成果。

上述各项指标有着相互依存的关系,构成了生产计划的指标体系。确定以上指标时必须遵循价值规律,依据客观数据资料,力求适应市场发展需要和符合企业的实际情况。

4. 生产计划的编制

编制生产计划一定根据企业经营目标的要求,遵循以销定产的原则,合理安排企业在年度计划内生产的产品品种、质量、产量、产值和产品的出产期限等指标。

编制生产计划通常按以下步骤进行:

(1) 进行市场调查,收集市场信息 通过市场调查,全面收集与企业经营有关的各种信息资料,为编制生产计划提供全面、准确、可靠的依据。

(2) 核定生产能力 通过生产能力的核定,初步认定企业在计划期内直接参与产品生产的全部生产性固定资产,在一定的组织、技术条件下能够生产合格产品的能力。

(3) 拟订计划指标,制订备选方案 根据掌握的信息和数据,初步拟订各项生产计划指标,提出几个可选的备选方案。

(4) 综合平衡,优选计划方案 从企业的实际出发,按照生产经营活动中各种比例关系的要求,对企业生产活动进行系统分析、统筹兼顾,合理考虑企业生产任务与销售计划、与财务计划、与设备能力、与物资供应计划、与劳动力资源、与产品成本的综合平衡,从多个备选方案中优选出最佳的生产方案,确保生产计划任务与企业经营目标的实现。

(5) 修改完备,批准实施 通过综合平衡后优选出来的生产计划方案,必须征集有关部门、各生产车间等各方面的意见,通过反复修改、协调,使之完备而成为正式的生产计划,经企业最高决策机构批准再组织实施。

二、车间生产计划的执行与控制

生产计划的执行与控制是计划管理工作的主体,具体有以下几方面的工作:一是通过生产作业计划将生产计划指标分解落实;二是通过建立考核制度、全面经济核算制度和计量工作制度,科学、客观、全面地对企业的生产计划执行情况进行监督和控制,及时发现问题,采取措施纠正偏差,确保企业生产计划的全面完成;三是计划期结束后对生产计划进行重新评价和整理,总结经验,修正错误,并使生产计划更加标准化、规范化,为下一期计划的制订与执行提供依据。生产计划的执行与控制主要是通过生产作业控制来实现的。

生产作业控制是指在生产作业计划执行过程中,对有关产品生产的数量和进度方面的控制。它主要包括投产前控制、生产过程控制和生产调度工作等几项内容。

1. 投产前控制

投产前控制是生产作业控制的首要环节,应着重抓好投产前的生产准备工作。投产前的准备工作内容有：原材料及其他物资的准备情况、生产设备的准备情况、劳动力的准备情况、技术文件的准备情况。将这些工作逐项落实才能投产。

2. 生产过程控制

生产过程控制是指从对原材料投入生产到制成品入库为止的全过程所进行的控制。这对于按时、按量投入生产和出产产品、保证生产过程的各个环节紧密衔接、做到均衡生产是十分有效的手段。生产过程控制主要应做好以下两方面的工作：

（1）生产进度的时间控制　时间控制是指从时间上控制生产进度，一般包括投入进度控制、出产进度控制和工序进度控制。可以通过线条图和加工工艺过程卡加以控制。

（2）生产进度的数量控制　数量控制是指从某一"时点"各生产环节结存的在制品、半成品的品种和数量变化来掌握和控制生产进度。通常采用 ABC 法、看板法进行控制。

3. 生产调度

生产调度是企业对各个生产环节、有关生产部门的日常生产活动进行全面检查和指导，组织并落实生产作业计划的工作。

（1）生产调度工作的任务　生产调度工作的任务是以生产作业计划为依据，合理组织企业的日常生产活动，检查、掌握计划的执行情况，及时处理生产过程中已发现的或可能发生的问题，不断地维持生产过程中各个环节的生产均衡进行，使生产计划得以实施。

由于企业的产品实现过程是一个由许多过程组成的网络状系统，其影响因素多且经常变化，所以生产作业计划在实施中会遇到各种不可预知的问题，干扰着生产作业计划的实施。生产调度的作用正是不断地清除干扰，克服各种由此产生的不平衡现象，使生产过程中的各个环节和各个方面能相互协调，保证各生产作业计划的完成。

车间生产调度员按生产计划下发生产调度单，将生产任务合理地安排到班组，甚至直至个人，做到调度有序，实现全面均衡有节奏地生产。生产调度单应注明零件名称、数量、工时定额、操作者、派单人、派单时间等，连同零件图样一同交付班长或者操作者。生产调度单既是任务书，也是车间相关管理人员统计、检查生产进度的依据。

（2）生产调度工作的内容

1) 及时准确地将管理层有关生产的指令、调度命令及调度通知转达到相关的车间、作业班组，并协助贯彻执行。

2) 检查生产作业计划的执行情况。检查前一天的生产完成情况，了解当天的生产进度，做好次日的生产安排，在企业这称作"一天三调度"。对检查中发现的问题应立即分析原因，采取措施尽快解决。

3) 检查生产准备工作。督促并协助各车间、作业班组及时做好各项生产准备工作，为生产的顺利进行创造条件。

4) 检查设备的运行情况。检查并督促各生产单位合理使用生产设备，了解设备的完好率，做好设备的管理工作。

5) 检查劳动力配置情况。检查各个生产单位人员的配置情况，协助进行必要的调整和补充。

6) 检查对轮班、各种作业及作业进度情况的检查记录和统计分析工作，及时向上汇报生产进度和存在的问题。

生产调度工作的基本要求是要有计划性、预见性、及时性，要能及时发现各种偏差和问题，快速向有关部门反映，准确地分析原因，果断采取措施进行处理。

（3）生产调度工作的方法　为了满足生产调度工作的基本要求，常采用以下工作方法：

1）生产调度会。生产调度会是由企业主管生产的负责人召集、各部门的负责人及调度人员参加的会议。调度会上，各部门应汇报对上次调度会议决议的执行情况、生产任务完成情况，提出需要解决的问题，对当前生产中关键的、急需解决的问题进行讨论、分析，做出本次调度会议的决议，布置各部门贯彻执行。这是常规性的生产调度方法，生产调度会按一定的间隔期定期召开。

2）现场调度。现场调度是到生产现场去讨论和解决问题的调度方法，由生产负责人到现场与第一线操作人员、技术人员和调度人员一起讨论研究生产中急需解决的问题，然后由生产负责人做出决定，再由有关部门贯彻执行。这是一种特殊性的生产调度方法，用于有特殊需要时。

3）班前、班后会议。利用交接班前后简短的班组会议，在班组内沟通应完成的生产任务及生产任务的完成情况、生产中存在的问题及应注意的事项等，有利于调动员工的工作热情和及时解决问题。

4）调度值班制度。生产调度工作应与生产同步进行，对全天生产的企业，白天和晚上总调度室都应设专人值班，及时处理全企业生产中出现的问题，调度人员要深入生产车间、作业班组进行生产调度工作。

三、JIT 生产方式

1. JIT 生产方式的产生和发展

JIT（Just in Time）生产方式即准时化生产方式，是日本在 20 世纪 60 年代研究和实施的新型生产管理方式。日本丰田汽车工业公司于 1961 年在全公司推广、实施 JIT 系统，到 1976 年，该公司的年流动资金周转率高达 63 次，为日本平均水平的 8.85 倍，为美国的 10 倍多。日本企业在国际市场上的成功，引起西方企业界的浓厚兴趣。西方企业家认为，日本在生产中达到 JIT 是其在国际市场上竞争的基础。20 世纪 80 年代以来，西方一些国家很重视对 JIT 的研究，并将其应用于生产管理。

2. JIT 生产方式的目的与主要内容

（1）JIT 生产方式的目的　JIT 的核心目的就是消除生产过程中的无效劳动和浪费，具体目标包括：

1）废品率最低（零废品）。

2）库存量最低（零库存）。

3）准备时间最短。

4）生产提前期最短。

5）零件搬运量最低。

6）机器损坏率低。

7）批量小。

（2）JIT 生产方式的主要内容　为了达到降低成本和消除浪费的目标，JIT 形成了一种生产组织与管理的新模式。JIT 生产方式所要表达的含义就是适时适量生产，即"在必要的时间按照必要的数量生产必要的产品"。JIT 生产方式的主要内容包括：

1）在生产制造过程中，实行生产的同步化和生产指令的后工序拉动方式。为了实现适时适量生产，首先要实现生产同步化。而生产同步化又通过"后工序领取"方式实现，即"后工序只在需要的时候才到前工序领取所需的加工品，前工序只按照被领取走的数量和品种进行生产"。这样，生产计划只下达到总装配线，以装配为起点，在需要之时向前工序领取必要的零部件，而前工序提供该零部件后，为了补充生产被领取走的量，必然向更前一道工序去领取所需的加工品，如此一层一层向前工序领取，直至原材料部门，实现同步化生产。

2）为了实现生产的适时适量，要求实现均衡化生产。生产均衡化是指总装配线在向前领取零部件时，应均衡地使用各种零部件，混合生产各种产品，以便协调生产产业。

3）根据生产任务配置作业人员和设备，使生产资源合理利用。JIT要求尽量做到"少人化"，即用尽量少的员工完成较多的生产任务。这就需要培养多面手员工，发展多功能设备。

4）在生产的组织结构上，采取专业化和协作化的方式。公司只生产关键部件，其余通过委托或协作方式由其他公司进行生产，从而简化了公司的生产任务。

5）在产品的设计和开发方面，采用项目负责人负责与并行工程结合的方式。这样既可提高开发质量，又可缩短开发周期。

6）保证产品质量。JIT生产方式将质量管理贯穿于每一道工序中，在降低成本的同时保证产品质量不会下降。

7）提倡采用对象专业化布局，用以减少排队时间、运输时间和准备时间。在工厂一级采用基于对象专业化布局，以使各批工件能在各操作时间和工作时间顺利流动，减少通过时间；在流水线和工作中心一级采用微观对象专业化布局和工作中心布局，以减少通过时间。

3. JIT生产方式的主要控制手段

JIT生产方式的主要控制手段有以下几种：

（1）零库存管理　JIT生产方式要求库存减少到最低限度，目标是实现无库存生产。因为库存量太大，会占用大量资金，降低资金的利用率；库存的搬运和管理需要消耗人力、物力和财力；库存还存在巨大的市场风险，如果该产品被淘汰，就意味着生产该产品的资源全部损失；而且库存最大的弊端在于掩盖了管理中存在的问题。

（2）生产同步化，缩短工作周期　生产同步化就是机械加工的过程和装配线的过程几乎同时作业，而且这种作业是平行的。为了缩短生产周期，JIT生产方式还要求每道工序不设库存，前一道工序加工完成后立即送往下一道工序，该方法又称为"一物一流"。

（3）弹性作业人数　弹性作业人数要求按照每月生产量的变动对生产线和工序的作业人数进行调整，保持合理的作业人数，从而通过排除多余人员来实现成本的降低，同时还通过不断减少原有的作业人数来实现成本降低。这就要求有特定的设备安排和配置，要求作业人员能胜任多方面的工作。

（4）看板管理方式　丰田汽车工业公司在20世纪50年代从超级市场的运行过程中发现，超级市场按照一定的看板来发布和表示生产的信息是一种很好的现场管理和控制手段，于是衍生出了现代的看板管理方式。JIT生产方式之所以能如此风靡于整个世界，而且取得如此成就，这些都与看板管理方式有着密切的联系，看板管理使得整个生产过程的无库存管理成为可能。

第三节　车间生产现场管理

一、生产现场管理的概念

1. 生产现场及生产现场管理的概念

生产现场是指从事与产品生产、加工活动有关的场所，是劳动者利用劳动手段对劳动对象进行加工的场所。生产现场管理是指合理地组织生产现场的人、机、料、信息、环境等生产要素，营造一个生产环境整洁有序、生产设备正常完好、生产信息准确及时、生产物料平衡有序、生产过程顺畅安全的生产现场，保证高质量、低消耗、准时按量地完成生产任务。主要工作包括：

1）生产作业准备和服务。
2）生产现场的布置。
3）生产任务的临时调配。
4）鼓励职工的劳动热情。

生产现场的有效管理，是实施生产作业计划，实现均衡生产的重要保证。

企业不同，生产现场的情况也不相同，生产现场管理的具体方法也不同，但都具有基础性、整体性、群众性、规范性和动态性等特点。后面将要介绍的看板管理和"5S"活动就是现代企业正在积极推广和开展的一项卓有成效的车间现场生产管理方法。

2. 车间现场管理的要求

一般来说，车间现场管理主要有以下要求：

1）每部机床、每个工位旁只能存放当日在制品，其他物品按分类划定区域摆放。成品及半成品要及时运转，废品和垃圾要及时清除。

2）图样、工艺文件、工具、量具、刀具、派工单、随同卡等不得随处乱丢乱放。

3）生产现场保持文明整洁，不得随地吐痰、污染墙壁和门窗等，物品摆放整齐规范、通道畅通，及时清除垃圾、油污、积水，每个班次下班（或交接班）时，必须将生产（工作）岗位环境打扫干净。

4）设备设施、仪器仪表、工具、台、柜、架、箱等经常保持整齐清洁，不得有积存的铁屑、灰尘及其他杂物。设备管理要做到无油垢、无锈蚀，杜绝"跑、冒、滴、漏"，安全防护装置要齐全可靠。

5）生产工作场所不得随意牵挂绳索、张贴标语、图表，在墙上贴挂要整齐有序，过时的及时清除，破旧的及时修复或更换。

6）生产工作场所地面平坦，无绊脚物，为生产作业设置的坑、壕、池要有可靠的防护栏或盖板。

7）按规定操作，站或坐姿要端正，不得坐在除凳（椅）子之外的物品上或地上；操作设备要做到"三好""四会"。

8）根据工艺要求，规定戴手套操作的必须戴手套，规定执行换鞋制度的工作场所必须换上工作鞋。

9）严格执行安全文明生产规章制度，正确穿戴工作服和工作帽，上班不准穿高跟鞋、拖鞋、裙子、短裤，不准赤膊赤脚，不准佩戴戒指、耳环、项链等首饰。正确使用劳动防护用品，操作旋转绞碾设备不准戴手套。

10）严守岗位，生产（工作）中不准串岗、围堆闲谈、嬉戏打闹、吃食物、看与工作无关的书报和干私活。

11）坚持对新上岗和变岗人员的管理教育，严禁违章作业和冒险蛮干；坚持对特种作业人员的安全技术培训，无证不准上岗。

12）生产作业场所的废旧物资不准随意乱丢乱放，必须分类交到回收点，由物资回收公司每天及时回收处理。

13）一切运载车辆，不管手动不是机动，均应注意安全行驶，不允许乱停乱放。安装行车的车间更要注意，防止发生碰撞或其他吊装事故。

14）加强对危险物品的管理，严格执行《化学危险物品安全管理条例》，危险作业和临时用电要办理审批手续，动火作业必须办理动火证。

生产现场是一个动态的作业环境，其实际的情况每时每刻都发生着变化，随着作业内容的变化，可能会出现新问题。事故的预测、预防工作必须贯彻到作业现场。加强现场管理，理顺人、机、料、作业环境之间的关系，建立起一个文明、整洁、有序、舒畅的生产作业现场，不仅对提高安全程度起着巨大的作用，而且对提高生产效率有着深远的影响，真正使安全和生产做到高度的统一。

二、看板管理

1. 看板管理的功能

看板管理是实现 JIT 生产方式的一种很好的车间现场管理和控制手段。在生产过程中，管理人员可以通过看板发布生产信息，与车间现场的员工进行及时的信息交流与沟通。看板管理在车间现场管理中主要有如下功能：

（1）传递生产与运送的工作指令　车间将厂部生产管理部门根据市场预测与订货制定的生产指令下达到各有关工序，各工序的生产都根据看板上发布的产量、时间、顺序以及运送数量、运送时间、运送目的地、搬运工具等信息来进行，以便实现"适时适量生产"。

（2）防止过量生产和过量运送　看板管理必须按照"没有看板不能生产，不能运送"的原则来操作。一般看板所表示的只是必要的量，因此通过看板可以自动防止过量生产与过量运送。

（3）进行"目视管理"的工具　看板管理必须遵循的另一条原则是"看板必须在实物上存放""前工序按照看板取下的顺序进行生产"。于是，作业现场的管理人员对生产的优先顺序一目了然，只要一看看板，就能知道后工序的作业进展情况，易于管理。

（4）改善生产管理机能的工具　看板上在制品数量的减少，意味着某工序设备出现了故障，生产出了不合格产品，下一道工序的需求将得不到满足。根据看板显示的数据可及时发现生产过程中的问题，便于管理人员及时采取措施解决问题。

显然，看板管理是控制现场生产流程的透明化管理工具。看板管理旨在传达"何时生产何物、生产多少数量、以何种方式生产、搬运"的信息,是管理可视化的一种表现形式,即对数据、情报等的状况一目了然地表现,主要是对管理项目特别是情报进行的透明化管理活动。看板管理使管理状况众人皆知,是在企业内部营造竞争氛围,提高管理透明度非常重要的手段。JIT生产方式是以降低成本为基本目的,在生产系统的各个环节全面展开的一种使生产有效进行的新型生产方式。JIT又采用了看板管理工具,看板犹如巧妙连接各道工序的神经而发挥着重要作用。

看板管理方法是在同一道工序或者前后工序之间进行物流或信息流的传递。JIT是一种拉动式的管理方式,它需要从最后一道工序通过信息流向上一道工序传递信息,这种传递信息的载体就是看板。没有看板,JIT是无法进行的。因此,JIT生产方式有时也被称为看板生产方式。

一旦主生产计划确定以后,就会向各个生产车间下达生产指令,然后每一个生产车间又向前面的各道工序下达生产指令,最后再向仓库管理部门、采购部门下达相应的指令。这些生产指令的传递都是通过看板来完成的。

随着信息技术的飞速发展,当前的看板方式呈现出逐渐被计算机所取代的趋势。现在最为流行的 MRP(Material Requirement Planning,物料需求计划)系统就是将 JIT 生产之间的看板用计算机来代替,每一道工序之间都进行联网,指令的下达、工序之间的信息沟通都通过计算机来完成。

2. 看板管理的分类

实际生产管理中使用的看板形式很多。

1)按照责任主管的不同,一般可以分为公司管理看板、部门车间管理看板、班组管理看板三类。

2)按照功能的不同,一般可以分为生产计划看板、生产线看板、工序管理看板、质量信息看板、制度看板、作业现场实时显示看板、现场布局看板、取货看板等。

生产看板是指在工厂内,指示某工序加工制造规定数量工件所用的看板。取货看板是指后工序的操作者按照看板上所列型号、数量等信息,到前工序或协作单位领取零部件的看板。

生产流水线在看板的联系和"拉动"下协调地运转。在一条生产线上,无论生产单一品种还是多品种,如果均按这种方法所规定的顺序和数量进行生产,既不会延误生产,也不会产生过量的库存,就能做到按照"Just in Time"进行循环。

3. 实施看板管理应遵循的原则

看板是JIT生产方式中独具特色的管理工具,看板的操作必须严格符合规范,否则就会流于形式,起不到应有的效果。实施看板管理应遵循以下六个原则:

1)没有看板不能生产也不能搬运;前工序按看板的顺序进行生产。

2)后工序只有必要时才向前工序领取必要数量的零部件。

3)前工序应该只生产足够的数量,以补充被后工序领取的零件。

4)不合格品不送往后工序,后工序一旦发现次品必须停止生产,找到次品送回前工序。

5)看板上使用的数据应该尽量小,以防止生产过量。

6)应该使用看板以适应小幅度需求变动。

三、5S 管理活动及其拓展

众所周知，质优价廉的产品是在现场形成和实现的，因而认真抓好现场管理具有十分重要的意义，5S 管理活动就是用于现场管理的一种有效方法，它在许多国家得到推广应用。

1. 5S 的含义

5S 活动源自日本。所谓 5S，就是整理（Seiri）、整顿（Seiton）、清扫（Seisou）、清洁（Seiketsu）、素养（Sitsuke），因为这五个词在日语中罗马拼音的第一个字母都是"S"，所以把这一系列活动简称为 5S 活动。

（1）整理 整理是指明确区分需要的和不需要的物品，在生产现场保留需要的物品，清除不需要的物品。其目的在于充分利用空间，防止误用无关物品，塑造清爽的工作场所。

（2）整顿 整顿是指对保留的有需要的物品进行合理、有序的定置摆放，使作业地的物品整齐、有条理，创造整齐的工作环境。

（3）清扫 清扫是指对生产现场"看得见"与"看不见"的地方进行清扫，清除垃圾、废物及污垢，使作业地干净、明亮，使生产现场始终处于无垃圾、无灰尘的整洁状态，减少对工人健康的伤害。

（4）清洁 清洁是指持之以恒地进行整理、整顿和清扫，保持整理、整顿和清扫的效果，让工作场地使人产生愉快的心情，有利于提高工作效率。

（5）素养 素养是指养成认真、规范、主动工作，自觉执行工厂规章制度的良好习惯，要求全体员工高标准、严要求维护现场的环境整洁和美观，自觉实施整理、整顿、清扫、清洁活动。

这五项平常、简单的内容组合起来，循环、连续而持久地进行，就会产生优质、高效、低成本和安全生产的显著效果。

2. 开展 5S 管理活动的意义

5S 管理活动，旨在通过规范现场、现物，营造整洁、清晰的工作环境，培养员工良好的工作习惯，其最终目的是提升人的品质，以达到：

1）革除马虎之心，养成凡事认真的习惯。

2）养成遵守规定的习惯。

3）养成自觉维护工作环境整洁明了的良好习惯。

4）养成文明礼貌的习惯。

3. 5S 管理活动的特点及开展 5S 管理活动的方法

将 5S 管理活动运用于生产的现场管理之中，对提高企业的生产效率是很有成效的，但是要真正实现 5S，不是一朝一夕的事，需要长期、大量、细致地做好多方面的工作，必须抓住 5S 管理活动的特点，实实在在地开展活动。

（1）5S 管理活动的特点

1）整体性。5S 活动是由整理、整顿、清扫、清洁和素养五项内容组成的，必须依照顺序逐一实施，不可简化或跨越其中的任何一项内容。破坏了 5S 活动的整体性，也就违背了这种方法的原理，是不可能取得提升员工品格、提升企业形象、提高效率、减少浪费、降低成本等效果的。

2）持续性。5S 活动不是阶段性、突击性的活动，而是与日常工作融为一体，连续、持久进行的活动，是一个不断循环的过程。要在持续中循环，在循环中提升；要由形式化到制度化再到习惯化。

3）关键性。5S 活动的五项内容中，前三个 S 是基础，第四个 S 是关键，第五个 S 是核心。

充分认识 5S 管理活动的这些特点，实实在在地开展 5S 活动，才能真正取得成效。日本及我国众多企业的实践经验说明，5S 管理是进行生产管理，特别是生产过程现场管理的一项行之有效的活动，也是企业成功的重要活动之一。

（2）开展 5S 管理活动的方法　5S 管理活动可按以下步骤逐步深入开展，并将目视管理、"红牌"方式、检查表等方式方法与技巧运用其中。

1）领导重视，认识正确，充分发动群众。
2）建立机构，落实职责，细心做好策划工作。
3）大声造势，耐心做好宣传，使 5S 活动成为群众的自觉行动。
4）组织实施，开展竞赛。
5）检查评比，总结经验。
6）循环持续。

4. 5S 管理活动的拓展

为了进一步实现规范化现代企业管理，不少企业现已将 5S 管理活动加以拓展，有的正在推行 6S 管理活动，即 6S＝5S+Safety。

Safety（安全），即对员工身心健康、生命财产等安全可能构成直接危害或潜在伤害的情形或现象予以分析，避免其发生。

还有的提出 7S，即 7S＝5S+Safety+Service（服务），把做好生产服务也纳入现场管理活动中。

第四节　车间的技术管理

技术管理是企业和车间管理的一个重要组成部分，它与企业的经营管理、生产管理等有着密切关系。技术管理为企业的经营提供发展后劲，为企业的生产过程提供技术上的保证。

车间的技术管理主要以创新思维为导向，对生产工艺、新产品开发、技术革新和技术改造等进行管理，使车间的技术水平在原有基础上获得改进和提高。

一、生产工艺管理

车间按照产品的工艺图样，根据现有设备和技术工人的情况，制定和执行现场作业标准及工艺流程，从而使生产的产品，按照客户的需要进行，保证进度和质量。在进行工艺管理的过程中，应严格遵循 3N（亦即"三不"）管理原则。

（1）不（NO）接受不合格产品

1）熟悉上一道产品技术。
2）能检查上一道工序的质量。

3）对上一道工序工件的确认。
4）反馈不合格信息。
（2）不（NO）制作不合格品
1）岗位技能与岗位等级相符。
2）按工艺指导书作业。
3）确认材料工装夹具。
4）精心维护调整设备。
（3）不（NO）转交不合格品
1）正确使用量具量仪。
2）做好本岗岗位检验。
3）认真做好质量记录。
4）上、下互查确保质量。
切实树立市场质量意识，做到从原材料进厂开始把关、不接收、不使用、不制造、不移交不合格品，确保产品质量和信誉。

二、新产品开发

产品的技术含量和先进程度，从一个侧面反映一个企业技术力量的强弱，许多企业早已将其当作自己的生命线和兴业之道。企业生产管理的任务，就是生产品质优良、能满足市场需要的产品。要完成这个任务，企业就要不断开发新产品、改造老产品，不断提高产品的质量和品质。

1. 新产品开发的概念、特征及分类

（1）新产品的概念　所谓新产品，是指对现有产品在原理、用途、性能、结构、材质等某一方面或几方面具有新的改进的产品。新产品是一个相对概念，在不同时期、地点、条件下具有不同的含义。从企业的角度来看，只要产品整体概念中任何一部分有所创新、改革或改进等，都属于新产品。

（2）新产品的特征　新产品一般具有先进性、创新性、经济性和风险性等特征。

1）先进性。先进性是指由于产品采用新原理、新技术、新材料、新工艺，从而具有新的结构、新的性能、新的质量、新的技术特征等，因此和老产品比，达到了更加先进的水平。

2）创新性。创新性是指新产品在一定程度上运用了新的科技知识，吸收了新的科技成果。

3）经济性。经济性是指新产品能给企业带来更好的经济效益和社会效益，有较高的推广价值。

4）风险性。风险性是指新产品的开发与研制可能会给企业带来一定的风险，如新产品采用的新科技成果并不一定成熟而存在技术风险，用户对新产品的用途和性能缺乏了解而存在市场风险，新产品在市场开发时可能遭遇困难以致达不到销售额而存在盈利风险等。

（3）新产品的分类　按照新产品创新和改进的程度，一般可以将新产品分为以下四类：

1）全新新产品。全新新产品是指市场上从来没有出现过的、具有明显技术优势、采用了新原理、新结构或新材料的产品。

2）换代新产品。换代新产品是指产品基本原理不变，在原有产品基础上，部分采用了新技术、新材料，使产品功能、性能、品质等有明显改善的产品。

3）改进新产品。改进新产品也称为老产品改造，是指在原有产品基础上采用各种新技术，对产品的性能、材料、结构等方面进行改进而获得的产品。

4）仿制新产品。仿制新产品也称为改进型产品，是指对市场上已有的产品加工模仿制造或稍做改变制造的产品。

以上四种类型的新产品的科技含量也许会相差悬殊，但它们有一个共同点，即都能给消费者带来新的满足和新的利益。

2. 新产品开发的意义与条件

（1）新产品开发的意义　企业的产品开发一般包括开发新产品和改进老产品。在市场经济条件下，尤其是在经济全球化的趋势下，企业的产品开发无论是对企业的生存与发展，还是对国民经济的发展都具有十分重要的意义。

1）新产品开发是满足市场需求的途径。随着生活水平的不断提高，人们对生活消费品的要求也越来越高。不断推出新产品，丰富物资市场，满足人民日益增长的物质文化生活的需要，是现代企业必须首先考虑的。企业必须尽量采用先进技术手段，不断提高产品性能，增加产品品种，调整产品结构，使产品"升级换代"，发展适销对路的产品，才能赢得顾客，满足社会的各类需求。

2）新产品开发是企业生存和发展的支柱。在经济全球化的今天，产品在市场中的寿命周期越来越短，产品更新换代的速度越来越快，市场竞争越来越激烈。在这种环境中，企业要生存和发展，必须在竞争中取胜。在市场竞争中，成败的决定性因素是企业能否生产出性能更好、质量可靠、物美价廉的产品来满足用户。企业要增加产品销售额，提高经济效益，就必须不断调整产品结构，力争做到产品"人无我有、人有我优、人优我新""生产一代、试制一代、研究一代、构思一代"，保持和扩大企业产品的市场占有率，提高企业的竞争力。

3）新产品开发是科学技术进步的反映，是社会经济发展的需要。最近二三十年来，科学技术的各个领域出现了新的飞跃，世界范围内正在掀起的新技术革命，促进了高科技产品的诞生和应用。积极开发新产品，将科研成果转化为现实生产力，能反映我国的科学技术水平。新材料、新工艺、新技术的应用对于节约资源和能源、提高产品质量和生产效率、开拓国际市场、促进经济快速发展，都有着十分重要的意义。

4）新产品开发是不断提高企业技术水平，增强企业竞争能力的要求。近年来，科学技术发展迅速，并且以更快的速度和更广泛的范围应用于各个领域。企业要适应科技发展的潮流，就必须不断使用新技术，尤其是高新技术改造老产品，开发新产品。产品开发对于提高职工的技术水平，提高工程技术人员的技术能力，促进企业技术进步，提高企业的竞争能力，无疑将产生积极的影响。

5）新产品开发是提高企业社会效益和经济效益的途径。一般来说，开发的新产品总会比老产品具有更好的结构、更优良的性能、更可靠的质量。新产品的使用将会提高效率或节约能源，给用户带来经济效益，从而产生良好的社会效益；新产品的开发必然降低原材料消耗，提高劳动生产率，从而降低成本，提高企业的经济效益；给用户带来经济效益的新产品扩大了企业产品的销路，增加产量，也为企业带来经济效益，并使企业进入良性循环。

（2）新产品开发的条件　开发新产品是企业成功的必由之路，能给企业带来巨大的效益，也存在较大的风险，必须具备以下条件才能保证新产品开发成功：

1）必须有市场需求。新产品必须适销对路。为此，企业开发新产品前必须做好市场调查研究，做到有的放矢，研究开发出有特色、式样新、性能好、功能全、能让顾客产生购买欲望的产品，新产品才有一定的生命力。

2）必须具备开发能力。企业必须根据自身的科技队伍、技术设备、生产条件、原材料供应和经济实力等，研制力所能及的新产品，这是开发新产品的保证。

3）必须能带来经济效益。提高经济效益是企业经营的目标，也是新产品开发的动力。开发新产品，必须尽可能利用原有的生产能力，综合利用生产资源，设法降低产品成本，增加企业盈利。

4）必须采用国际标准。新产品开发从产品的技术指标到产品的包装都必须采用国际标准，争取得到ISO的认证，使企业的产品能顺利进入国际市场，这是企业战略发展的需要。

3. 新产品开发的原则和方式

（1）新产品开发的原则　企业为了开发适销对路的产品，在开发时必须遵循以下几项原则：

1）社会需求原则。任何一项产品要想占有市场，要想有较长的市场寿命，必须以社会需求为出发点，适应国内外目标市场的国情、消费习惯、社会心态和产品价值观，以市场为导向，这样才能立于不败之地。

2）技术优势原则。新产品要占领市场，不仅在产品质量和性能上要比竞争对手高，而且成本要低、价格要适中。显然，这都取决于企业是否具有技术优势。企业在技术上有优势，产品质量胜人一筹，成本比别人低，才能在产品开发的激烈竞争中取胜。

3）快速开发原则。由于市场竞争激烈，一般来说，某种新产品的开发可能同时在几个企业中进行。因此，要想抢先占领市场，就必须加快开发的速度，否则刚开发出来的新产品可能就成了落后的淘汰产品。当然，快速开发并非单纯速度快，而是好中求快，新产品同时具有性能优势和质量优势才能占领市场。

4）经济效益原则。效益最大化是市场经济条件下企业经营活动的基本原则。开发新产品，必须利用价值工程等技术方法进行技术经济分析，充分考虑经济上的合理性。企业应当以输入最少的劳动和物资能源消耗，获得最大的有用价值和利润为新产品开发的经济原则。

5）标准化原则。新产品开发必须提高产品通用化、标准化、系列化水平，必须采用国际标准，以便让产品顺利进入国际市场。

6）良性循环原则。产品开发的良性循环，是指产品能正常更新换代，也就是说企业开发新产品要有连续性。当开发的第一代新产品投入生产时，应做到第二代新产品已开始小试，并且开始第三代新产品的规划。这样才能保证企业不断有新产品陆续问世，使企业越来越兴旺发达。

（2）新产品开发的方向　随着科学技术和经济的高速发展，产品开发的发展趋向主要表现在：

1）高效化和多功能化。高效化和多功能化是指增加产品功能，给用户提供更大的方便，实现一物多用、一机多能；产品向高效率、高质量方向发展。

2）微型化和简易化。微型化和简易化是指在不改变产品基本性能的前提下，开发小巧轻便的产品；在产品性能要求越来越高的前提下，向结构简单、操作方便的方向发展。

3）多样化和系列化。多样化和系列化是指产品品种、型号增加，并将相关产品组成系列，以满足人们多层次的需求。

4）舒适智能化。舒适智能化是指开发的产品科技含量高，用户可以根据需要选择其功能，使用起来方便、舒适，给人们带来健康、愉快和美的享受，满足消费者精神上和心理上的需求。

5）节能化和环保化。节能化和环保化是指开发的产品应节省能源和原材料，新产品在生产和使用过程中不产生环境污染和公害。

（3）新产品开发的方式　新产品开发的方式很多，企业可根据内外部条件适当选择。

1）独立研制。独立研制也称为自行研制，是指企业完全依靠自己的科研技术力量，密切结合企业的实际，研究开发具有企业自己特色、在某方面具有领先地位的新产品或产品系列。独立研制分为三种情况：一是从基础理论研究到应用技术研究，再到产品开发研究的全部过程都由自己的力量完成；二是利用社会上基础理论研究的成果，自己只进行应用技术研究和产品开发研究；三是利用社会上应用技术的研究成果，自己只进行产品开发研究。

显然第一种研究如果成功，可使企业一举居于独占的地位，但需要企业拥有雄厚的实力，且风险较大，必须有强有力的盈利产品作为财力后盾。

2）技术引进。技术引进是指从国外或其他地区引进市场已经成熟的技术，为本企业开发新产品，或是直接引进生产线生产新产品。这种方式可以利用有限的资金和技术力量，较快地掌握先进的生产技术，缩短与国外产品的技术差距，提高企业的竞争力，也有利于进入国际市场。

3）联合开发。这是一种将企业内外技术力量结合起来开发新产品的技术协作方式。这种方式通常由企业提供经费，科研单位与大专院校的专家提供技术支持，有利于发挥各方面的长处，优势互补，资源与效益共享，加速新产品的开发进程。这是一种双赢的开发策略。

4）独立研制与技术引进相结合。企业也可以坚持两条腿走路的方针，采取独立研制与技术引进相结合的策略，在充分消化引进技术的基础上，结合企业的技术特点进行某些创新。这种方式既能很好发挥引进技术的作用，又能促进企业自己的技术开发，保证产品的先进性，以适应市场需求的变化。

5）模仿制造。照样品仿制国内外的新产品。这是迅速赶上竞争对手的一种有效的新产品发展方式。一般来说，仿制费用低，成功率高，但上市总是落后一步，市场占有率也会较低。采取这种方式时必须注意维护知识产权，仿制时如果能有所创新，则可收到后发制人的效果。

企业可根据自身的具体条件选择以上五种新产品开发方式，也可结合应用，也可并行采用，以利于产品的不断推陈出新。

4. 新产品开发的程序

新产品开发是一项投资大、风险大的复杂工作，为了提高开发新产品的成功率，必须按照科学程序循序渐进地进行。一项新产品的开发通常要经过以下几个阶段：

（1）市场调研　对市场信息进行系统的收集与分析是开发新产品的基础，也是新产品开发能否成功的关键。市场调研主要了解市场需求和技术信息：

1）消费者喜欢什么样的产品，购物倾向如何，潜在需求量有多大。

2）消费者的收入水平及购买能力。
3）本企业原有产品的销售情况及用户对原有产品的意见。
4）竞争对手的产品状况。
5）当前可用于新产品的新技术、新材料、新工艺。

市场调研的目的是为制订新产品开发方案提供依据。

（2）构思创意　构思的来源可能有以下几种：
1）顾客的建议。
2）高等院校或科研机构的成果。
3）本企业市场调查后做出的市场预测以及针对竞争者的产品调整企业所做出的新设计或对策等。

企业在寻求构思创意时应确定的内容有：
1）企业重点投资的领域是什么，应该发展到什么程度。
2）开发新产品要达到的目标是什么。
3）计划投入多少资金和其他资源。
4）要确保多高的市场占有率。
5）采用什么样的开发策略。

（3）价值分析　价值分析（Value Analysis，VA）又称为价值工程（Value Engineering，VE），是一种以提高对象价值为目标的技术经济分析方法。因为用户需要的不是产品本身，而是它的功能，而且用户是按照与实现这些功能相适应的代价来支付金额的，所以企业必须认真研究用户对产品功能的要求，用不同的材料满足相同的功能，以达到代替短缺物资和降低产品成本的目的，设计和生产物美价廉的产品。

由此可知，提高产品价值的途径主要有：
1）提高功能，降低成本。
2）保持功能不变，降低成本。
3）保持成本不变，提高功能。
4）增加较少成本，大幅度提高功能。
5）功能稍有下降，但成本大幅度下降。

为了保证新产品开发能获得较好的效益，企业必须对新产品的构思创意进行价值分析，力求以最低寿命周期成本实现新产品所要求的必要功能。

（4）筛选创意　这一步骤是指对已经征集到的若干创意方案通过价值分析后进行评估，研究其可行性，并挑选出可行性高的创意方案来。构思方案的筛选是新产品开发过程中一次重要的决策，关系到产品开发的成败，也关系到新产品开发能否获得经济效益。企业应有专门部门负责新产品开发方案的评估和规划，按照科学的评估程序对构思方案进行认真的筛选，以减少决策的失误，提高成功的机会。

（5）概念形成　新产品构思经过筛选后，需要进一步发展成更具体、更明确的产品概念，用文字、图像、模型将其阐述出来，然后将形成的产品概念提交目标市场有代表性的消费者群中进行测试、评估，使构思方案更完善、更先进、更能被消费者接受。

（6）制定营销规划　在对产品需求、投资效益、成本和盈利等方面进行研究、考评的基础上，根据市场分析的结果，草拟一个将新产品投放市场的营销战略报告书，主要内容包括：①描述市场的规模、结构、头几年的市场占有率等。②描述新产品的计划价格、分销战略及促销预算。③长期销售额、利润目标以及不同时期的市场营销组合策略。

（7）产品研制　新产品概念通过市场分析得到确认之后，企业即可将文字、图表、模型等描述的产品概念通过设计、试制变成物质产品，即新产品样品。与此同时，还要进行包装的研制和品牌的设计。产品试制一定要严格把关，一切工艺文件和工艺过程都要经过鉴定合格才能正式投入小批量生产。

（8）市场试销　将试制的新产品在有代表性的市场试销。通过试销了解产品的性能改良、结构创新等被用户接受的情况，了解产品的销售状况及市场前景，发现产品及其包装等方面的缺陷，为正式上市做好准备。

（9）投放市场　试销成功以后，就可以大量投产上市。新产品在正式投入大量生产和投放市场前，企业应对产品投放市场所需的资金、对投放市场的时间和地点、对销售市场的目标顾客和营销策略等做好统一规划。

5. 新产品开发的策略

由于新产品的类型、品种不同，企业的实力和特长各异，因而新产品开发的策略是多种多样的。这里仅介绍几种常用的策略。

（1）产品寿命周期策略　产品寿命周期是指一种产品由投入市场开始到被淘汰退出市场为止所持续的时间。根据产品寿命周期理论，研究和预测产品寿命长短及其发展趋势，相应地可以采取以下策略：

1）改进产品质量、性能、包装、实用性，或扩大其用途，降低产品的成本和价格等，以延长产品寿命周期。

2）加强售后服务，做好产品的更新换代，保持销售的增长势头，力争在现有产品进入衰退期之前将新产品投入市场，以免让市场销售出现空白区。

（2）产品组合策略　产品组合是指将两种以上产品的功能、效用巧妙地组合在一件产品上，使产品的功能向纵横两方面延伸和扩展，这样便可以大大增加产品的附加值和吸引力。它可以是性能组合、用途组合、配套组合等多种形式，以形成多种产品或一种多功能、高性能产品。

（3）产品延伸策略　产品延伸是指以某种产品及其生产工艺为基础，上下延伸、左右扩展的产品开发策略。它可以是品种延伸、功能延伸、材料延伸等多种形式。该策略投资少、见效快、收益高，特别是以某种名牌产品为龙头开发系列产品时，更能扩大产品阵容，增强市场渗透能力和竞争能力。

（4）进攻—防御策略　进攻策略又称为抢先策略，目的是让企业保持技术上的领先地位。采取这种策略的企业一般都有较强的研发能力，有雄厚的财力，肯冒风险。防御策略又称为紧跟策略。采取这种策略的企业并不投资抢先研制新产品，而是当市场出现新产品时，就立即进行仿制或加以改进。这样，既不需要长期大量投资，又可在产品处于萌芽状态时加以改进，消除其缺陷而后来居上，但它要求企业有高水平的科技专家，能不失时机地发现和解决别人尚未考虑到或尚未解决的问题，并有能力高效率地研制出新产品。

（5）最低成本策略　一种产品能占领广大市场，其诀窍在于产品具有较强的实用性、较高的质量和较低的价格。在实用性和质量相当的情况下，产品价格就成了竞争的主要目标。决定产品价格的主要因素就是产品的成本，成本低廉就是企业开展市场竞争的优势和本钱。自动化与机械化程度高、具有大规模生产能力的制造设备，科学、合理、先进的生产工艺，高效的企业管理等，都是降低产品成本的重要途径。

新产品开发绝不是一件容易的事情，制定正确的新产品开发策略，是企业成功开发新产品的关键，因此备受企业重视。作为车间，由于受到技术力量等方面的限制，更应慎重。

三、技术革新与技术改造

除了新产品开发之外，技术革新与技术改造可以说也是车间的常态性工作。

1. 技术革新

技术革新是指应用新知识和新技术改造生产工艺和生产设备，以提高产品质量、提高生产效率、降低产品成本的技术活动。

车间要开展技术革新，必须树立创新观念，投入适当资金，创造良好的创新条件，重视创新人才，充分发掘全体员工的创造潜能。车间的技术革新必须围绕产品进行，以提高产品质量、生产效率为宗旨，以增加企业的社会效益和经济效益为目标，以提高企业的技术水平、增强企业的市场竞争能力为动力。

2. 技术引进

技术引进是指通过各种方式和渠道从国外获得先进技术。它是国与国之间的技术交流和转移，也是企业进行技术创新的一条途径。

随着科学技术的迅猛发展和生产社会化程度的大幅度提高，技术引进越来越重要。

1）技术引进是科学技术本身发展的客观要求。任何一个国家不可能拥有现代科学技术的一切成就，科学技术是人类的共同财富，大力吸收、消化别国的科学技术精华，为己所用，可以促进本国科学技术水平的快速提高，促进本国经济的快速发展。

2）技术引进可以填补技术空白、增强经济竞争力。技术引进初期，企业确实需要进行一定的投资，然而引进本企业所需要的技术后，及时填补了自己的技术空白，为自己的发展打下良好的基础，提高了企业的技术水平，可以在新的起点上增强企业的市场竞争能力。

3）技术引进可以为企业的发展争取时间和节省费用，加快企业的技术进步。企业自己开展研究，获得一项科研成果，从酝酿、研究、试制到投产，往往需要几年甚至更长时间，而且还要耗费大量的费用，承担较大的风险。而引进技术一般只要1~2年时间就可以投产，既可以节约研制经费，又不需要承担研制失败的风险。

因此，许多企业甚至许多国家在谋求自身发展时，经常采取技术引进的方法，学习和吸收国外的先进技术。

技术引进涉及双方国家的政治、经济、技术、贸易、法律、外交等各个方面，企业在技术引进的过程中，必须坚持做到：实事求是，适合国情；相互平等，互利互惠；精心选择，讲究效益；消化吸收，发展创新。

技术引进可以采取引进先进设备、通过购买专利或购买专有技术引进先进技术、引进技术与利用外资相结合等方式。

3. 技术改造

技术改造是指用新技术、新设施、新工艺装备对企业原有技术、设施、装备进行改造。它主要包括采用新工艺、新设备提高劳动生产率、节约原材料和能源消耗；开发新产品，提高产品性能和质量，使产品升级换代；合理利用资源，提高资源综合利用水平。

技术改造是车间生产管理中的一项常规性活动，它对于企业的生存和发展有着十分重要的意义。

1）技术改造是企业实现经济增长方式转变的重要对策。当今衡量企业生产能力的增长已不再是简单的数量增长，而是由粗放型向集约型发展转变，要求产品技术含量高，产品结构能满足社会需要。企业只有通过技术改造，才能赶上和适应形势的发展。

2）技术改造是提高企业经济效益的主要途径。实践和统计数据表明，利用原有企业进行技术改造，可以实现投资少、见效快、经济效益高的效果。

3）技术改造是企业开拓国际市场的客观要求。在世界经济日趋一体化的今天，企业要发展，必须设法使自己的产品早日进入国际市场。企业要进入国际市场，就必须通过技术改造改善生产条件，提高生产效率，降低生产成本，增强竞争优势，为企业开拓国际市场提供技术保证。

技术改造的内容十分丰富，一般来说包括改进产品性能和结构、改革和创制工艺装备、改造原有生产设备、改进工艺过程和操作方法、合理使用自然资源和保护自然环境。

总之，车间的技术改造，要立足长远，着眼当前，抓好那些花钱少、收效大、见效快的项目，紧紧围绕提高产品质量、增加产品品种、提高劳动生产率、提高经济效益和社会效益来展开。

案例分析

【案例分析4-1】 凯西灯具集团有限公司多品种、小批量生产计划编制方法

凯西灯具集团有限公司的产品规格有数百上千种之多。销售的品种规格繁多，各规格不一定每月都销售，每月也可能新增规格销售。这种典型的多品种、小批量情况，对生产管理人员凭记忆、经验管理的传统方法提出了巨大挑战。公司车间管理人员利用Excel软件，提出多品种、小批量生产条件的生产计划编制方法。

合理的生产计划，作为生产技术准备、任务及作业安排工作的依据，使制造企业的各环节围绕运转，有条不紊。首先通过Excel软件对销售、生产时间等进行分析、运算，从时间、数量方面把握生产期量标准，为编制计划提供条件。

1. 库存计划

库存计划是生产计划不可缺少的部分。对"非常用产品"，不安排库存。对"常用产品"，分别确定其最低库存量、预警库存量和最高库存量。

（1）最低库存量 可按"平均日销量""平均批生产周期"计算。例如，平均一批产品的生产周期是4天，即至少应以满足4天的销售需要作为最低库存量。

（2）预警库存量 由于规格繁杂的产品必定是批量性间隔投入，轮番生产。预警库存量可按"平均日销量（投入间隔期+平均批生产周期）"计算。例如，平均一批产品的生产周期是4天，平均间隔3天投入一批，即至少应以满足7天的销售需要作为预警库存量。

（3）最高库存量 库存量越大，生产的压力就越小，但资金占压就大。这应由企业的销售状况、财务状况、生产能力、供应条件等综合求得一个平衡点。原则上，最大库存量不应超过一个月的销售量。

2. 常用产品的生产计划

（1）计划时间　应在每月25日前编制下月的生产计划，下达至相关部门，以便早做准备。

（2）计划数量　常用1级、常用2级、常用3级产品，按下式计算：

下月计划生产量=预计下月销售量+预计下月末库存量-预计本月末库存量

其中，预计下月末库存量即为设定的最高库存量，本月末库存量采用预计数。

3. 非常用产品的生产计划

对"非常用产品"，原则上不下达确定的生产计划量，而由生产管理人员根据市场信息、订单情况，结合最近半年、最近3个月的销售趋势，酌情安排。

4. 生产计划的调整

按以上方法拟订的生产计划数量，针对的是常用的产品规格（基本不会积压），由于加上了标准误差的调整，因此有偏大的趋向。实际工作中，销售波动较大时，可以通过库存来调节：

1）当库存量低于最低库存量时，应紧急安排生产，补充安全库存量。

2）当库存量低于预警库存量时，应着手考虑安排生产，预备补充库存量。

3）当库存量超过最高库存量时，应了解并分析销售情况，或放缓生产节奏。

4）对于虽然是"常用产品"，但在最近3个月却没有发生过销售的品种规格，应审慎考虑其销售趋势，综合市场反馈信息和其他情况，谨慎安排生产。

5）对于虽然是"非常用产品"，但在最近3个月中，有2个月或2个月以上发生过销售的品种规格，可能预示了潜在的销售趋势，应给予特别关注。

【案例分析问题】

1）你从凯西灯具集团有限公司的生产计划编制方法中学到了哪些经验？

2）试分析凯西灯具集团有限公司生产计划编制方法的优点。

【案例分析4-2】　权智集团的"5S活动"现场管理

权智集团成立于1993年，1998年在香港联合交易所上市，为香港少数拥有强大科研实力的电子词典及翻译机、个人数码助理、通信产品、数码录音器等的生产厂商之一。产品品牌包括"快译通"和"快驿通"，都已深入民心。除自建品牌外，集团还利用其科研实力，替海外极具规模的公司做"合约生产"，产品包括各种类型的掌上电子产品，满足用户对数据处理、通信及信息的需求。

权智集团生产基地设于东莞，业务遍及中国、东南亚、中东、欧洲和北美。

长期以来，权智集团对品质的要求都是精益求精的，自1994年开始，即推行各种提高品质的活动，包括ISO 9001系统、品质改善小组、业务自我评审、员工提案计划、品质管理圈及全面品质管理。毫无疑问，提高品质对业务发展是非常重要的。

权智集团自1998年起，采用了"5S活动"现场管理，在香港公司及东莞厂部全面实施，目的就是要将"不断提高品质"这一目标再提高一步。管理层希望通过"5S活动"的推行，提高公司的效率和生产力，从而提升公司的形象和客户的满意度，使所有员工工作得更愉快、更投入。

因为东莞厂部所涉及的员工较多，楼面面积也较大，所以投放到"5S活动"的资源也比较多。首先，集团采用了民主的方式，经过投票，选出了一个"5S活动"推行委员会，成员来自不同部门，以确保全面参与。

其中主要的措施包括：
1) 聘请精于"5S活动"的专家为员工进行培训。
2) 在公司内部刊物上刊登关于"5S活动"的文章。
3) 在公司醒目的地方增设"5S活动"专栏，刊登有关消息。
4) 举办标语及口号比赛。
5) 在文娱节目中加入"5S活动"的内容，力求"5S活动"进入生活的各个层面。

活动的成功与否，最有效的方法是进行检查。集团的检查工作有以下三个层次：
1) 每月一次或两次的"定期检查"。
2) 推行委员会联同公司高层进行复查。
3) 由外聘专家进行检查。

在香港，活动的推行规模比较小，但认真程度毫不逊色，每月举行的"5S活动"比赛，员工都非常投入。

经过一年多的实施，"5S活动"带给权智集团以下好处：工作环境清洁、整齐，增加了员工的工作投入感；工作事故大大减少；员工的效率得以提高；工作程序更为顺畅，减少了时间和金钱的损失；给参观者以良好的印象。

1998年10月，该集团荣获香港特区政府颁发的品质和生产力大奖。此成就的取得，"5S活动"可谓功不可没。

【案例分析问题】

1) 权智集团采取了哪些措施来推行"5S活动"？
2) 权智集团实施"5S活动"，达到"不断提高品质"这一目标了吗？

【案例分析4-3】 南通南亚塑料制品有限公司包装车间目视管理活动的实践与成效

1. 目视管理的实施

1) 规章制度与工作标准的公开化。为了维护统一的组织和严格的纪律，提高劳动生产率，实现安全生产和文明生产，包装车间将凡是与现场操作人员密切相关的规章制度、标准、定额均公布于众。如十项制度、现场卫生承包区域图、各个岗位的岗位职责、经济责任指标等。

2) 生产任务与完成情况的图表化。包装车间对每天的生产情况，以及班组每月完成情况的具体数据做出分析，并画出趋势图，使车间班组的目视管理以数据为依据。

2. 目视管理工序点的控制

目视管理为班组进一步深入开展工作打下了基础。包装车间通过对现有生产过程的分析，找出了质量和成本两个关键工序点作为突破口，严加控制。

1) 控制重量偏差，提高产品质量。质量是企业的生命，是企业得以生存和发展的先决条件，作为生产岗位上的一线员工，应当生产出优质的产品。包装车间班组积极响应车间提出的口号"向先进水平挑战，提高包装质量，向用户提供合格满意的产品"。为此，包装车间在抓好封口质量的基础上，重点抓好每一包产品的重量，把每一包产品的质量偏差控制在企业标准内。为了达到这一目标，包装车间采取了有效的措施。

① 对产品抽样检查。每天开车检查4包料，确保产品合格率。

② 随着产品的变化，称量机可能会出现不稳定状态。包装车间及时做出调整，保证称量机能正常称量。

③ 对每批产品的最后几包料进行过磅称重。

④ 对于不同牌号的产品，针对其密度不同，调节称量机挡板的高度，保证称量精度。

⑤ 加强设备的巡检工作，防止设备问题引起重量偏差。一旦发现，及时处理，保证不合格的产品不入库。

以上5个工序的管理措施，是包装车间班组在实行目视管理中发现问题、解决问题的手段。自从对工序点进行控制以来，包装车间班组每天做记录，每月编制重量偏差走势图，使产品的重量偏差均控制在要求范围内。

2）控制重薄膜包装袋成本，降低班组成本。班组成本的考核一直是班组管理的重点。包装车间以科学管理为手段，把降低重薄膜包装袋单耗作为突破口，推动班组成本管理工作。为此，包装车间主要抓以下几项措施：

① 从源头做起，杜绝重薄膜包装袋的两次损坏。铲车驾驶员从仓库铲运薄膜时特加注意，防止因操作上的不慎而造成不必要的损坏。

② 加强重薄膜包装袋上机前的检查。薄膜上机前，操作工要检查薄膜质量，发现薄膜破损时要及时做上记号，并在制袋部分将破损的重薄膜包装袋抽出，使薄膜的损失减少到最小。

③ 提倡"空袋"利用。以往将出现的空袋都当成废料处理，现在车间将可以利用的空袋人工放至投料口，使它们重新被利用，减少薄膜的消耗。

3. 目视管理的成绩

经过半年的实施，包装车间对目视管理有了一定的认识。目视管理形象直观，便捷明了，能严把包装质量最后一道关。通过目视管理，及时剔除观测到的料包内的异物，维护企业产品的形象；通过目视管理，直接监测料包上的打印批号，做到批号打印100%的准确及批号打印清晰度达到99.5%；通过目视管理，可直接将上、下封口不合格的料包及时地从输送带上取下处理，将料包的破损率牢牢地控制在0.05%以下。

目视管理透明度高，便于现场人员互相监督，发挥激励作用。

实行目视管理，对生产作业的各种要求可以做到公开化。干什么、怎样干、干多少、什么时间干、在何处干等问题一目了然，这有利于人们默契配合、互相监督，使违反劳动纪律的现象不容易隐藏。配合一定的手段，目视管理能起到鼓励先进、鞭策后进的激励作用。

包装车间各班组通过开展目视管理，管理水平有了明显的提高，组内增强了岗位竞争意识。在经济效益方面，仅以班组全年节约的薄膜为例，按每天节约40只空袋计算，全年可节约1.68t，折合人民币11760元。

【案例分析问题】

1）从南通南亚塑料制品有限公司包装车间的目视管理活动中你学到了哪些经验？

2）试分析目视管理能带来哪些好处？

【案例分析 4-4】 沈阳机床厂总装车间关于"低级问题七大害"的看板

1. 低级问题的定义

低级问题是指并非由于智力、能力因素所导致，而是由于在工作中不注意细节，工作态度不端正，责任心差而造成产品出现的问题。

2. 低级问题的分类

1）松。松是指螺钉、顶丝、背帽等坚固零件松动，销子没打住，不对稍，止退垫圈、卡爪不到位，顶丝、紧固铁丝未捆绑到位或断裂。

2）掉。掉是指各定位销、螺钉、键配合不好，造成脱落，无关件、多余件掉入机床内部的现象。

3）漏。漏是指各密封处漏油，回油不通，油管润滑位置不正确，以及密封胶溢流、未清理等现象。

4）脏。脏是指表面及内腔有铁屑、螺钉、油泥等杂物。

5）锈。锈是指床身、立柱、下导座导轨面、工作台面、平旋盘、立轴外圆及端面锈蚀等。

6）磕。磕是指外观及导轨表面出现凹坑、凸起等磕伤现象而未被修复。

7）下塞尺。下塞尺是指各部压板、导轨、镶条、立柱与床身结合面、立轴轴承端面出现的下塞尺现象。

【案例分析问题】

从沈阳机床厂"低级问题七大害"的看板你看到了该厂在管理方面的哪些可贵之处？

思考与练习

1. 解释下列术语：生产过程、生产类型、生产调度、工艺专业化、对象专业化。
2. 简述广义的生产过程组成；简述合理组织生产过程的基本要求。
3. 简述准时制生产的特点及意义。
4. 举例说明工艺专业化与对象专业化在生产过程空间组织中的应用。
5. 简述生产现场管理的内容及现场管理方式。
6. 试说明新产品开发有何意义。
7. 新产品开发的方向如何？如何开发新产品？简要介绍新产品的开发策略。

第五章 现代企业车间的质量管理与控制
CHAPTER 5

学习目标

【知识目标】

1. 掌握质量、质量管理和全面质量管理等概念,熟悉全面质量管理的原则及基础工作。
2. 熟悉 ISO 9000 质量管理体系、3C 认证以及质量保证体系。
3. 熟悉质量波动的规律以及过程质量控制的方法。
4. 掌握质量检验的方法以及常用的质量检验工具和技术。

【能力目标】

1. 通过学习,能够初步在车间实施全面质量管理。
2. 通过学习,能够运用常用的质量检验工具和技术对产品质量进行客观分析和过程控制。

导读案例

【案例 5-1】 从破产到异军突起,皆源于质量

据报道,我国一家生产电冰柜的公司曾因负债 2500 万元,已被母公司视为"包袱",决定宣告破产而"一卖了之"。其原因是当时生产的产品质量低劣,出现了在某市一天售出 200 台,又在 6 天内全部退货的罕见窘状。那时,不合格产品堆满了工厂大院,职工放长假达 8 个月之久,讨债者强行封库,企业负责人 37 次被传上法庭。在公司走投无路的情况下,上级母公司只好忍痛将其出售,以卸包袱。

几年后,该公司却在全国家电市场竞争中异军突起,成了国内生产电冰柜企业中的佼佼者,市场占有率达到 18.4%,产量增长 63 倍,销售收入增长 61 倍,利润增长 2351 倍,税金增长 210 倍,总资产增长 15 倍,全员劳动生产率提高 6.18 倍。1994 年实现利税 9900 多万元,1995 年仅利润就达到 2 亿元。该公司从 1992 年起,连年被评为采用国际标准的先进单位。面对如此巨大的变化,该公司的广大职工说,公司发展、壮大的事实充分说明,一个企业的悲剧在(产品)质量,成功也在(产品)质量,而抓好质量关键是企业的第一把手。

【案例 5-2】 "海尔人"永恒的魅力

　　企业的出路在市场，然而激烈残酷的市场竞争使每个企业都深深感到，市场就是战场。青岛电冰箱厂以张瑞敏为首的海尔人更认识到，市场的竞争主要表现在质量的竞争，因此他们选择和制定了"唯一"和"第一"的战略理念，并为之奋斗。高起点的"唯一"理念，使海尔人坚定了争第一的决心和信心。他们看到，在1954年就诞生了第一台电冰箱的中国土地上，许多年来，国优金牌的称号却始终空缺。为了争取中国冰箱史上的"第一"这块金牌，海尔人下决心一定要生产出质量第一的产品。他们制定了严密的质量保证体系，实行高标准、严考核、重处罚的管理制度，如生产一台合格电冰箱，计件奖为0.4元；而出现一台废品，则重罚40元。"宁可出一台一等品，也不出十台二等品"的格言成了他们的质量标准。1998年，琴岛-利勃海尔终于问鼎国优金牌宝座。

　　青岛电冰箱厂以高质量的产品赢得了千百万用户的心，使自己在有限的市场需求下争取到了有利地位。在1989年市场出现疲软，电冰箱销势猛跌之际，青岛电冰箱厂的琴岛-利勃海尔却独领风骚，成为唯一价格上调、产销两旺的电冰箱产品，产值、利税分别增长33%和48.2%。他们不但荣获全国企业改革创新奖"风帆杯"，还通过了国家一级企业预考评和国家质量管理奖的资格审定。优良的产品质量使海尔人获得了永恒的魅力。

【案例 5-3】 得利斯集团的质量管理

　　山东得利斯集团公司的管理者们认为，产品质量是生产出来的。要保证产品质量，必须坚持把质量问题解决在产品生产过程中，并且要求员工在生产过程中树立"换位意识"。

　　所谓"换位意识"，就是上道工序把下道工序当用户，下道工序把上道工序当卖主，用上道工序的产品质量保证下道工序的产品质量，直至保证最终产品的质量。为此，他们为各道工序制定了严格而详细的作业标准。例如，检验原料肉质量是否合格，对有问题的原料肉，及时报告班长处理；按照分割肉的时间先后顺序提运，严禁顺序颠倒，以免造成原料肉污染；绞肉工序作业标准规定，挑选好的原料肉要严格按比例搭配；放入绞肉机前，要认真检查绞肉机内是否清洁卫生……严禁把带有污物、异物、色不正不匀的不合格品装入箱内；标签要注明日期和批号。

　　得利斯集团公司就是用这种"换位意识"在上道工序与下道工序间建立了双保证机制，从而保证了产品的质量。

【案例 5-4】 "奔驰"成功的原因

　　提起轿车，许多人脑海里第一个想到的就是奔驰品牌。对于许多人来说，奔驰车的知名度是最高的，奔驰车等同于高级或豪华车的同义词。确实也是这样，因为奔驰的乘坐舒适性是世界公认第一流的。探讨奔驰成功的原因，一个不能被忽视的秘诀在于"奔驰"对质量的执着。

　　1. 奔驰车的经久耐用

　　在德国十大名牌产品中，奔驰名列第一位；在世界十大名牌产品中，奔驰排名第三。奔驰甚至成了德国货的代名词。如果你稍加留意就会发现，奔驰汽车很少做广告，对此奔驰人的解释是："我们的质量就是最好的广告。"

2. 也许座椅最能说明一些问题

人们在审视一辆汽车时，往往只注意它的外观、性能，却很少留意它的座椅。尽管这是一个那么不引人注意的地方，但奔驰人也没有放过它。奔驰车座椅的面料大都是用新西兰进口的羊毛纺织而成的，纺织时还要根据需要掺进从中国进口的真丝和从印度进口的羊绒。至于用来制作皮革座椅的面料，他们考察了世界各地后，认为还是德国南部地区的最好，于是专门在那里设立了供应点。

3. 世界上第一家汽车安全工程部

为了保证生产出高质量的产品，奔驰早在1939年就成立了世界上第一家汽车安全工程部，由著名的"安全之父"巴仁尼先生主持。巴仁尼先生一生共发明了2500多项安全专利，其中有许多直到今天仍然是汽车安全的标准；1959年，奔驰开始进行整车撞击试验，每年大约进行7000多次模拟撞击，100余次真车撞击。在奔驰人眼里，人的生命是最宝贵的，汽车撞坏了可以修，也可以再买新的，而人的生命只有一次。

奔驰人相信奔驰公司的创始人戴姆勒先生曾说的一句话："只有最好的才吃得开。"

第一节　质量管理概述

一、质量和质量管理

随着经济的发展和社会的进步，市场经济体制的日趋完善和经济全球化进程的加快，"质量是企业的生命"这一理念已被我国企业界所认同。质量管理在企业管理中的地位日渐重要，质量管理理论也不断发展和完善。企业已由重视产品质量和服务质量，进一步提升为重视和改进整个经营管理的质量，追求卓越的质量经营。

1. 质量概述

（1）质量的含义

何谓"质量"？随着社会和经济的发展，人们对质量概念的认识经历了一个不断发展和变化的历史过程，以下几个质量的概念很具有代表性：

1）质量就是意味着对规范或要求的符合，即合格就是质量。

2）质量是反映实体满足明确和隐含需要的能力的特性总和，即适用性。

3）质量是一组固有特性满足要求的程度。

其中"一组固有特性满足要求的程度"是在GB/T 19000—2000《质量管理体系　基础和术语》中对质量下的定义。这是迄今为止在世界范围内影响最广泛，也是最广为接受的质量定义。这一质量概念表明，质量所描述的对象已不仅包括产品、服务，还扩展到了过程、活动、组织以及它们的结合；质量的含义也从"符合性"发展为"适用性"，适用性的内涵是要重视用户，将质量的重心和评定的权力移向用户，即形成了用户满意这一新的质量观。

（2）质量的特性　质量是对用户需要的反映，为了使用户需要的质量得以实现，就必须对用户的需要进行变换，将其用理性的、技术的或工程的语言明确地表述出来，这就是质量特性。这种变换的准确与否，直接影响到用户的需要能否得到满足。变换越准确，用户的需要越能得到准确的反映，就越能实现用户的满意；反之，变换的失真越大，质量特性就与用户的需要相脱节越多，这样即使所提供的产品能够百分之百地符合质量特性指标，也并不意味着用户的需要得到了满足。用户的需要是多方面的，质量特性可分为：①技术性或理化性的质量特性；②心理方面的质量特性；③时间方面的质量特性；④安全方面的质量特性；⑤社会方面的质量特性。

以有形产品为例，产品的质量特性可从以下几个方面描述：

1）性能。性能是指产品满足使用目的所具备的技术特性，如产品的理化性能、电视机的清晰度、钟表的走时准确性等。性能是最基本的质量特性。

2）耐久性。耐久性是指产品在规定的使用条件下完成规定功能的工作总时间，即产品的使用寿命，如电冰箱的使用年数。

3）可靠性。可靠性是指产品在规定的时间和规定的条件下完成规定任务的能力，即产品实现满足使用者要求的能力，如电视机平均无故障工作时间、电冰箱在使用中的无故障率等。

4）安全性。安全性是指产品在操作或使用过程中对使用者、周围财产或环境的保证程度，如电器设备的用电安全、食品安全等。

5）经济性。经济性是指产品寿命周期总费用的大小，包括产品的设计、制造及使用过程的维持费用。

6）外观。外观是指产品的造型、色泽、包装装潢等的外观质量特性，如手机的造型等。

质量特性一般用量化的指标来规定，形成产品的质量特性值。质量特性值是反映产品质量特性所达到水平的数据，也就是质量数据。

（3）现代工业企业提高产品质量的意义 "质量是企业的生命"，它关系到国计民生，关系到企业的生存与发展。加强质量管理，提高产品质量有着十分重要的意义。

1）产品质量与人民的生活水平休戚相关。美国的质量管理专家朱兰博士曾用"质量大堤"这一比喻生动地说明产品质量与人们的生活、健康、安全等息息相关。只有构筑牢固的"质量大堤"，人民生活水平才能提高，才能过上健康、舒适、安乐的生活，社会才会安全、稳定。

2）产品质量关系到企业的生存与发展。现代企业的竞争，其实质是产品质量的竞争。产品质量好的企业在竞争中将会赢得社会信誉，不断发展、壮大，竞争能力也将不断得到增强。

3）提高产品质量将使企业节能降耗。产品质量好、废品少，将使企业降低材料和能源消耗，提高劳动生产率和经济效益；产品性能好、使用寿命长，就等于增加了产量，节约了资源，增加了社会财富。

4）提高产品质量将加速发展国民经济。提高产品质量，就能节约社会资源、提高经济效益，显然这对于加速国民经济的发展十分有利。

由此可见，产品质量是一个国家科学技术水平、管理水平和其他各项工作的综合反映，因此必须把提高产品质量作为我国的一项长期战略任务来抓。

2. 质量管理

质量管理是确定质量方针、目标和职责，并通过质量体系中的质量策划、质量控制、质量保证和质量改进使其实现的具有管理职能的全部活动。质量管理在现代企业管理中不但日趋重要，而且与企业的生产经营管理融为一体。

（1）质量管理的发展阶段　质量管理是伴随着产业革命的兴起而逐渐发展起来的。系统的、独立的质量管理开始形成于18世纪的欧洲工业革命，其发展大体经历了以下三个阶段：

1）单纯质量检验阶段。这一阶段出现在20世纪初，随着企业规模的扩大和分工专业化程度的提高，企业中设立了专职的检验人员，负责将生产出来的产品按事先规定的质量标准分类，区别合格品与不合格品。但质量检验只能阻止不合格品的流通而不能预防不合格品的产生，属于"事后把关"。

2）统计质量控制阶段。这一阶段出现在20世纪40年代，主要特征是将概率论与数理统计的原理和方法应用于质量管理之中。一方面，通过对工序质量进行分析，及时发现生产过程中的异常情况，确定产生质量波动的原因，迅速采取措施加以消除，使之保持稳定的状态，从而防止不合格品的产生，实现了将"事后把关"转变为"事前预防"的质量控制。另一方面，采用抽样检验的方法，从而解决了需要做破坏性试验来进行检验的那些产品最终检验的难题，使检验工作量既合理又有可靠的判断依据。但这种管理方法纯粹依靠统计分析和生产过程的控制，忽视了组织的管理和"人"这一因素的作用。

3）全面质量管理阶段。这一阶段出现在20世纪60年代，随着科学技术和生产力的迅速发展，对产品质量的要求越来越高，如航天技术的人造卫星、生产自动化的高度精密机器设备等，对安全性和可靠性的要求单纯依靠统计控制方法已无法满足。这时美国通用电气公司的费根堡姆以及朱兰博士等提出了全面质量管理的概念，把质量管理从工序控制进一步扩展到产品的设计、制造和销售使用等各个过程，突出了"人"这一要因在质量管理中的作用。全面质量管理概念在全球范围内得到广泛的应用和实践，逐步地将质量管理从质量职能的领域，演变和发展为以质量为中心，综合、全面的管理方式和管理理念。至今，全面质量管理的理论仍在实践中不断地完善和发展。

（2）全面质量管理的概念与原则　全面质量管理的概念自20世纪60年代提出后，经过各个国家在实践中的不断创新，到目前为止，应以ISO 9000族标准中对其下的定义，最能反映全面质量管理概念的最新发展。ISO 9000族标准中对全面质量管理的定义：一个组织以质量为中心，以全员参与为基础，目的在于通过让顾客满意和本组织所有成员及社会受益而达到长期成功的管理途径。

全面质量管理具有以下特性：

1）全过程性。全面质量管理要求从全过程的角度认识质量，产品质量取决于设计质量、制造质量、销售及售后服务质量等全过程；要求从质量的产生、形成和实现的全过程进行管理，包括从市场调研、产品的设计开发、加工制造、储运销售、售后服务等各个过程的质量管理，形成一个系统的质量管理体系。

这一特性强调预防为主，预防与检验相结合，消除各种产生不合格品的隐患，向顾客长期、稳定地提供合格的产品；突出顾客满意的质量观，要求企业所有岗位都必须形成为顾客服务的意识，将下道工序视为顾客，让内部顾客满意是实现外部顾客满意的重要基础。

2）全员性。全面质量管理要求从决策者、职能人员到第一线岗位的操作人员等全体人员都关心质量，对质量负责，开展人人做好本职工作，人人对质量负责的广泛的群众性质量活动。要实现全员的质量管理，第一要抓好全员的质量教育和培训，提高全员的质量意识和参加质量管理活动的能力；第二要建立质量管理责任制，明确职责，增强责任感，激发创造力；第三是通过多种形式的群众性质量活动，充分发挥质量管理中"人"这一因素的重要作用。

3）全方位性。全面质量管理提出了顾客满意的新的质量观，这就给质量确立了一个广义的概念，它不仅包括产品质量、服务质量，还包括成本质量、供需质量、工序质量以及企业生产经营各方面的工作质量。工作质量是产品质量的保证，产品质量是企业一切工作质量和供需质量的综合反映。因此，全面质量管理也就是对产品质量、工序质量、工作质量的管理，质量管理与企业的生产经营管理是一体化的。

4）多方法性。全面质量管理把管理方法、经济分析方法、生产技术方法、数理统计控制方法等结合起来，形成了系列的管理方法。多方法的质量管理，体现了"用数据说话"的遵循客观规律、实事求是的管理特点，提高了质量管理工作的科学性和准确性。

2000 版的 ISO 9000 标准中提出了质量管理的八项原则，这八项原则是在总结质量管理的实践经验和提升质量管理理论的基础上概括出来的质量管理最基本、最通用的规律，是现代质量管理的理论基础，也反映了全面质量管理的基本思想。这八项原则包括：

原则一：以顾客为关注焦点

"组织依存于顾客。因此，组织应当理解顾客当前和未来的需求，满足顾客要求并争取超越顾客期望。"这一原则说明了企业要实现长期的成功，其经营必须以顾客为中心，把顾客的需求放在第一位，即全面质量管理要始于识别顾客的需求，终于满足顾客的需求并争取超越顾客的需求。

原则二：领导作用

"领导者确立组织统一的宗旨及方向。他们应当创造并保持使员工能充分参与实现组织目标的内部环境。"这一原则说明企业的最高管理者在全面质量管理中的作用是举足轻重的，最高管理者应当使质量方针、质量目标与企业的经营宗旨统一、一致，并创造一个全体员工能够充分参与实现组织目标的内部环境。

原则三：全员参与

"各级人员都是组织之本，只有他们的充分参与，才能使他们的才干为组织带来收益。"企业的质量管理是通过产品实现过程及支持过程来实施的，所有这些过程的有效性取决于各岗位人员的意识、能力和主动精神。人人充分参与质量管理活动，既是企业实现质量方针、目标的必要条件，又是提升质量水平的充分条件。

原则四：过程方法

"将活动和相关的资源作为过程进行管理，可以更高效地得到期望的结果。"企业必须系统地识别管理本组织所应用的各个过程，特别是这些过程之间的相互作用。这是现代企业进行管理与控制的特点之一，也是全面质量管理发展的一个新标志。

原则五：管理的系统方法

"将相互关联的过程作为系统加以识别、理解和管理，有助于组织提高实现目标的有效性和效率。"系统方法的特点有：以顾客的需求确立企业的质量方针和目标，确定实现质量方针和目标的活动，识别由这些活动构成的过程，分析过程之间的相互作用，将这些过程有机地组合成一个系统进行管理，使之有效地、协调地运行。

原则六：持续改进

"持续改进总体业绩应当是组织的一个永恒目标。"事物总是不断地发展，顾客的需求也在不断地变化、提高，企业要想适应外界环境的这种变化要求，就应建立一种机制增强自身的适应能力和提高自身的竞争力，这种机制就是持续改进。持续改进是当今社会对企业的要求，也是全面质量管理发展的一个新标志。

原则七：基于事实的决策方法

"有效决策是建立在数据和信息分析的基础上。"基于事实的决策方法强调遵循客观规律，在广泛收集信息并用科学的方法加以处理、分析的基础上进行决策，这对企业所进行的各项活动能达到预期的目标是非常重要的。

原则八：与供方的互利关系

"组织与供方是相互依存的，互利的关系可增强双方创造价值的能力。"随着生产社会化程度的加大，企业专业化程度越来越明显，因而在当今的经营环境中，企业与企业既是"竞争对手"，也是"合作伙伴"，只有致力于双方共同发展的互利关系，才能最终确保顾客满意，企业才能获得自身的发展。

（3）全面质量管理的基础工作　全面质量管理的基础工作是指标准化工作、计量工作、质量教育工作、质量信息工作、质量责任制等为质量管理提供共同准则、基本手段、前提条件和资料依据的必不可少的工作。

1）标准化工作。标准是对重复性事物和概念所做的统一规定，它以科学技术和实践经验的综合成果为基础，经有关方面协商一致，由主管机构批准以特定形式发布，作为共同遵守的准则和依据。标准化是指在经济、技术、科学及管理等社会实践中，对重复性事物和概念通过制定、发布和实施标准，达到统一，以获得最佳秩序和社会效益的活动。

在质量管理中，标准是衡量产品质量和各项工作质量的尺度，也是企业进行生产技术活动和经营管理工作的依据。企业标准化工作的基本任务是执行国家有关的法律、法规，实施相关的国家标准、行业标准和地方标准，制定并实施企业标准，并对标准的实施进行监督检查。企业从原材料进厂到产品生产、销售等各个环节都要有标准，不仅有技术标准，而且还要有管理标准、工作标准等。要建立一个完整的标准化体系。

2）计量工作。企业的计量工作是指在保证量值统一的条件下，依据标准技术文件并运用测试技术，通过提供具有一定准确度的各种数据信息，为企业的各项工作提供计量保证。计量工作在质量管理中，不但是测量、判断产品质量的基本手段，而且能为各项工作提供可靠的客观数据基础，可以说没有科学的计量工作，就没有定量分析的依据，就无法判断质量的优劣，也就无法进行质量管理了。

计量工作是保证产品质量的重要手段，做好计量工作，保证计量的量值准确和统一，确保技术标准的贯彻执行，保证零部件互换，是质量管理的一项重要基础工作。计量工作要求必需的量具和化验、分析仪器仪表等配备齐全，完整无缺，质量稳定，示值准确一致，根据不同情况选择正确的测定计量方法。因此，企业的计量工作主要是按照生产和设计要求，合理配备计量检测的资源和控制好各计量检测过程。计量检测资源的配备是指配置计量检测所需的仪器设备，配备符合要求的计量检测人员，提供规范计量检测的技术及管理文件，提供计量检测适宜的环境。企业应建立健全计量机构和配备计量人员，建立必要的计量管理制度，以充分发挥其在质量管理中的作用。

3) 质量教育工作。企业的产品质量及一切工作质量，都与"人"这一要素有着非常强的正相关关系，人的质量意识、能力水平等素质是质量保证的关键。企业员工的素质，特别是质量意识与技能水平，由企业的质量教育与培训决定，故有"质量管理始于教育，终于教育"的说法。

企业的质量教育工作，主要是正确地识别教育、培训的需求；采取多种形式，提供适宜的质量意识教育和岗位技能培训；建立完善的管理制度，有效地评价、监督教育与培训的效果。企业的质量教育与培训工作必须制度化、系统化，与质量管理同步发展，深入持久地进行。

质量教育是质量管理重要的一项基础工作。通过质量教育不断增强职工的质量意识，并使之能够掌握和运用质量管理的方法和技术；使职工牢固地树立质量第一的思想，明确提高质量对于整个国家、企业的重要作用，认识到自己在提高质量中的责任，自觉地提高管理水平和技术水平以及不断地提高自身的工作质量。

4) 质量信息工作。质量信息是指质量活动中的各种数据、资料、报表、文件以及企业外部的有关情报资料。它包括产品实现过程及各支持过程的相关活动的原始记录、基本数据以及分析整理后的统计数据与资料，也包括顾客需求与满意程度的外部质量信息和指导质量活动的各种文件。质量信息是质量管理的耳目，也是一种重要的资源。通过收集有关质量信息情报，可以及时掌握产品质量或服务质量的各种因素和生产技术、经营活动的动态，产品的使用状况，国内外产品质量及市场需求的发展动向。它是改进产品质量、改善各环节工作质量最直接的原始资源和信息来源。

质量信息工作是指企业有效、及时、全面、准确地收集、整理、分析内部与外部的质量信息，使之能及时了解企业内部与外部各种因素的变化及规律，真实地反映产品质量与各方面工作质量的状况，为质量管理提供必要的前提条件。

5) 质量责任制。质量责任制是指在企业中以文件的形式，规定各职能部门和各岗位人员在质量工作中的职责和权限，并有相应的机制作保证的一种制度化的管理手段。质量责任制的核心在于明确职责、落实责任，使各岗位人员工作前有"标准"，工作后有"考核"，能提高各岗位人员的质量责任感。

建立质量责任制是企业加强质量管理，保证产品质量的行之有效的措施。它是企业经济责任制的重要组成部分，要求明确规定企业每一个人在质量工作中的具体任务、职责和权限，以便做到质量工作事事有人管，人人有专责，办事有标准，工作有检查、有考核。要把与质量有关的各项工作和广大职工的积极性结合起来，组织起来，形成一个严密的质量体系。因为质量工作关系到企业的各个部门、各个岗位和每个人，若没有明确的责任制度，职责不清，不仅不能保持正常的生产秩序，而且会出现质量无人负责的现象。因此，要搞好质量，就要有一个明确的职责和权限，要建立一套相适应的质量责任制度，并与经济责任制紧密结合起来，使每个职工都明确自己该做什么，怎么做，负什么责任，做好的标准是什么，做到人人心中有数，为保证和提高产品质量（或服务质量）提供基本的保证。

二、产品质量波动与过程质量控制

质量管理的一项重要工作是控制产品质量的稳定性，也就是找出产品质量的波动规律，消除由系统原因引起的质量波动，把由随机原因引起的质量波动控制在合理的范围内。

1. 产品质量的波动

在实际的产品加工中，同一批产品的产品质量特性值并不完全一样，也就是说采用同一工艺、由同一操作者、使用同一设备和原料加工同一种产品，所加工的产品质量特性值却不完全相同，这就是产品质量的波动性。产品质量的波动是客观存在的，即具有普遍性；其波动服从一定的分布规律，即具有规律性。一般将产品的质量波动分为正常波动和异常波动两类。

（1）正常波动　正常波动是指由随机原因引起的产品质量波动。所谓正常波动是指产品质量的特性值虽然存在差异，但其差异往往较小，对产品使用性能的影响在允许范围内的产品质量波动。

产品质量的正常波动是由随机原因引起的。随机原因是指在产品加工制造过程经常、大量存在，在现在技术条件下难以消除或消除成本太大的原因。例如，加工温度或压力的微小变化、原材料成分或性能的微小差异、加工过程操作的微小变化等。

在一定的生产技术条件下，用"公差"来表示允许和限制产品的正常波动在生产过程中的存在，并且只能通过提高生产技术水平来减少正常波动。因此，仅有正常波动的生产过程，称为处于控制状态的生产过程，表示所生产的产品质量处于稳定状态。

（2）异常波动　异常波动是指由系统原因引起的产品质量波动。所谓异常波动是指产品质量特性值的差异较明显，对产品使用性能所产生的不良影响已超出允许范围的产品质量波动。

产品质量的异常波动是由系统原因引起的。系统原因是指对产品质量波动的大小和作用方向具有一定的倾向性、周期性的原因，这类原因在产品加工制造过程并非大量也不是经常存在的，但一旦存在就会使产品质量特性值产生较显著的差异，如原材料的质量或规格不符合要求、机器设备存在某一异常、操作的习惯性错误等。因此，异常波动在生产过程中是不允许存在的。统计控制的质量管理方法，能识别生产过程的这类质量波动，通过消除异常波动使生产过程处于稳定状态。

（3）产品质量波动的主要影响因素　对引起质量波动的原因，从质量控制的角度可分为上述的随机原因和系统原因两大类，这有利于掌握产品质量波动的规律性，但这两大类原因在生产加工过程中，可在不同的环节中出现，因而产品质量波动的影响因素还需按产品的提供过程做具体分析，以便在质量控制中采取有效的措施。

按产品提供过程来分析，产品质量波动的影响因素可归纳为六个主要因素：

1）人。指操作者的质量意识、技能水平、知识水平及各方面的素质等。
2）机器。指机器设备及相关部件的装备水平、精度以及保养维护状况等。
3）材料。指原辅材料的化学与物理性能、外观质量以及完好程度等。
4）方法。指生产流程、加工工艺、作业指导书等。
5）测量。指测量方法、测量仪器及手段等。
6）环境。指工作地的温度、湿度、照明及卫生条件等。

这六个影响产品质量波动的主要因素，可用于所有产品的质量状况分析与控制。人们必须通过在产品加工过程中分析和控制这些因素，才能有效控制质量波动，提高产品质量和保持产品质量稳定。

2. 过程与过程质量

产品质量是伴随产品实现的全过程逐步形成与实现的，影响产品质量的主要因素也来自产品实现过程，因而过程、过程质量、过程能力是产品质量的基础。

（1）过程与过程质量的概念

1）过程。过程的定义：一组将输入转化为输出的相互关联或相互作用的活动。过程由输入、输出、活动和资源四个要素组成。输入是实施过程的依据和要求；输出是过程完成后转化的结果；活动是将输入转换为输出的动因；资源是转换的条件。

过程是一个活动的系统，一个过程的输入可能是几个过程的输出，一个过程的输出也可能是一个或多个过程的输入，因此一个过程会与其他过程相关联着，过程会形成过程网络。为实现过程中的活动，必须配置适当的资源，对过程的输出应进行相应的测量。企业实现产品的过程，就是由许多过程所组成的过程网络所完成的，所以对质量管理来说，企业应该系统地识别、组织和管理这些过程，确定这些过程的顺序和过程之间的相互关系。

2）过程质量。对制造业企业来说，过程质量习惯上也称为工序质量，即这里的"过程"不是广义上的过程，而是产品加工制造的过程。过程（工序）质量用该过程输出的产品质量的波动幅度表示。产品质量特性值的波动越小，说明产品质量越稳定；反之，说明产品质量越不稳定。在企业中，常用生产过程输出的合格率、废品率、返修率等表示过程（工序）质量的高低。

如上所述，人、机器、材料、方法、测量、环境是影响产品质量的六大因素（简称5M1E），也是影响过程质量的六大因素。控制好影响过程质量的因素，可保证过程的质量；过程质量得到保证，则产品质量也就得到保证。因此，控制过程质量是产品质量管理的一项重要工作，控制过程质量，可通过对人、机器、材料、方法、测量、环境这六大因素的控制来实现。

（2）过程能力与过程能力指数　在制造业企业中，过程能力是指生产加工过程处于稳定状态条件下，过程（工序）的质量水平，即过程中人、机器、材料、方法、测量、环境等因素均处于规定的条件下，生产加工过程呈稳定状态时所具有的质量水平，可用产品质量特性值的波动幅度（分散性）来描述。

过程能力的高低并不能直接表明其输出产品的质量状态，因为过程能力仅表明了在过程稳定状态下的产品质量特性值波动的幅度大小，但不同的产品质量要求对其质量特性值允许的波动范围有不同的要求，另外还存在特性值分布中心与期望值是否有偏移的问题。因此，过程能力应与所加工的产品公差要求结合起来。

将过程能力与公差两者结合，可用过程能力指数概念来表达。过程能力指数是公差范围和过程能力的比值，表示过程能力满足公差范围要求程度的量值，一般用符号 C_P 表示，即

$$C_P = \frac{T}{6\sigma} \approx \frac{T}{6s}$$

式中　T——公差范围；

σ——总体的标准偏差;

s——样本的标准偏差。

由上式可知,过程能力指数 C_P 与过程能力 6σ 的含义有明显的区别。过程能力指数的大小与该过程(工序)的不合格品率有着定量的关系,见表5-1。通过用过程能力指数来评定过程等级,有利于对过程进行有的放矢的管理和控制,表5-2表示用过程能力指数评定不同等级的过程能力,并提出了应采取的措施方向。

表5-1 过程(工序)能力指数对应的不合格品率

C_P	不合格品率	C_P	不合格品率
1.67	6/1000	1.1	1/1000
1.5	7/100	1.0	3/1000
1.33	6/10	0.67	4.55/100
1.2	3/1	0.33	31.75/100

表5-2 过程(工序)能力等级评定表

范围	等级	判断	措施
$C_P>1.67$	特等	工序能力过高	为提高产品质量,对关键或主要项目再次缩小公差范围;或为提高效率,降低成本而放宽波动幅度,降低设备精度等级
$1.67 \geq C_P > 1.33$	1级	工序能力充分	当不是关键或主要项目时,放宽波动幅度;降低对原材料的要求;简化质量检验,采用抽样检验或减少检验频次
$1.33 \geq C_P > 1$	2级	工序能力尚可	必须用控制图或其他方法对工序进行控制和监督,以便及时发现异常波动,对产品按正常规定进行检验
$1 \geq C_P > 0.67$	3级	工序能力不充分	分析分散幅度大的原因,制定措施加以改进,在不影响产品质量的情况下,放宽公差范围,加强质量检验,全数检验或增加检验频次
$0.67 \geq C_P$	4级	工序能力不足	一般应停止生产,找出原因,改进工艺,提高过程能力指数值,否则全数检验,挑出不合格品

(3)现场质量管理 现场是指完成工作或开展活动的场所。对企业来说,现场质量管理是指以产品加工制造和服务等过程引起质量波动的六个主要因素(5M1E)为管理对象的质量管理。客观事实表明,产品质量是设计和制造出来的,产品的适用性质量取决于产品的设计质量,产品的符合性质量取决于产品的制造质量。一流品质的产品是在一流的生产现场加工制造出来的。现场质量管理是减少不合格品损失、提高产品符合性质量的基础与保证,是实现产品零缺陷的基本手段,是全员参与质量管理的根本途径,它是全面质量管理的重要组成部分。

现场质量管理的任务是对产品加工、制造、服务等过程实施质量控制和质量改进,目的是防止不合格产品的发生和对不合格产品的控制,不断减小产品质量的波动,提高产品的合格率。现场质量管理是以控制影响产品质量的人、机器、材料、方法、测量、环境六个主要因素的途径来实现的。

在"市场"的作用已充分被企业所重视的今天,企业应重新认识"现场"的作用和重要性,"现场"是开拓市场、赢得市场、稳定市场的基础,要用一流品质的产品去参与市场的竞争,就必须要有一流的"现场"作保证。

3. 过程质量控制方法

（1）识别关键过程与特殊过程　一个产品的加工往往需要由多道工序来完成，即一个产品的加工过程往往是由多个过程和多个子过程组成的；一个产品的质量也是由多项质量特性指标构成的，如理化指标、外观指标和安全性指标，虽然每项指标都关系到产品能否合格，但不难理解各项指标对产品使用性能的影响的重要程度是不相同，即有关键指标和特殊指标之分。显然，过程也是如此。因此，在过程质量的控制中，要善于识别关键过程与特殊过程。

关键过程是指产品在生产加工过程中形成产品关键特性的过程。所谓关键特性是指那些不符合规定要求则会导致产品的安全性或功能性丧失的质量特性。例如，电器的绝缘强度指标、包装材料的强度指标、化妆品的卫生指标等都属于关键指标，形成这些关键指标的过程就是关键过程。

特殊过程是指对生产和服务过程所形成的结果不能或难以通过其后续的测量和检验来证实是否达到了规定的要求，其隐含的缺陷可能在交付顾客使用过程中才能凸现出来的过程，如焊接、铸造等过程。

在产品生产过程的策划中，应通过对产品的质量特性、产品生产所需的过程一一进行分析，识别出关键过程和特殊过程，作为过程质量控制的重点。

（2）确定过程质量控制点　确定过程质量控制点，是为了在过程质量控制中突出控制的重点和特点，充分而有效地对过程质量进行控制。过程质量控制点应由各方面的人员，在充分分析产品生产过程中有关流程、工艺、生产以及产品的市场反馈信息的基础上，依据以下特征进行确定：

1）形成关键质量特性的关键部位。
2）工艺上对后续过程有重大影响的部位。
3）不符合规定要求则会造成严重的经济损失的部位。
4）产品质量的薄弱部位。

（3）过程质量控制文件　过程质量控制的有关技术与工具将在后面章节进行详细介绍，这里仅介绍过程控制文件。过程质量控制文件主要有两类：一类是作业指导书，如工艺规程、产品示意图、操作规程等；另一类是过程原始记录，如设备检查记录、工艺实施的原始记录等。

作业指导书主要是明确过程具体作业实施的规范要求，为其作业特别是控制点的作业提供正确的指导，保证作业的结果符合规定的要求。企业应根据过程的重要和复杂程度以及作业人员的素质情况，确定应对哪些过程编写作业指导书。所编写的作业指导书要发放到每一个需要使用的部门、作业地，并保持作业指导书的清晰和有效性。

记录是过程质量状态和结果的记载，是重要的质量信息。企业应对过程建立各种必需的记录文件，并按要求对记录进行控制。

三、质量管理体系与质量保证体系

1. 质量管理体系

质量管理体系是在质量方面指挥和控制组织的管理体系，是企业内部建立的、为保证产品质量或质量目标所必需的、系统的质量管理模式。它根据企业特点选用若干体系要素加以组合，加强从设计研制、生产、检验、销售到使用全过程的质量管理活动，并且制度化、标准化，成为企业内部质量管理的要求和活动程序。企业通过建立质量管理体系来进行质量管理，正是代表着当今质量管理的发展趋势。ISO 9000 族标准为组织建立、运行、评价质量管理体系提出了国际范围内通用的规范。

（1）ISO 9000 族标准简介　1987 年 ISO 9000 标准一经颁布，迅速为许多国家的标准化机构和企业认可与采用，成为 ISO 制定的标准中在国际上应用最广泛、最成功的一个范例，出现了风靡世界的"ISO 9000"现象。

ISO 9000 族标准是指由 ISO/TC 176（国际标准化组织质量管理和质量保证技术委员会）制定的所有标准。2000 版的 ISO 9000 族标准包括了六个核心标准、几个支持标准和文件。六个核心标准如下：

1）ISO 9000：2000《质量管理体系　基础和术语》。该标准表述了质量管理体系思想和理论基础，规定了质量管理体系术语。

2）ISO 9001：2000《质量管理体系　要求》。该标准规定了质量管理体系要求，用于证实组织具有提供满足顾客要求和适用法规要求的产品的能力，目的在于增进顾客满意。

3）ISO 9002：2000《质量管理体系　生产、安装和服务的质量保证模式》。该标准阐述了从采购开始直到产品交付的生产过程的质量体系要求。该标准强调预防为主，要求把生产过程的控制和对产品质量的最终检验结合在一起。当需要供方质量体系提供具有对生产过程进行严格控制的能力的足够证明，以保证生产和安装阶段符合规定的要求时，应选择和使用这种标准。

4）ISO 9003：2000《质量管理体系　最终检验和试验的质量保证模式》。该标准阐述了从产品最终检验到产品交付的成品检验和试验的质量体系要求。该标准强调检验把关，要求供方建立一套完善而有效的检验系统。当需要供方质量体系提供具有对产品最终检验和试验进行严格控制的能力的足够证据，以保证最终检验和试验阶段符合规定要求时，应选择和使用这种标准。

5）ISO 9004：2000《质量管理体系　业绩改进指南》。该标准提供考虑质量管理体系的有效性和效率两方面的指南，目的是促进组织业绩改进和使顾客及其他相关方满意。

6）ISO 19011：2000《质量和（或）环境管理体系审核指南》。该标准提供了审核质量和环境管理体系的指南。

2000 版 ISO 9000 族标准的应用反映了当今世界科学技术、经济贸易和社会发展状况，标准的内容与思想也标志着全面质量管理的发展趋势。

（2）质量管理体系的新特点　ISO 9001：2000 标准指导下建立的质量管理体系有以下新特点：

1）突出"满足顾客需求"。
2）增强质量改进机制。
3）以八项质量管理原则为导向。
4）采用过程模式。
5）更注重科学性、实用性。
6）采用新的供应链管理。

2. 质量保证体系

工业企业质量保证体系是根据产品质量形成与发展过程各个环节的质量活动要求，而确定的企业各个部门在质量管理方面的任务与职责，以及建立为执行和协调各方面的任务与职责所必要的组织机构。

（1）准备过程的质量控制

1）设计过程的质量控制。设计过程是产品投产前的全部技术准备过程。用户的质量要求，首先通过设计来体现。质量好的产品，必然在设计上是先进的、合理的，因而抓好设计过程的质量控制是搞好全面质量管理的起点。

2）材料、设备准备过程的质量控制。原材料、辅助材料、机器设备等的质量对产品质量影响很大，因此对外购的原材料、辅助材料、机器设备等一定要严格把好验收关，将各种质量隐患消灭在进厂前。

（2）生产过程的质量控制　生产过程是将劳动对象变成产品的过程，因此生产过程质量控制工作的重点和场所是车间。

1）抓好每道工序的质量。产品是经过一道道工序生产出来的，每道工序都有自己的质量标准，只有每道工序严格按照质量标准进行生产，一环扣一环，才能从整体上保证产品质量。

2）合理选择检验方法。产品生产是一个复杂的过程，生产过程中必须包含一个同时存在的检验过程。在检验过程中，一要设置好检验点，二要抓好检验方法和方式的运用，做到预防为主，确保质量。

3）充分发挥检验队伍的作用。为了保证产品在生产过程中的质量，必须建立一支职工和技术人员相结合的检验队伍，贯彻在生产过程中以自检为辅、半成品和成品以专职检验为主的原则。

4）掌握质量动态，进行工序控制。为了充分发挥生产过程质量控制的预防作用，必须经常掌握生产车间、班组在一定时间内产品质量和工作质量的现状，通过原始记录进行质量状况的综合统计与分析。

（3）辅助生产过程中的质量控制　辅助生产过程包括物资供应、动力供应、工具供应、设备维修、物料运输等。

1）辅助生产过程必须为生产过程提供良好的生产条件。

2）辅助生产部门应提高服务质量，做到及时供应、及时维修、方便生产。

3）抓好辅助生产部门的各项工作质量，为生产优质产品提供可靠保证。

（4）使用过程中的质量控制　产品的使用过程是考验产品实际质量的过程。产品质量好坏，主要看用户的评价，因此质量管理必须从生产过程延伸到使用过程。为此，必须做好以下工作：

1）对用户开展技术服务工作。

2）对用户进行使用效果与使用要求的调查。

3）认真处理出厂产品的质量问题。

总之，为了切实保证产品质量，必须认真做好设计过程、准备过程、生产过程、辅助生产过程、使用过程等各个环节的质量控制。

3. 质量体系认证程序

ISO 9000：2000 质量管理体系正式发布后，由于该系列标准澄清并统一了质量术语的概念，综合反映了世界上技术先进、工业发达国家质量管理的实践经验，既符合逻辑又注重实际，因此很快受到了世界各国的普遍重视和采用，成为国际上唯一承认和通用的质量保证体系。目前世界上已有 60 多个国家和地区等同或等效采用该系列标准。为了拓展产品市场，提高企业信誉，增强企业的市场竞争力，数以万计的企业通过了 ISO 9000 认证。质量体系认证大体可分为两个阶段：一是认证的申请和评定阶段，其主要任务是受理申请并对接受申请的供方质量体系进行检查评价，决定能否批准认证和予以注册，并颁发合格证书；二是对获准认证的供方质量体系进行日常监督管理阶段。目的是使获准认证的供方质量体系在认证有效期内持续符合相应质量体系标准的要求。质量体系认证的具体程序包括：

1）供方向认证机构提出质量体系认证申请。

2）认证机构对企业进行非正式访问，并根据需要从质量保证标准系列中选定一种质量保证模式。

3）认证机构提出关于评定费用的报价。

4）供方准备质量手册、质量体系评定附件以及与申请认证有关的全部文件及相应的执行记录。

5）认证机构评审供方提供的有关认证文件，并将意见反馈给供方，要求其做必要的修改与补充。

6）认证机构进行现场评审，并将意见反馈给供方。供方在规定期限内修改体系后，认证机构再对修改过的体系做部分或全部的评审。

上述评审通常称为内审。

7）经内审机构推荐，由法定的认证管理机构确认，批准注册，颁发注册证书。

8）在质量体系评定和注册的有效期（3 年）内，接受法定认证管理机构的监督。以后，每隔 3 年需要对供方质量体系重新评定一次。

四、车间质量管理的基础工作

车间是质量管理的现场，企业质量管理的一切目标和措施都必须通过车间管理来实现。作为车间管理层，除了按照企业质量管理的部署和要求完成各项质量指标外，还应具体抓好以下各项基础工作：

（1）加强质量教育　质量教育是指端正车间各类人员对待质量的正确态度，强化质量章程，开展全员质量管理（TQC）活动；进行质量管理知识的培训，使其掌握保证和提高产品质量的方法和技能；通过在日常工作中不断宣传、经常教育，潜移默化地让所有员工牢固树立"质量第一""有改善才有进步，有品质才有市场"的观念，提高人员的思想素质。

（2）加强标准化建设　标准化是产品质量保证体系的基础。没有标准化，就没有高质量的产品。车间标准化建设的任务，就是围绕企业的技术标准、业务标准、工艺标准，结合本车间的实际，制定各项管理和考核标准，并监督促车间全体人员认真贯彻执行各项标准，从而高质量地完成产品生产任务。

（3）加强质量计划工作　任何工作只有周密计划，才能有条不紊地进行，质量管理也是一样。车间质量计划是全面质量管理的有效组织手段。产品质量管理的独特之处在于，只有每道工序、每个零件的质量都等于或优于技术标准,才能保证部件或机器的整体质量。因此,车间应针对性地将质量指标有计划地下达到每道工序,还要制订相应的质量改进措施计划,才能保证和提高产品质量。

(4) 加强工序质量控制　实现工序质量控制,就是建立质量控制点,把在一定时期内和一定条件下需要特别加强监督和控制的重点工序、部位或质量特性项目,明确地列为质量管理重点对象,并采取各种必要的手段和方法,对其加强管理。对现代战争产品来说,要设多少质量控制点,应在对它的整个工艺过程分析的基础上明确规定下来,然后对每个质量控制点制定出详细的操作规程,对其严加控制和管理。

产品应实现过程质量控制,其流程如图 5-1 所示。

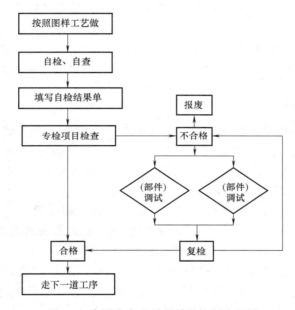

图 5-1　产品应实现过程质量控制流程图

(5) 加强车间质量责任制　车间对每个人都明确规定其在质量工作中的具体任务责任和权限,做到质量工作事事有人管,人人有专责,办事有标准,工作有检查。要建立不折不扣的自检、互检、专检相结合的质量管理监督机制,保证质量问题及时发现和解决,决不允许流到下一道工序。

(6) 加强质量管理组织建设　车间应组建 QC 小组(即质量管理小组),这是实现全员参加质量管理活动的有效形式,是质量保证体系的基础组织。在此基础上,运用系统的原理和方法,把各部门、各环节的质量管理活动科学地组织起来,形成一个责权分明、相互协调、相互促进的有机整体,即车间质量保证体系。

(7) 加强质量信息反馈　及时收集、反馈、处理生产流程中的质量信息,对于控制质量、保证质量是不可或缺的重要一环。车间可以通过质量看板等建立生产过程的质量监视机制,使车间全体人员互通信息,随时可以了解产品的质量状况,及时发现问题,集思广益解决问题,避免生产过程中因技术不稳定或人为因素造成状态失控,导致某些质量缺陷潜伏下来,流转下去。质量信息反馈机制和相应形式可将质量隐患消灭在萌芽状态,也可使质量事故有可追查性，从而强化质量管理，保证产品质量优良。

第二节　品质检验与质量改进

一、产品质量检验

现代质量管理的范围已扩展到全企业、全过程和全体员工。强调对设计质量和制造质量的控制，强调预防为主，这并不等于对质量检验的否定，质量检验仍是质量管理活动中一个重要的环节。

质量检验是运用一定的方法，对实体的一个或多个质量特性进行测量、检查、试验或度量等，并将结果与规定的质量要求进行比较，以确定每项质量特性符合规定质量标准要求的程度所进行的活动。

1. 产品质量检验的作用

（1）把关　将产品质量特性符合规定要求的称为"合格"，不符合规定要求的称为"不合格"。通过质量检验，能识别不合格的原材料、半成品、成品，不合格的原材料、外协件不投入生产，不合格的半成品不转入下一道工序，不合格的成品不交付使用，从而在产品实现全过程层层把关。这是质量检验最基本的职能和作用。

（2）反馈　通过质量检验可获得产品实现过程的各类质量信息，这些信息可反映产品实现过程各环节的质量状态，将各环节质量实现状况反馈到有关管理部门，对于组织生产、控制质量都是十分有益的。

（3）监督　质量检验过程可获得各种质量信息，通过对这些质量数据、资料的分析与整理，为过程质量控制提供依据，起到质量监督作用，并为质量管理过程中采取必要的纠正措施和预防措施提供基础。质量检验的监督作用无论在企业内部，还是在市场都是相当重要的。

质量检验是企业质量管理的重要组成部分，是维护市场经济正常秩序的保障，是维护国家安全和利益的一条"看不见的战线"。

2. 产品质量检验的分类

（1）按检验对象特征分类　按检验对象特征可分为：

1）进货检验。对外部购进的原材料、零部件及外协件进行的检验，也称为验收检验，其作用是确保只有合格的原材料才允许投入产品的生产加工过程，这是对产品质量把的第一道关。另外，进料检验的数据信息也是评鉴原材料、零部件及外协件等供应商的重要资讯。

2）过程检验。对某加工过程的半成品进行的检验，特别是对关键过程的检验，其作用是及时发现品质不合格的半成品，防止不合格的半成品进入下一过程（工序）。

3）最终检验。在产品加工终了时对成品的检验，也称为成品检验，其作用是检验成品的质量是否合乎要求，防止不合格品被交付给顾客。

（2）按检验的数量分类　按检验的数量可分为：

1）全数检验。对一批待检验品逐一进行检验。它适合于待检品的数量少而价格高的情况。

2）抽样检验。根据数理统计的原理，从交检批中抽出部分样品进行检验，以这部分样品的检验结果，按照抽验方案的判断规则做出该批待检品合格与否的结论。它适合于破坏性的检验、待检批次和批量大的检验，能提高检验效率和降低检验成本，是最常用、最实用的检验方式。

3）免检。产品质量的稳定性好，得到有资格的部门颁发的免检证书，则该产品可以免予检验。

（3）按检验的手段分类　按检验的手段可分为：

1）感官检验。感官检验是指依靠人的感觉器官进行质量特性的评价活动。它适用于质量特性判断基准不易量化的情况，如对颜色、气味、口感、表面缺陷等的检验。

2）理化检验。理化检验是指依靠检测仪器和设备等，应用物理或化学方法进行检验，以评价其几何尺寸、物理强度、化学成分含量等内在质量特性的活动。这些质量特性都是可量化的。

产品质量检验还可做其他分类，如按检验的执行人员可分为自检、互检和专检；按检验的后果可分为破坏性检验、非破坏性检验等。对质量检验进行分类，是为了突出各种检验的特点，使企业能有针对性地制定有效的制度、措施来加以控制。

3. 产品质量检验的实施

产品质量检验要针对企业产品生产的特点来进行策划和实施。

（1）质量检验策划　产品质量检验策划是通过统筹安排质量检验活动，使之既能高效地把好产品的符合性质量关，防止把不合格产品交付给顾客，又能使质量检验的成本控制在合理的范围。质量检验策划包括如下工作：

1）确定检验流程和相关活动。产品质量检验流程应包括从原材料（或零部件、外协件）投入到最终成品的生产全过程的全部质量检验活动，其中既包括各个生产过程（工序）的生产活动中的质量检验，也包括相关的运输和储存环节的质量检验，以流程图的形式显示检验内容和相互关系。一般应有以下内容：

① 设置检验点：确定应该在何处进行检验。

② 确定检验项目：根据产品技术标准（或合同要求）等技术文件，列出质量特性表，并按质量特性缺陷严重程度对缺陷进行分级，明确检验项目。

③ 规定检验手段：规定检验方法。

④ 选择取样方式：规定抽样检验还是全数检验。

⑤ 数据处理：规定搜集、记录、整理、分析和传递质量数据的方法、流向和其他要求。

2）明确职责与权限。明确质量检验策划、质量检验计划的编制与修改、质量检验实施各环节以及不合格品的处置的职责与权限。

3）确定所需要的指导性文件。质量检验所需要的指导性文件包括有关的法律法规文件、产品标准、规范和检验指导书。

4）确定所需的相关资源。质量检验所需的相关资源包括：

① 所需的检验人员及相关的培训。

② 所需的检验仪器设备及仪器设备的校准。

③ 所需的检验场所及环境。

（2）质量检验实施　产品质量检验实施是将质量检验策划付诸实践，按质量检验策划要求开展各种日常质量检验活动。实施前，应先做好以下工作：

1）确认质量检验的要求和接收准则。在每一项检验开始之前，应确认是否已获得有关检验的时机、对象、抽样方案、质量特性指标值和接收准则的明确描述。

2）编写检验规程。

① 规定各项质量特性指标值。

② 规定抽检方案。

③ 规定检验方法和检验操作步骤。

④ 规定检验相应的仪器设备。

⑤ 规定检验结果的处理及报告。

⑥ 其他有关的说明。

二、质量改进

1. 质量改进的概念

质量的核心问题是满足用户需要。任何一个企业都必须通过持续质量改进来满足用户需要，特别是潜在需要，才能具有竞争力，才能持续发展。ISO 9000：2000 标准对质量改进的定义：质量管理的一个部分，致力于增强满足质量要求的能力。

质量改进的根本目的是致力于增强满足质量要求的能力，是一个持续的、不间断的过程；质量改进既是企业最高管理者的职责，也是企业全体员工及各管理层都应参与的活动；质量改进是一种措施，应该建立在数据分析的基础之上。

2. 质量改进的基本过程

质量改进的基本过程可用 PDCA 循环表示。即把质量管理的全过程划分为 P（计划，Plan）、D（实施，Do）、C（检查，Check）、A（总结处置，Action）四个阶段八个步骤。

（1）P（计划）阶段　该阶段包括四个步骤：

1）分析现状，找出存在的主要质量问题。

2）分析产生质量问题的各种影响因素。

3）找出影响质量的主要因素。

4）针对影响质量的主要因素制定措施，提出改进计划，定出质量目标。

（2）D（实施）阶段　该阶段包括步骤：

5）按照既定计划目标加以执行。

（3）C（检查）阶段　该阶段包括步骤：

6）检查实际执行的结果，看是否达到计划的预期效果。

（4）A（总结处置）阶段　该阶段包括两个步骤：

7）根据检查结果，总结成熟的经验，纳入标准制度和规定，以防止同类问题再次发生，使 PDCA 循环上升、前进。

8）把这一轮 PDCA 循环尚未解决的遗留的问题，纳入下一轮 PDCA 循环中解决。

PDCA 循环的特点有：四个阶段的工作完整统一，缺一不可；大环套小环，小环促大环，阶梯式上升，循环前进，如图 5-2 所示。

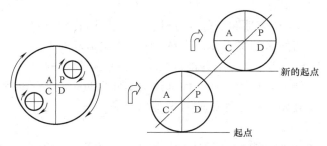

图 5-2　质量管理工作循环图

3. 纠正措施

纠正措施是为消除已发现的不合格或其他不期望情况的原因所采取的措施。采取纠正措施的目的在于防止不合格的再发生，这是质量改进的有效措施之一。

纠正措施的实施包括以下几个具体环节：

1）识别不合格。对企业来说，不合格可能出现在生产和经营的各个方面，如产品不合格、顾客投诉或抱怨、质量管理体系运行不合格等。主要是根据不合格发生的原因、频次、后果的严重程度等因素来识别应采取纠正措施的不合格。

2）确定不合格的原因。对不合格进行调查分析，在数据分析的基础上，确定产生不合格的原因。

3）制定措施。找到原因之后，针对性地制定消除产生不合格的因素、防止不合格再发生的措施。

4）实施措施。按计划将所制定的措施进行实施。

5）跟踪并记录实施措施的结果。保持措施实施的记录，跟踪措施实施的结果。

6）评估纠正措施的有效性。以跟踪的结果对所实施的措施进行评估，对有效的措施以文件的形式形成新的标准、做出新的规定，以巩固纠正措施的效果；对无效的措施要从分析确定不合格的原因开始，重新纠正措施的实施过程。

4. 预防措施

预防措施是为消除潜在的不合格或其他潜在的不期望情况的原因所采取的措施。采取预防措施的目的也在于防止不合格的发生，这也是质量改进的有效措施之一。

预防措施应与潜在的问题的影响程度相适应，应在权衡风险、利益和成本的基础上确定互相适应的预防措施。预防措施的实施应包括：识别潜在的不合格和确定其原因、评价防止不合格发生的措施的需求、确定和实施所需的措施、记录并跟踪所采取措施的结果和评估所采取的预防措施等环节。

三、质量管理小组

质量管理小组（简称 QC 小组）是指在自愿的原则下，由工作性质相同或接近的员工，以小组形式组织起来，通过定期举行会议及其他活动进行质量改进的一种组织。

QC 小组在 20 世纪 60 年代起源于日本，如今世界许多企业都在推行 QC 小组活动，以协同质量改进。我国的第一个 QC 小组成立于 1978 年，随着全面质量管理的推广，QC 小组活动也在全国范围内很快得到开展。

1. QC 小组的性质与特点

QC 小组具有自主性、科学性和目的性等性质，是目标管理技术、人性化管理技术、重点管理技术以及问题分析技术的综合体。大量的 QC 小组活动实践表明，虽然质量改进不一定要通过 QC 小组来进行，但 QC 小组是进行质量改进的有效形式之一。它体现了全面质量管理的全员参与原则，能有效地调动和发挥全体员工在质量改进方面的积极性和创造性，同时也能提高员工的素质和塑造强势的企业质量文化。

QC 小组活动具有如下特点：

（1）自主性　自愿参加、自主管理是 QC 小组活动的第一个特点。QC 小组的成员是以自愿为原则组成的，QC 小组的活动也是从解决日常工作的问题出发，通过小组每一个成员主观能动性的发挥而展开的，因而有明显的自主性。而自主性这一特点，使得 QC 小组活动能通过一个个质量改进的具体成果，在企业内形成自觉参与质量改进的氛围和养成自觉关注质量改进的良好习惯。

（2）团队性　群策群力、集思广益是 QC 小组活动的第二个特点。QC 小组的成员可以是来自生产第一线的工人、技术人员和管理人员，QC 小组活动从改进的课题、改进措施的提出到改进的实施，都是在 QC 小组全体成员的相互启发、相互配合和共同努力下开展的，其质量改进的成果是团队集体智慧的结晶。

（3）创新性　创新求变、创新求进是 QC 小组活动的第三个特点。QC 小组的组建和活动形式可以多种多样，但都是结合实际的工作进行创新，以创新的思维和创造力取得其活动的成果。

2. QC 小组的组建

QC 小组的规模一般是 7 人左右，其中一人是组长，其他为组员。QC 小组的组建形式可根据各企业的具体情况而定，可以有所不同，常见的形式有以下三种：

（1）自上而下的组建形式　由企业质量主管部门和管理人员选择课题和选择该课题合适的人选组成 QC 小组。这种 QC 小组的成员一般包括生产第一线的工作人员、技术人员和管理人员，通常称为"三结合"的攻关小组。

（2）自下而上的组建形式　由基层员工提出课题和人员组成的申请，再由 QC 小组管理机构对其课题和人员进行审核，经批准予以组建 QC 小组。这种 QC 小组的成员多来自同一班组或同一工作地，其自主性尤其明显。

（3）上下结合的组建形式　由上级部门推荐课题，由基层部门选择人员组成 QC 小组。这种 QC 小组活动的目的性明确，有上下部门各自的优势，有较强的攻关效用。

不论以什么形式组建的 QC 小组，都应当经过注册登记，包括 QC 小组的注册登记和 QC 小组活动课题的注册登记。QC 小组的注册登记是每年进行一次，而 QC 小组活动课题的注册登记则是每选定一个课题，在开展活动之前都要先进行注册登记。经过注册登记，QC 小组才被纳入企业年度管理计划中，随后 QC 小组开展的活动，才能得到各级领导和有关部门的支持和提供相应的服务，并且参加各级优秀 QC 小组的评选。

3. QC 小组的活动

QC 小组组建后应正常地开展活动，发挥其在质量改进方面的作用。只有通过经常性的活动，才能使 QC 小组有存在的意义。QC 小组活动一般按 PDCA 循环的模式进行，具体的活动方式和过程有多种形式，一般有以下几个步骤：

1）选课题。选课题就是确定当前小组活动的主题。课题既可来自小组外部，如上级推荐的课题；也可来自小组内部，如由小组成员提出并经讨论选定。所选定的课题应对质量的改进、工作绩效的改进有实际意义，并且是本小组有能力完成的。

2）调查现状。选定课题后，接着应进行调查活动，收集有关的信息，为后续改进目标的确定和改进对策的制定提供客观基础，以事实和数据作为分析、决策的依据。

3）设定目标。目标是指改进的目标，即设定课题完成应达到的目标，并制订实现目标的活动计划，对小组成员做具体的分工，按计划进行活动。

4）分析原因。分析影响现状的原因，如造成不良质量现状的具体原因，并找出其中的主要原因。分析原因是 QC 小组活动的重点内容，只有找准了原因，才能进行有效的改进。

5）提出对策。可采用对策表的方式来提出改进的对策，这也是 QC 小组活动的重点内容，是发挥每个组员的主观能动性和创造力的过程。

6）实施对策。对策的实施是团队性的共同创新过程，小组成员必须相互配合、相互协作。这是 QC 小组活动的一个高潮阶段，也是前面各项活动结果的表达。

7）确认效果。通过对对策实施情况的记录和跟踪，确认其改进的效果是否达到了原设定的改进目标。如已达到目标，表明本课题的活动取得成效，要保持其改进。

8）报告成果。将本课题活动所取得的有形或无形的成果，以成果报告的形式表达出来，并向上报告。

第三节　质量管理的常用工具与技术

在长期的质量管理实践中，积累、形成了许多有效的质量管理方法、工具和技术，其中在企业中最为常用的有排列图、直方图、控制图、散布图、调查表、因果图和对策表。这些方法、工具和技术的正确使用，有助于提高质量管理、质量控制和质量改进的效率和有效性。

一、排列图

1. 排列图的含义

排列图由一个横坐标、两个纵坐标、几个按高低次序排列的矩形和一条累计百分比折线组成，如图 5-3 所示。

排列图是一种运用数据统计分析，将多个对质量现状产生负面影响的因素从主要到次要进行排列的一种图示工具与技术，是著名的质量管理专家朱兰博士，将柏拉图法则运用于质量管理中而创建的。

排列图的基本原理是"重要的少数与无关重要的多数"，即在影响质量现状或某事件发展趋势的多因素或要素中，起着主要的、决定性影响的往往是少数的要素或因素，这也称为 80/20 原理。

2. 排列图的作用

排列图在质量管理中有以下两个作用：

1）对各种各样的质量问题进行排列分析，找出主要的现象并找出影响该现象的主要因素。

2）在质量改进中，识别改进的机会和改进的效果。

排列图法能够帮助我们在多因素影响的质量管理中，准确地识别哪些是重要因素、哪些是次要因素、哪些是一般因素，能把受多因素影响的问题用排列图清楚地描述其影响的大小与主次程度，以便能将人力、物力和时间集中在"重要的少数"上。

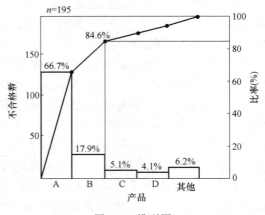

图 5-3　排列图

3. 排列图的应用

排列图法的应用可按下列步骤进行：

（1）确定分析对象及分类项目　对于分析对象如某项产品，可以用不合格品数等作为指标，也可以用损失金额作为指标；对于影响因素或分类项目可以按现象分类，也可以按原因分类，一般以造成质量问题的原因分类比较合适。

（2）收集数据并将其分类　将各因素或项目按指标值，如不合格品数、损失金额的大小进行排列，"其他"排在最后。收集数据应选择合适的时间范围，以使其数据有代表性。对收集的数据进行统计处理，以层次统计表的形式表达。

（3）作图

1）横坐标代表因素或项目，按量值递减的顺序自左向右在横坐标上等距离列出。

2）纵坐标有两个，左边的纵坐标代表绝对指标值，按度量单位规定，其高度必须与所有项目的量值和相等；右边的纵坐标代表相对比率，要与左边纵坐标等高，并按 0～100% 进行标定。

3）将各相应数据在每个项目上画矩形，其高度表示该项目度量单位的量值，用以表示每个因素或项目影响程度的大小。

4）由左至右累加每一项目的量值比率，用累计频率曲线表示，用以表示各项目的累计百分数。

（4）分析并确定重要因素　把累计频率达 70%～80%，而仅占因素或项目的 15%～20% 者定为重要因素，也就是"重要的少数"。

二、直方图

1. 直方图的含义

直方图是由一系列宽度相等、高度不相等的矩形表示的数据分布图，矩形的宽度表示数据范围的间隔，矩形的高度表示在给定间隔内的数据频数，如图 5-4 所示。

直方图是一种定量地表示质量数据平均值和分散程度的图示工具与技术。平均值表示质量数据的分布中心位置，它与标准中心越接近越好；质量数据的分散程度越小越好，越小表示质量越稳定。

2. 直方图的作用

直方图可将无明显规律的数据资料解析出其规律性，使质量数据的中心值和其分布状态变得一目了然。直方图的具体作用有：

1) 用于生产过程的统计质量控制，判别生产过程中是否存在系统性的使状态偏离的因素或较强的不稳定因素。

2) 用于质量改进中对质量状况的分析，表征质量现状。

3. 直方图的应用

直方图法的应用，重在对直方图所揭示的质量状况的分析。直方图的作图牵涉到一些统计学的概念和方法，而且人工作图是非常麻烦的事情，现在完全可用计算机技术进行处理。对直方图所揭示的质量状况的分析，可按以下步骤进行：

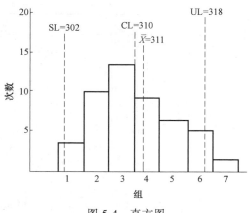

图 5-4 直方图

（1）判断直方图图形正常与否　正常的直方图图形应该符合正态分布规律，即中间大、两边小、左右大致对称。直方图若显示有多个峰值的图形，表示有不同平均值的母体混在一起；若显示有一座小岛远离大陆的图形，往往表示测量上有错误或是一个母体内混进了不同生产状况的其他产品。这样的直方图形均属于不正常的图形，不宜用于分析、判断质量现状。

（2）与标准规范进行比较　当直方图属于正常图形时，要将其与标准规范进行比较，以判定过程满足规范要求的程度。常见的有五种情况，见表 5-3。

表 5-3　与规范比较的几种常见直方图

图　例	调　整　关　系
理想型（T_L, $\overline{X}$, M, T_U）	图形对称分布，且两边各有一定裕量，是理想状态
偏心型（T_L, $\overline{X}$, M, T_U）	调整分布中心 $\overline{X}$，使其与公差中心 M 重合
无富余型（T_L, $\overline{X}$, M, T_U）	应采取措施，减少标准偏差 s

(续)

图　例	调整关系
能力不足型	已出现不合格品,应多方面采取措施,减少标准偏差 s
陡壁型	应采取措施,使分布中心 $\overline{X}$ 与公差中心 M 重合

三、控制图

1. 控制图的含义

控制图由控制中心线 CL、上控制界限 UCL 和下控制界限 LCL 及按时间顺序抽取的样本统计量数值的描点序列组成。横坐标表示时间或样本号，纵坐标表示样本统计量数值，如图 5-5 所示。

控制图是描述生产过程中产品质量特性的时间序列图，根据该时间序列同控制中心线和上下控制界限的对照关系来判定生产过程是否处于稳定状态。控制图上的控制界限是区分正常波动与异常波动的科学界限。

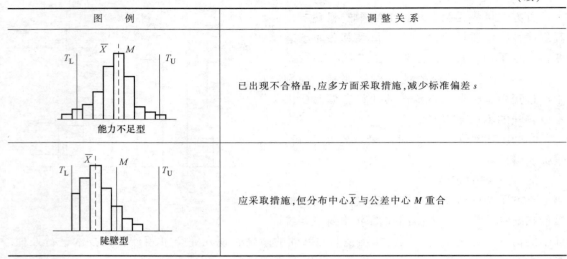

图 5-5 控制图示例

2. 控制图的作用

控制图是 20 世纪 20 年代，由美国贝尔电话实验室以休哈特为首的过程控制研究组提出并使用的。控制图是统计过程控制理论的应用，是统计质量控制阶段的标志，是科学管理上的一个重要工具，特别是在质量管理方面是一个不可缺少的工具。

按产品质量特性的度量方法，控制图可分为计量控制图和计数控制图。计量控制图中最为典型的是平均值-极差控制图，简称为 $\overline{X}\text{-}R$ 图。按使用的目的，控制图可分为分析用控制图和管理控制图，前者用于判定生产过程是否处于稳定状态，后者用于使日常生产过程维持在稳定状态。

3. 控制图的应用

以平均值-极差（$\overline{X}\text{-}R$）图为例，说明控制图的应用步骤。

（1）确定要测定的质量特性指标　确认生产过程已处于稳定状态，选定要进行控制的质量指标。

（2）收集作图的数据　先按生产条件特征，如操作人员、设备、时间等把产品或半成品进行分组；随机地选择 $K(20\sim25)$ 组样本，在每组样本内等概率地抽取 $n(2\sim6)$ 个产品，测定其质量特性指标。

（3）计算

1）分别计算各样本的平均值（$\overline{X}_i$）和极差（R_i）。

2）计算 K 组样本的平均值（$\overline{\overline{X}}$）和平均极差（$\overline{R}$）。

3）计算 R 图与 $\overline{X}$ 图的控制界限

R 图：$\text{UCL}_R = D_4 \overline{R}$ $\qquad\qquad\overline{X}$ 图：$\text{UCL}_X = \overline{\overline{X}} + A_2 \overline{R}$

$\qquad\quad\text{CL}_R = \overline{R}$ $\qquad\qquad\qquad\qquad\quad\text{CL}_{\overline{X}} = \overline{\overline{X}}$

$\qquad\quad\text{LCL}_R = D_3 \overline{R}$ $\qquad\qquad\qquad\quad\text{LCL}_{\overline{X}} = \overline{\overline{X}} - A_2 \overline{R}$

其中系数 A_2、D_3、D_4 随 n 的大小不同而不同，见表5-4。

表 5-4　计量控制图用系数表

样本大小 n	A_2	mA_2	d_2	d_3	E_2	D_3	D_4
2	1.880	1.880	1.123	0.353	2.659	—	3.267
3	1.023	1.187	1.693	0.888	1.772	—	2.575
4	0.729	0.796	2.059	0.880	1.547	—	2.282
5	0.577	0.691	2.326	0.864	1.290	—	2.115
6	0.483	0.549	2.534	0.848	1.184	—	2.004
7	0.419	0.509	2.704	0.833	1.109	0.076	1.924
8	0.373	0.432	2.847	0.820	1.054	0.136	1.864
9	0.337	0.412	2.970	0.808	1.010	0.184	1.816
10	0.308	0.363	3.078	0.797	1.975	0.223	1.777

注：mA_2、d_2、d_3 为其他控制图中采用的系数。

（4）作分析用控制图　把中心控制线和上、下控制界限画在方格纸或专用纸上，将 $\overline{X}_i$ 和 R_i 值分别在图上描点，然后根据常规控制图的判断准则判断过程的稳定与否。当点子在随机排列的情况下，出现下列情况之一，就可判断过程处于稳定状态，即没有异常波动。

1）连续25个点落在控制界限外的点数为0。

2）连续35个点落在控制界限外的点数少于等于1。

3）连续100个点落在控制界限外的点数少于等于2。

（5）作管理用控制图　将稳定状态下求得的控制线延长，把日常生产过程中测定的 $\overline{X}_i$ 值和 R_i 值在图上描点，分析比较这些点同控制线的关系，以发现异常波动。当发现生产过程处于非受控状态时，要立即查明原因并采取措施。

四、散布图

1. 散布图的含义

散布图是两个指标 x 和 y 对应的数据在二维平面上的坐标点构成的图。

研究散布图上成对的数据形成点子云的分布状态，可以知道两个变量之间关系的强弱。

六种点子云形状,表明了六种两个变量之间的关系:强正相关、强负相关;弱正相关、弱负相关;不相关、曲线相关,如图5-6所示。

2. 散布图的作用

散布图可以用来发现和确认两组相关数据之间的关系。在质量管理和质量控制中,这种成对数据可以是特性—要因、特性—特性、要因—要因,故常用于分析研究质量特性之间或质量特性与影响因素之间两变量的相关关系。

3. 散布图的应用

散布图的应用包括散布图的作图及散布图的分析,具体步骤如下:

(1) 取数据 数据的组数最好在50以上(至少30组)。

(2) 决定坐标轴 一般以横坐标表示原因变量,纵坐标表示结果变量;坐标的刻度以使两变量的变动幅度大致相同为宜。

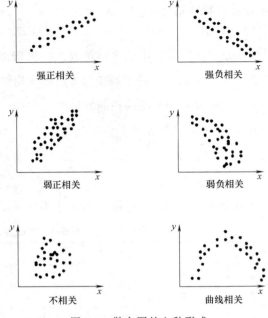

图5-6 散布图的六种形式

(3) 描点 将一组组 x 和 y 数据点描在图上,若所描点有重叠,可围绕数据点画同心圆表示或在离第一个点最近处画上第二个点表示。

(4) 分析 根据点子云的分布状态,直观判断两个变量之间的相关关系。如果 x 增加时 y 也增加,表明是正相关;相反则表明是负相关。如果 x 与 y 的相关关系明显,则为强相关;否则为弱相关。

五、调查表与分层法

1. 调查表的含义

调查表是一种统称,是以如检查表、统计分析表等多种形式表达,具有收集、记录、统计等功能的表格工具。

调查表以收集、记录与统计数据资料为主,也可以包含非数据类型资料,一般根据具体需要的不同而自行设计。

2. 调查表的作用

调查表是一种在质量管理和质量改进中常用的表格工具,在质量检查、质量分析、质量跟踪等质量管理和质量改进活动中得到广泛的应用。

3. 调查表的应用

调查表没有固定的形式,可随实际的需要不同而由使用者自行设计,灵活应用。调查表的应用关键在于对调查表格式的设计,并要注意标注调查表的调查者、调查时间、调查地点等相关的内容。下面是几种调查表的示例。

(1) 品质分析表(见表5-5)

表 5-5 品质分析表

供应商名：		供应商编号：		年　月	
品名/规格/编号	来货数量	退货数量	特采数量	样本数量	不合格品率

供应商评分公式：

$$得分 = 100 - 50 \times \left(\frac{退货批数 + 特采批数}{送货批量} + \frac{不合格品样本总数量}{样本总数} \right)$$

等级评定：　95～100　优良
　　　　　　90～94　良好
　　　　　　80～89　中
　　　　　　70～79　一般
　　　　　　70以下　差

制表：　　　　　　主管：　　　　　　厂务经理：

（2）不合格品调查表（见表 5-6）

表 5-6 成品抽样检验及外观不合格品项目调查表

批次	产品号	成品量/箱	抽样数/支	不合格品数	批不合格品率（%）	外观不合格项目							
						切口	贴口	空松	短烟	过紧	钢印	油点	软腰	表面
1	烤烟型	10	500	3	0.6	1					1			1
2	烤烟型	10	500	3	0.6			2	1					
3	烤烟型	10	500	2	0.4		1					1		
4	烤烟型	10	500	3	0.6		2			1				
⋮	⋮	⋮	⋮	⋮										
	烤烟型	10	500	2	0.4			1		1				
合计		2500	125000	990	0.8	80	297	458	35	28	10	15	12	55

调查者：王××　　　　　　　　　　　　　　日期：　年　月　日
地　点：卷烟车间

六、因果图

1. 因果图的含义

因果图将产品的质量特性与影响它的众多因素，以系统的方式图解之，是分析和表达因果关系的一种图形工具。

因果图首先是基于影响过程质量的六个因素——5M1E（人、机器、材料、方法、测量、环境）对质量结果进行分析，再逐一从生产技术和管理等方面由表至里地层层深入地剖析，直至将其因果关系系统地、全面地、具体地直观表达。如图5-7所示。

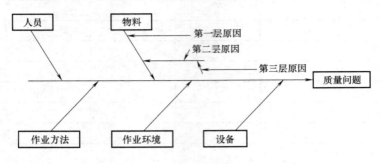

图5-7　因果图结构

因果图又称为石川图，由日本质量管理专家石川博士提出：某项结果的形成，必定有其原因，应设法利用图解法找出其原因。因果图因其形状像鱼刺，也称为鱼刺图。

2. 因果图的作用

由于因果图具有将多因素作用的因果关系直观化的特点，便于讨论、修改和吸收众多方面的意见，因此在生产现场分析质量问题、在实验室里分析试验结果或是在质量改进活动中被广泛地应用。因果图有以下作用：

1) 用于质量分析中质量问题的因果关系分析。
2) 用于现场质量管理中因果关系的表达，积累经验。
3) 用于QC小组活动中寻找质量改进机会。
4) 用于质量改进活动中采取纠正措施。

3. 因果图的应用

图5-8所示为因果图的示例。

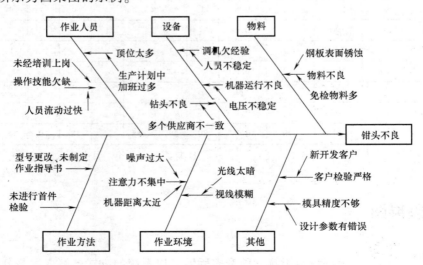

图5-8　因果图示例

因果图的应用可按以下步骤进行：

1）明确"结果"，即确定需要解决的质量问题。一般可由排列图法选定的"重要因素"而得。

2）召开"诸葛亮"会。召集与需要解决的质量问题相关的、有经验的人员，集思广益。

3）确定可能发生的原因的主要类别。主要原因从人员、设备、材料、方法、测量和环境等六方面去分析、确定。

4）分析逐一层次的原因。把"结果"画在右边，把各类主要原因画在它的左边，用箭头表示出"原因"与"结果"的关联关系，然后在相应的主要原因的枝干上继续层层展开分析原因。一张完整的因果图展开的层次至少应有 2 层，根据不同的具体情况可以是 3 层、4 层或更多，直至找出具体的原因。

5）确定"要因"。在最深入的一层原因（也称为末端原因）中，选取和识别几个（一般为 3~5 个）对结果有最大影响的原因定为要因。

因果图用于单一目的的分析，所以一张因果图只能分析表达一个主要的质量问题的因果关系。用因果图进行因果分析，一定要根据实际的生产条件、生产技术和生产工艺等做分析，切不可脱离实际。

七、对策表

1. 对策表的含义

对策表又称为措施计划表，是针对质量问题的主要原因（即由因果图分析选定的"要因"）制定的应采取措施的计划表。

对策表所表达的措施应该具体、明确，一般应明确为什么要制定这一措施（Why）、预期达到什么目标（What）、在哪里执行这一措施（Where）、由谁来负责执行（Who）、何时完成（When）、如何做（How）等，即通常所说的 5W1H 的内容。

2. 对策表的作用

对策表是纠正措施的一种表达，与纠正措施的制定、实施和评价都有密切的关系，是在质量改进活动中很有实用价值的一种表格工具。

3. 对策表的应用

对策表的应用示例，见表 5-7。

表 5-7 对策表的应用示例

项目	序号	要因	对策	目标	措施	实施地点	完成时间	负责人
射料不出	1	喷嘴里有二次料粉碎机刀片碎片	在碎料机内装磁铁	碎片堵塞喷嘴故障次数为零	1) 在粉碎机落料口及设备进料口装磁铁 2) 每周确认一次滚刀状况及清理碎料	成形现场	2018年2月18日	马××
漏水	2	水路集成块设计不合理	制作沉孔式集成水块	快速接头与滑杆摩擦损坏率为零	所有模具水路集成块换用沉孔式集成水块	成形现场	2018年2月20日	罗××

(续)

项目	序号	要因	对策	目标	措施	实施地点	完成时间	负责人
中间板拉不开	3	导柱导套配合紧	间隙修配	导柱导套配合间隙达到0.005mm	导柱抛光、导套镗孔	成形现场	2018年2月25日	骆××
中间板拉不开	4	脱模装置有缺陷	加装脱模扣	脱模扣在无损坏情况下中间板百分之百拉开	1）加装外置铁制脱模块 2）加装内置塑料脱模扣	成形现场	2018年2月28日	侯××

在制定对策表的各个项目时，要尽可能地采用量化数据表示，在无法量化时也要尽可能用肯定、具体的语言表示，含糊不清的表达不利于纠正措施的制定与实施。

排列图、因果图与对策表三种工具常常是联合起来应用的，通常称之为"二图一表"，在企业的质量管理中应用极为广泛。

案例分析

【案例分析5-1】 三洋制冷在全公司内推行"零缺陷"的质量管理

在三洋制冷的生产现场，根本看不到在其他企业内常见的手持检测仪器进行质量检查的检查员的身影，但是三洋制冷的溴化锂吸收式制冷机的产品质量却遥遥领先于国内同行业厂家而高居榜首，这正是三洋制冷在全公司内推行"零缺陷"质量管理的结果。

三洋制冷在用最先进的检测仪器检测产品的最终质量的同时，采用了和绝大多数企业完全相反的质量管理方法，取消工序检查员，把"质量三确认原则"作为质量管理的最基本原则，即每一位员工，都要"确认上道工序零部件的加工质量，确认本工序的加工技术质量要求，确认交付给下道工序的产品质量"，从而在上下工序间创造出一种类似于"买卖"关系的三洋制冷特有的管理现象。

上道工序是市场经济中的"卖方"，下道工序是"买方"，是上道工序的"用户"。如果"卖方"质量存在问题，则"买方"可拒绝购买，不合格品就无法继续"流通"下去。三洋制冷正是通过这种"买卖化"的独特的质量管理方式，形成了没有专职检查员，但每个员工都是检查员的人人严把质量关的局面，从而保证了"不合格品流转为零"的目标得以实现，确保最终生产出近乎完美的零缺陷产品。

"三确认"变单纯的事后控制为事前预防、事中控制、事后总结提高的管理模式，以员工工作质量的提高使产品质量得到有效保证和改善，使员工做到了集生产者与检查者于一身。它能预防和控制不合格品的发生和流转，强调第一次就要把事情做好，追求零缺陷，用自身的努力最大限度地降低损失，从而实现了"3N"的工序质量控制目标。"3N"即不接受不合格品，不生产不合格品，不转交不合格品，达到了"不合格品流转率为零"的工序质量控制目标。

【案例分析问题】

1）三洋制冷公司在质量管理上采取了何种特有的措施？
2）三洋制冷公司是如何实现"零缺陷"的？

现代企业车间的质量管理与控制 第五章

【案例分析 5-2】 大连北兴电束线有限公司实行全面质量管理的体验

1997 年入夏以来，大连北兴电束线有限公司的产品索赔率已经连续两个月居高不下，每个月都有 7 次索赔案件发生。为此，公司于 1997 年 8 月开展了"查问题原因，补管理漏洞，全面提高质量意识"的质量月活动。品质保证部一时成为全公司最忙的部门，品质保证部部长叶军则成为全公司最忙的人，整天忙着组织调查原因、寻找对策、进行质量教育……

大连北兴电束线有限公司是一家日本独资、以外销为主的生产电束线的专业工厂，目前拥有员工 350 多人，各种先进精密仪器 100 余台套，建筑面积 10000m^2，可根据用户要求生产加工各种专用电束线，产品规格已达 150 余种。自 1995 年初投产以来，以其先进的工艺技术和可靠的产品质量，赢得了国内外客户的广泛赞誉，需求量直线上升。因此，公司在 1995 年年末和 1996 年年末两次扩大生产规模。但是，随着产品规格的不断增多、生产规模的迅速扩大，质量波动也随之而来，用户索赔案件开始逐渐增多……

根据质量月中各部门自查、互查中发现的问题，叶部长将其归纳为以下几类：

1) 新员工素质较差（90%为初中生），教育不够，质量意识淡薄，对产品质量认识比较模糊，不能严格按照操作规程操作。

2) 技术文件不规范，个别工序有随意更改、涂写图样和按领导口头指示作业的现象。这就造成过程参数值和质量特性值不清晰、不准确，导致批量性的加工错误。

3) 工序间的质量控制力度不够，产品质量仅靠最终检查保证，只重视事后处理，缺乏事前预防控制措施，直接导致不合格品失控。

4) 缺乏完善的质量保证体系，对不合格品的产生原因及对策，缺乏深层次的探讨，因而，导致同类质量问题重复出现。

为了解决目前出现的各种质量问题、提高公司经营管理水平，为公司的进一步发展奠定坚实的基础，经公司董事会研究，决定根据 ISO 9000 系列标准建立高水平的质量管理和质量保证体系，同时授权品质保证部组织实施，要求尽快通过认证审核，并取得认证证书。

但是在各部门经理参加的认证准备会上，这个决定却并未得到积极响应。原因很简单：一是认为造成近期质量问题的主要原因是新员工较多、操作不熟练、教育不够、监督不力，只要加强教育、监督、指导，完全可以减少和避免类似事故；二是大家认为 ISO 9000 系列标准概括性太强，理解起来很困难，执行中易于流于形式，成为空架子，不如原有的 TQC 质量体系来得实在。因而，大家未能就进行 ISO 9000 系列标准认证活动取得共识。一些人开玩笑地说，品质保证部叶部长碰了一个"软钉子"。

会后，叶部长又重新研究了有关 ISO 9000 系列标准的资料，并将其与 TQC 做了仔细比较，分析了各自对企业发展的意义，又重新树立起推行 ISO 9000 系列标准的信心。为了便于大家的理解和接受，叶部长根据自己多年质量管理工作的经验，将 ISO 9000 系列标准的内容高度概括为十二个字："有章可循，有章可依，有据可查"，即与标准要素要求相关的业务都要有规章制度和工作基准可以遵守；有了规章制度和作业标准必须遵循；是否按规章制度和作业标准办事要有证据可以查验。看着自己的"杰作"，他不禁生出几分得意……

兴奋之余，叶部长又组织召开了 ISO 9000 系列标准学习会，但与会者的反应仍很冷淡。仍有一些人坚持认为现有的质量管理体系和质量保证的方式（TQC）完全可以满足需要，搞 ISO 9000 系列标准认证纯属多此一举；还有人说现有的质量管理和质量保证体系已运行四年了，公司上下都已适应了它的要求，如果再适应新的体系弄不好会引起混乱；甚至还有人强调说现在生产太忙，再搞什么认证，恐怕没有时间……叶部长听了之后，得意之情一扫而光，不觉又陷入迷茫之中……

【案例分析问题】
1) 公司一直实行全面质量管理，为什么还会出现这么多的质量问题？
2) 全面质量管理与 ISO 9000 系列标准之间是一种什么关系？是否相互对立、排斥？
3) 对在实际中推广 ISO 9000 系列标准时出现的阻力应如何克服？
4) 如果你是叶部长，你将采取什么措施以保证 ISO 9000 系列标准的顺利实施？

思考与练习

1. 解释下列术语：质量、质量管理八项原则、过程能力、质量改进、PDCA 循环。
2. 简述全面质量管理的特点。
3. 简述全面质量管理的基础工作。
4. 简述质量成本的构成及相互关系。
5. 分析人员、机器、材料、方法、测量和环境六大因素对产品质量波动的影响。
6. 分析产品的设计、制造、检验与产品质量的关系。
7. 分析排列图、直方图、控制图三种质量管理常用工具的应用特点。
8. 举例说明调查表法在质量调查及质量分析中的应用。
9. 举例说明预防措施与纠正措施在质量改进中的应用。

第六章 现代企业车间的设备及工艺装备管理

学习目标

【知识目标】

1. 了解车间设备及其分类,熟悉车间设备管理的目标、任务与内容。
2. 掌握车间设备的选用原则,熟悉车间设备的维护与维修方法。
3. 了解车间设备更新与改造的意义,熟悉设备更新与改造的依据。
4. 熟悉车间常用的工艺装备,熟悉车间常用工艺装备的管理方法。

【能力目标】

1. 通过学习,能够初步掌握车间设备的维护与维修方法。
2. 通过学习,基本上能够会管理车间常用的工艺装备。

导读案例

【案例6-1】 华能大连电厂的设备检修管理信息化建设

发电厂是设备、技术、资金密集型的企业,具有产、供、销同一瞬间完成的特点,为了保证连续不断地供电,必须保证电力生产设备处于良好的运行状态,因此电力生产设备的可靠性是每一个电厂都十分关注的问题。可以说,设备管理是电厂生产管理的核心。

多年来,华能大连电厂为造就数字化发电企业,建设具有国际竞争力的现代化火力发电厂,在设备检修管理方面取得了许多成功的经验。他们的具体做法如下:

1) 以检修管理为重点。
2) 加强设备缺陷管理。
3) 实行设备定检管理。
4) 认真做好机组的大小修管理。
5) 严格实行工作票管理制度。
6) 加强设备档案管理。

经过十多年的摸索，华能大连电厂的设备检修管理由原来的以计划检修为主要方式逐渐过渡到以状态检修为主体，以计划（定期）检修为基础，以故障检修、改进性检修为辅助的优化检修的综合检修体系。

华能大连电厂设备信息管理系统建设与应用的实践证明，先进的生产设备必须与现代企业管理思想有机地结合起来，建立适合自己特点的设备管理系统，才能够科学地管理好设备，为提高电厂长周期安全生产创造有利的条件，从而创造可观的经济效益。

"以管理带动信息化，用信息化手段支撑管理思想，用业务流程保证管理思想的实现，使信息化全面保证企业的管理工作"，这是华能大连电厂管理信息系统升级的总体方针。华能大连电厂将设备管理作为企业生产管理的核心，下一步准备以综合计划管理为龙头、以计划性推进为主线、以安全管理为基础、以资产管理为重点、以全面预算管理为核心，从这五个方面入手来拓展设备管理系统，进一步提升管理理念。

【案例6-2】 陕西延长石油集团炼油车间设备管理

科学、有效的设备管理是保证设备安全运行，改善设备构成，充分发挥设备效能，保证产品产量和质量的基础，对促进生产持续发展，提高企业经济效益有着极其重要的作用。炼油企业，由于其生产的连续性和易燃易爆的特殊性，对设备管理将提出更高的要求。陕西延长石油集团炼油车间通过制定行之有效的设备管理制度，细化、量化现场管理，强化设备技术管理，常抓不懈，使设备实现了"两年一修"的设备管理目标。

1. 树立全员参与设备管理的意识

作为卷包车间，生产的特点是流水线作业，任何一个环节出现问题，就有可能影响整个装置的安全，全员参与设备管理尤为重要。车间设备管理网络由车间设备主管、设备技术员、班组长和设备操作工四级构成。实行设备层层负责制，设备主管为设备管理第一负责人，对车间设备进行全面管理。设备技术员的职责为监督检查班组长设备管理情况，同时，及时掌握设备运行状况，排除设备故障，达到预知、预测维修。班组长为班组设备负责人，对班组设备进行全面的管理。操作工的职责是用好设备，维护好设备。

2. 建立行之有效的车间设备管理制度

多年来，车间建立了车间设备日常维护保养细则、设备操作规程、车间装置大修管理规定、设备巡回检查制、设备月度考细则、装置静密封管理规定、当班设备操作人员工作程序等操作性大、适宜性强、行之有效的管理制度，做到了有章可循。通过标准、制度来约束和规范职工行为，从而使设备管理由被动管理向主动管理迈进。

3. 细化、量化设备现场管理

现场管理是设备管理的重要环节，是设备综合管理的基础，它直接关系到在用设备的服务效能。现场管理包括设备的维护保养、设备的正确操作使用、设备的检查与整改、设备的检修、"无泄漏"管理等。

（1）设备的维护保养 抓好设备的日常维护保养是车间设备管理重中之重的工作。其内容主要有设备的润滑、清洁、防腐、紧固和调整等。在维护保养中，车间采用巡检方式，每小时由操作人员对设备进行全面的检查，发现问题及时处理，无法直接解决的问题实行层层汇报制，确保问题的有效解决，保证设备的完好运行。在设备维护保养中，设备润滑是关键。车间在润滑管理中，实行"五定""三级过滤"，每班操作工及时检查设备的润滑情况，对油质变色、乳化的进行彻底更换，对润滑油位不到2/3处的进行补油，保证设备的良好润滑。多年来车间坚持每月 10 日左右由技术员对所有运行机泵润滑系统进行全面检查、更换，大大降低因维护保养不到位而引发的设备故障频次。

（2）设备的正确操作使用　正确使用设备才能保持设备良好的性能，充分发挥设备效率。操作工严格执行设备操作规程，做到"四懂""四会"，严禁超温、超压、超负荷运行。坚守岗位，定时巡回检查设备运行状况，及时、准确填写运行记录，确保设备正常运行。

（3）设备的检查与整改　检查是预防性维修的精髓。通过检查发现的问题，可以及时查明和消除设备隐患；指导设备正确使用和维护保养；提出改进维修措施；有目的地做好修理前的准备工作，以提高修理质量、缩短修理时间和降低修理成本。车间设备检查分日常检查、抽检和周检。日常检查是指以挂牌方式对设备运行、维护保养、运行参数等进行巡检。抽检是车间技术员不定期对设备运行和维护保养进行检查。周检是以"设备检查表"的形式，每周由车间对所有设备进行全面大检查。每类检查后，进行问题归纳汇总，制定整改措施，落实责任人，以 PDCA 管理实现车间规范管理。

（4）设备的检修　设备检修是有效恢复设备性能的手段。车间设备检修有设备日常检修、设备抢修和设备大修。

1）设备日常检修。设备日常检修是对设备小故障进行处理的检修。在日常检查中发现设备故障，由设备技术员负责检修的作业。在设备检修前，由设备技术员对检修作业进行危险源辨识与风险评价，制订消减措施并实施。检修中分析故障原因，提出检查方案，监督检修情况并组织验收。检修后的设备试运行半小时，运行良好，则交付班组使用和维护。

2）设备抢修。设备抢修是在非工作日关键设备出现故障，可能危及正常生产的情况，必须在短时间内恢复设备的性能的检修。在设备抢修作业时，车间主任及技术员必须及时到现场，分析原因，制定检修方案，并对检修作业进行危险源辨识与风险评价，制定风险削减措施。在最短时间内恢复设备性能，确保安全生产。

3）设备大修。设备大修是集中时间对所有设备进行停工检查和修理，每年进行一次。在检修前期，车间提前 3 个月上报设备大修项目和材料计划，经审批后车间本着安全第一、责任到人的原则，编制大修项目安全质量过程控制表，其内容包括检修项目、安全质量责任人、质量安全具体要求和验收人。在大修前一周，由车间与检修施工单位进行大修项目、材料的交底。在大修期间，车间严格执行车间装置年度大修管理，依据大修项目安全质量过程控制表的要求，责任到人，把好检修项目质量和安全关。做好动火票、高空作业票、进入有限空间票等安全票证办理和现场安全监督检查工作。设备主管和技术员应对装置中各类设备进行全面、细致检查，制订检修方案并监督实施。最后，由车间组织人员对大修实施项目逐项进行验收并使设备投入正常运行。同时，车间做好每台设备的检修记录和大修技术总结，为设备故障分析、长周期运行提供第一手资料。通过"优质、高效、安全、文明、节约"的设备大修工作，确保设备高效运行。

（5）"无泄漏"管理　"无泄漏"管理是减少跑、冒、滴、漏，节能降耗，消除污染，保证职工健康的一项有效措施。车间"无泄漏"管理实行以班组为单位实施区域负责制。每个班组对所承包区域密封点泄漏的检查、处理和挂牌等全面负责。车间对积极主动检查、发现、处理密封泄漏点的班组，在月度奖金考核中给予奖励，以实现全员参与设备管理的目标。同时，每月底由技术员填写车间密封台账，进行统计、分析、评价。通过有效的"无泄漏"管理，降低密封泄漏率，及时消除隐患，实现安全清洁生产。

4. 强化设备技术管理

（1）召开技术分析会　车间每月至少召开一次设备技术分析专题会。通过对设备运行和管理分析、讨论和总结，做到未雨绸缪，降低设备故障率，提高设备效能。

（2）设备技术资料收集和整理　车间设备技术资料有设备台账和设备运行技术档案。设备台账是固定资产管理中账、物、卡相符的基础资料。设备运行技术档案包括基础技术参数、设备运行、设备保养、设备维修、设备故障、设备防腐等内容，要求及时记录各种必要的设备信息，为设备的更新改造提供第一手资料。

（3）加强设备管理人员和操作技术培训

1）操作人员以授课、岗位练兵、现场故障应急处理等形式，进行实用技术培训，提高操作水平。

2）设备管理人员和技术人员通过查阅相关技术资料和技术分析会、交流会等方式，积累经验，拓宽知识面，提高管理水平。

【案例6-3】　奇瑞汽车股份有限公司涂装车间日常工具管理

奇瑞汽车股份有限公司涂装车间日常工具管理开展如下工作，取得了良好的效果。

1. 建立"班组工具配备表""工具日点检表"

班前、班后及使用过程中对工具进行自检，发现工具异常及有松动现象应及时到工具维修间进行维修，各工序班组应在工具柜中目视工具配备表，包括工具的名称、型号、编号等内容，并在工具领用、报损时，及时更新班组的工具台账，以便检查核对。每日下班后，工具应放入工具柜内妥善保管，不允许放置在现场，多班生产时，公用的工具由班组长负责管理，每天班后对本班组的工具进行点检，在交接班记录本上填写工具交接情况。

2. "工具样板班组"建设标准

为了让员工有意识地管好、用好、保养好工具，可以试行建立"工具样板班组"，用样板工具标准来推动工具管理，从而提高工具的整体管理水平。

3. 工具定额消耗分析工作

生产工具定额，即每种工具消耗都有历史参考数据，通常情况是根据近2年来某种工具的消耗情况和近2年的产量情况，计算出某种工具的单车消耗（定额）。

利用此种方法把所有工具定额都计算出来，作为车间工具管理的基础数据。每个月需对工具的消耗情况进行统计分析，然后将消耗情况与定额基础数据进行对比，看是否有某种工具的消耗超出定额标准，如果某种工具消耗超标，那么就要找出具体是什么原因导致超标的，然后根据工具管理规章制度要求责任人进行问题整改，以期达到工具管理有据可依。工具定额消耗分析管理对减少工具库存起到很好的推动作用，同时也使工具管理工作做得更细致、更精确。

4. 工具定期盘点工作

对工具进行定期盘点是为确保生产工具资产完全受控，便于做好工具资产管理，为制定好科学合理的库存上下限提供基础依据。盘点的结果可以全面反映出工具管理过程中存在的问题，从而有针对性地进行分析和解决。工具盘点频次通常为一月一次，在工具盘点的过程中通常采用现场实物集中盘点法。工具盘点可以借鉴2种方法：① 月初、月末核算法；② 现场实物集中盘点法。月初、月末核算法的优点：比较容易进行，只需要知道月初在线工具和月末在线工具即可盘出工具，省时省力；缺点：计算出的数据可能与现场差异较大，不能反映实际情况。现场实物集中盘点法的优点：精确了解工具现场实际数量，为工具管理提供真实依据；缺点：劳动量较大。

5. 新员工培训

新员工上岗前必须对其进行工具培训，培训内容包括工具的使用方法、操作时的注意事项、简单的结构原理和工作原理。员工调岗后，应接受新岗位的工具培训。

第一节　车间设备管理概述

一、车间的设备及其分类

设备是现代化企业进行生产活动的物资技术基础，是企业固定资产的重要组成部分。设备是指人们在生产经营活动过程中所使用的各种机械和装置的总称。

一个企业的设备配备得好坏直接表明了企业的生产水平和生产能力。企业的设备包括保证正常生产所配置的技术装备、仪器仪表、检测及控制设施等。不同的企业对主要设备、辅助设备的认定不尽相同。企业中的设备大致可以分为以下几种：

（1）生产设备　生产设备是指直接改变原材料的属性、形态或功能的各种工作机械和设备。

（2）动力设备　动力设备是指用于产生电力、热力、风力或其他动力的各种设备。

（3）传输设备　传输设备是指用于传送电力、热力、风力、其他动力和固体、液体、气体的各种设备。

（4）运输设备　运输设备是指用于载人或载货的各种运输工具。

（5）管理设备　管理设备是指企业中用于经营方面的设备。

（6）公共福利设备　公共福利设备是指企业中用于生活福利方面的公益设备。

二、设备管理的含义

设备管理是指企业为了使设备寿命周期费用最经济，而对设备采取的一系列技术、经济、组织措施等管理活动。设备管理工作是全过程的管理活动，应从设备的研制、购买、使用、维护、更新直至报废的全过程进行综合管理。设备管理的好坏直接影响企业的发展和经济效益。

设备管理可分为两个阶段。第一个阶段是设备投入使用前的前期管理阶段，主要包括为了实现企业发展规划而制订的设备配备规划、企业外购或自制设备计划、设备安装和调试等工作。第二阶段是设备投入使用后的后期管理阶段，主要包括投入生产使用后的管理、维护保养和大中修管理、更新改造管理、设备转让和处置管理。

设备管理历来被人们高度重视。在现代企业管理阶段，设备管理综合了设备的工程技术、财务、管理、经济等方面的内容，从系统的角度来考虑设备的综合性管理，它提出了设备可靠性、维修性设计的理论和方法，强调设计、使用、费用和信息的综合性，从这个角度考虑设备的寿命，实现全过程的科学管理。

三、设备管理的目标、任务及内容

1. 设备管理的目标

传统的设备管理只是要求保证设备经常处于良好的运转状态。对企业来说，保持设备良好的运转状态只是手段，不是最终目的。现代企业设备管理的目标是不仅要保持设备良好的运转状态，而且要取得良好的设备投资效益。

2. 设备管理的任务

设备管理的任务就是为企业生产提供先进适用的技术装备，使企业的生产经营建立在技术先进、经济合理的物质基础之上。要实现上述目标，设备管理必须做到以下几方面：

（1）实行设备的综合管理　设备的综合管理即将设备的整个寿命周期作为一个整体进行全面、全过程、全方位的管理。

（2）保持设备完好率　不同企业、不同设备对完好率的要求应有相应的规定。

（3）维持较高的技术装备条件　要不断改善和提高企业的技术装备素质，必须根据生产经营发展的要求，及时改造更新设备。

（4）充分发挥设备的效能　对于设备效能的要求，不仅要有较高的数量利用率、时间利用率，还要有较高的强度利用率。

为此，必须坚持五个相结合：

1）设计、制造与使用相结合。

2）维护保养与计划检修相结合。

3）修理、改造与更新相结合。

4）技术管理与经济管理相结合。

5）专业管理与群众管理相结合。

3. 设备管理的内容

设备管理过程是从实物形态与价值形态两个方面进行全面管理的过程。

（1）设备的技术管理　设备的技术管理包括从规划、设计、制造、运输、安装、验收、使用、维修、改造，直至报废全过程的综合管理。

1）设备的规划、选型、购置（或设计和制造）与评价。根据技术先进、经济合理、生产需要的原则规划、选择设备，并进行技术经济论证和评价，以确定最佳方案。

2）合理使用、检查、维护保养和修理。根据设备的特点，正确、合理地使用设备，安排生产任务，以减轻设备的损耗，延长使用寿命，防止出现设备和人身事故；减少和避免设备闲置，提高设备利用率，合理制订设备的检查、维护保养和修理计划，采用先进的检修技术；组织维修所用备品和配件的供应储备等。

3）改造与更新。根据企业生产经营的规模、产品品种、质量以及发展新产品、改造老产品的需要，有计划、有重点地对现有设备进行改造和更新。

4）设备的日常管理。主要包括资料管理、技术人员培训和管理等。

5）建立和完善设备档案。建立设备档案，对于评估设备的工作能力、估算设备的经济价值、适时地进行设备维修等有十分积极的作用，对于挖掘设备潜力、合理改造设备、延长设备使用寿命也有着直接的帮助，设备档案是否健全，直接影响企业的设备管理效果。

（2）设备的经济管理　设备的经济管理包括最初的投资（包括自制设备的开发研制费

用、生产制造费用；购买设备的一次性购置费用）、折旧费、维修费、备件占用费、更新改造费以及处理报废设备所获得残值的销账及核算。

四、设备管理水平考核指标与设备的综合管理

1. 设备管理水平考核指标

为了提高设备管理人员的作业水平和作业效率，可制定一些指标对其进行考核。

（1）设备运行率

$$设备运行率 = \frac{实际作业时间}{制度运行时间} \times 100\% \quad (6-1)$$

（2）设备完好率

$$设备完好率 = \frac{完好设备数}{已投入使用设备总数} \times 100\% \quad (6-2)$$

（3）故障停机率

$$故障停机率 = \frac{故障停机时间}{制度工作台时} \times 100\% \quad (6-3)$$

（4）维修费用率

$$维修费用率 = \frac{维修费}{生产总值} \times 100\% \quad (6-4)$$

（5）设备役龄及设备新度 设备役龄是指设备生产中服役的年限。发达国家的设备役龄为 10~14 年。

$$设备新度 = \frac{设备的净值}{设备的原值} \times 100\% \quad (6-5)$$

2. 设备综合管理

随着工业的迅猛发展和广泛大规模地采用机器和机器体系进行生产，生产设备在带来高的生产效率和利益的同时，也带来了一系列的问题，如生产设备产生的污染，大量地耗费能源，设备结构日益复杂使修理费用和故障损失不断增加，设备的技术寿命和经济寿命远远小于其自然寿命，设备的更新速度越来越快等，这就为设备的管理提出了新的课题。

由于工业生产技术、管理科学技术的发展，设备现代化水平的不断提高，特别是系统论观点和计算机技术在生产中的广泛应用，在设备管理中提出了综合管理的理论和方法。这种理论和方法在内容上突破了那种把设备管理局限于维护修理的模式，而延伸到与设备有关的各种问题之中。设备综合管理包含两大内容：设备综合工程学和全员设备管理。

（1）设备综合工程学 设备综合工程学是一门新的学科，它适用于对固定资产的工程技术、管理、财务等实际业务进行综合研究，以求实现设备寿命周期费用最大程度的节约。其主要特点如下：

1）将设备寿命周期费用最省作为研究与管理的目的。设备寿命周期费用是指设备一生的费用，如图 6-1 所示。

2）从工程技术、组织管理和财务成本等多方面对设备进行多学科的综合研究。

3）将可靠性、维修性作为设计的重要目标，使设备易于维修和降低维修费用。

4）把设备的一生作为研究和管理的对象，即从设备的方案、设计、制造、安装、调

试、使用、维修一直到更新与改造,这是系统论在设备管理中的应用。

5) 建立设计、制造和使用信息反馈系统,实行系统的综合管理。

设备综合工程学突破了传统设备管理的局限性,将设备管理的内容大大地延伸了。

(2) 全员设备管理 全员设备管理又称为全员生产维修制(TPM),是以设备用户为中心的设备综合工程学,其要点如下:

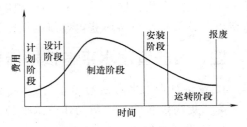

图 6-1 设备寿命周期费用

1) 以"三全"为指导思想。设备管理应以全效率、全系统、全员参加为原则。

所谓全效率,是指设备整个寿命周期内的输出与设备整个寿命周期内的费用之比。

所谓全系统,是指对设备从研究、设计、制造、使用、维修,直到报废为止实行全过程系统管理。

所谓全员参加,是指凡是涉及设备的各方面有关人员,从经理到生产工人、业务人员,都要参加设备管理。为此,必须重视和加强生产维修思想教育。

2) 设备维修方式全部吸收了预防维修制中的所有维修方式。它包括日常维修、事后维修、预防维修、生产维修、改善维修、预报维修、维修预防等。它强调操作工人参加日常检查。

3) 划分重点设备。将那些因事故而对生产、质量、安全、成本、维修等造成重大影响的设备,进行重点检查、重点维修、重点预防。日本企业确定的重点设备数量,一般占整个企业设备拥有量的10%左右。由于但重点对象经常发生变化,因此需要定期进行关于确定重点设备的研究。对一般设备则采取事后修理,有利于节省维修费用。

4) 全员设备管理的特点如下:
① 将提高设备的综合效率作为目标。
② 建立以设备寿命周期为对象的生产维修总系统。
③ 涉及设备的规划研究、使用维修等各部门。
④ 从企业最高领导人到第一线的操作工人都参加设备管理。

开展全员设备管理,必须遵循一定的程序,确定基本方针和管理目标,制订 TPM 计划,进行 TPM 维修的多能和专门教育,建立 TPM 组织机构,明确职责分工,建立 TPM 的总体制和 MP(维修预防)-PM(预防维修)-CM(改革维修)管理系统,制定 PM 标准,开展 PM 小组活动,并认真进行 PM 活动及其成果的评价,才能取得应有的效果。

第二节 车间设备的选择与使用

一、设备的选择与评价

1. 生产设备的选择

新建企业选择设备,老企业添购设备,都面临设备选择的问题。要使所选购的设备既可以满足生产的需要,又能有效地发挥设备投资的效益,就要根据技术先进、经济合理、生产适用的原则,在掌握充分信息的基础上,经过技术经济的综合分析,进行设备的选择。选购设备具体应考虑的因素有:

(1) 适用性　适用性是指设备的技术参数、自动化程度要适应生产的需要,要能够达到规定的生产效率。

(2) 工艺性　工艺性是指设备满足生产工艺要求、保证生产出合格产品的能力。

(3) 可靠性　可靠性是指设备具有良好的精度、性能保持性,运转安全可靠,故障率低。

(4) 维修性　维修性是指设备结构简单、组合合理、零部件的标准化程度高,便于检视、拆装、维修。

(5) 节能性　节能性是指设备节约能源、耗电量低、热效率高、成品率高等。

(6) 环保性　环保性是指设备具有必要、可靠的安全保护设施,具备减小噪声、防止环境污染的能力。

(7) 经济性　经济性是指设备投资少、生产效率高、寿命周期长、维修管理费用少、节省劳动力。

2. 设备投资的效果评价

设备的评价是指设备选择阶段的经济评价活动。选择设备不仅要考虑先进、可靠,而且要从投资效果来分析,从多个可行方案中选择经济性最好的设备。一般经济评价的方法有:

(1) 投资回收期法　投资回收期法是根据设备投资的回收年限来对设备进行经济评价的方法。其计算公式为

$$设备投资回收期 = \frac{设备投资总额}{采用新设备后年收益总额} \tag{6-6}$$

该方法属于静态分析法,优点是简单易行,缺点是未考虑资金的时间价值。

(2) 年费用法　它是根据复利原理,将设备的初次投资费按设备的寿命周期,换算成相当于每年的费用支出后,再加上每年的维持费,得出不同设备的年总费用。据此对各可行方案进行比较,选择年总费用低的方案。将设备初次投资费换算成年投资费支出的计算公式为

$$年投资费 = 初次投资费 \times 资金回收系数 \tag{6-7}$$

$$资金回收系数 = \frac{i(1+i)^n}{(1+i)^n - 1} \tag{6-8}$$

式中　i——资金年利率;

n——设备的寿命周期。

此外,设备投资效果的评价方法还有现值法、内部报酬率法。

二、设备的合理使用

在生产设备的物质运动形态中,设备的使用所占的时间比例最大。设备的使用管理决定着生产设备的管理成效,它是保持设备的工作性能和精度的有效途径,也关系着企业的安全生产状态和企业的经济效益,它能延长设备的使用寿命,并能避免设备故障的发生。合理使用设备应做好以下几方面的管理工作。

（1）正确配置设备，合理安排生产任务　由于设备的原理、结构不同，其性能、使用范围和工作条件也不同。因此，要根据设备的技术条件合理安排生产任务和设备的工作负荷，要保持设备利用率，但不要使设备在超负荷或超工作范围状态下工作，也不要使设备低负荷工作或精机粗用。这是合理使用设备的第一步，需要与生产管理的其他方面相协调和配合。

（2）完善制度管理，严格执行操作规程　正确制定和执行设备的操作规程，是正确使用设备的最重要的组织措施，要根据各生产设备的技术要求和使用特性，组织专业技术人员编写相应的操作规程，使设备的操作、使用规范化，并采取相应的措施保证这些设备的操作规程得到有效的执行。车间设备的使用必须满足操作设备的"三好""四会""四项要求""五项纪律"。

1）三好，即管好、用好、修好。
2）四会，即会使用、会保养、会检查、会排除一般故障。
3）四项要求，即整齐、清洁、润滑、安全。
4）五项纪律，即①实行定人定机、凭证操作；②保持设备整洁，按规定加油；③遵守操作规程和交接班制度；④管好工具和附件；⑤发现故障应停机检修。

（3）加强岗位培训，合理配备操作人员　设备操作人员具有较高的素质及操作技能，是合理使用设备的根本保证。要通过岗前和在岗培训，进行技术教育、安全教育和业务管理教育，保证设备操作人员达到应知、应会的要求，熟悉和掌握设备的性能、结构等知识以及设备的操作、维护保养等技能，不仅在正常状态下能正确使用设备，而且对异常情况能进行妥善处理。

（4）营造合适的设备运行环境　良好的工作环境是保持设备正常运转，延长使用寿命，保证安全生产的重要条件。企业应根据设备性能要求，为设备创造良好的运行环境，包括必要的防振、防潮、防尘及安全防护措施。

（5）严格贯彻岗位责任制　设备使用的各项管理工作必须在岗位责任制中得到落实。操作工人的岗位责任制的内容通常包括基本职责、应知应会、权利义务、考核办法四大部分。随着企业管理的深入发展，目前已将岗位责任制与企业经济指标及效益挂钩，并分解落实到人，实行逐项计算。

第三节　车间设备的维护与维修

一、设备的维护保养

生产设备在使用过程中，由于不断地运动，导致机械磨损和技术性能变差，甚至会出现故障。设备的维护和保养，就是通过润滑、清洁等方式降低设备的机械磨损，及时发现和处理设备在运行过程中的细小异常问题，防止由小异常而引发大故障，保证设备正常运行，延长设备的使用寿命。

根据机器设备维护保养工作的深度和工作量的大小，维护保养工作可分为表6-1所列的四个级别。

表 6-1 设备四级保养制

保养级别	保养时间	保养内容	责任人
日常保养	每日班前、班后	擦拭、清洁设备外表，润滑，检查并紧固松动的部件	设备的操作人员
一级保养	设备累计运转 500h 进行一次保养，保养停机时间 8h	对设备进行局部拆卸，消除螺钉松动，清洗、润滑及调整	设备的操作人员为主，专职维修人员协助
二级保养	设备累计运转 2500h 可进行一次保养，保养停机时间约 32h	对设备内部进行清洁、润滑，局部解体检查和调整、修理，更换少数零件，校准精度	专职维修人员为主，操作工人协助
三级保养	半年以上进行一次保养（按 3 班制计算）	对设备主要部分进行解体检查和调整，更换已磨损部件，恢复设备的精度	专职维修人员

二级保养相当于小修，三级保养相当于中修。保养、检查、修理是不同的环节，各有不同的内容和重点，不可相互替代，但相互之间又彼此渗透、交错，形成设备的保养与修理有机结合。

车间设备的管理通常从以下两方面着手：
1）设备状态必须达到"三清""四无""六不"。
① 三清。即设备清、场地清、工具清。
② 四无。即无积尘、无杂物、无松动、无油污。
③ 六不。即不漏油、不漏水、不漏电、不漏气、不漏风、不漏物料。
2）必须做好设备的维护与保养。
① 坚持"维护保养为主、维修为辅"的原则。
② 有计划地坚持四级保养制。
③ 实行区域检查、保养、维修的岗位责任制。
④ 做好设备状态监测工作。
⑤ 有计划地对设备进行更新、改造。

二、设备的检查

设备的检查是指对设备运行情况、工作精度、磨损程度进行检查和校验。检查是设备维修和管理的一个重要环节，通过检查及时查明和消除设备的隐患，针对发现的问题，提出改进设备维护工作的措施，有目的地做好修理前的准备工作，以提高修理质量和缩短修理周期。

1. 设备检查的分类
1）按时间间隔可分为日常检查和定期检查。
① 日常检查。日常检查是指在交接班时，由操作人员结合日常保养进行的检查，目的是及时发现异常技术状况。
② 定期检查。定期检查是指按照计划日程表，在操作人员的参加下，由专职维修人员定期进行的检查，目的在于全面、准确地掌握设备的技术状况、零部件的磨损情况等，确定有没有必要进行修理。

2）按检查的性质可分为功能检查和精度检查。

① 功能检查。功能检查是指对设备的各种功能进行检查和测定，以确保产品的使用性能和质量。

② 精度检查。精度检查是指对设备的加工精度进行检查和测定，以便确认设备的精度是否符合要求，是否需要调整。

2. 设备的监测

设备的监测技术（又称为诊断技术）是在设备检查的基础上迅速发展起来的设备维修和管理方面的新兴工程技术。通过科学的方法对设备进行监测，能够全面、准确地把握住设备的磨损、老化、劣化、腐蚀的部位和程度以及其他情况。在此基础上进行早期预报和跟踪，可以将设备的定期保养制度改变为更有针对性的、比较经济的预防维修制度。一方面可以减少由于不清楚设备的磨损情况而盲目拆卸给机械带来不必要的损伤；另一方面可以减少设备停产带来的经济损失。

对设备的监测可以分为以下三种情况：

1）单件监测。对整个设备有重要影响的单个零件进行技术状态监测。主要用于设备的小修。

2）分部监测。对整个设备的主要部件进行技术状态监测。主要用于设备的中修。

3）综合监测。对整个设备的技术状态进行全面的监测、研究，包括单件、分部监测内容。主要用于设备的大修。

三、设备的修理

设备的修理是指修复由于正常和不正常的原因造成的设备损坏或精度劣化，通过修理或更换磨损、老化、腐蚀的零部件，使设备恢复到完好的性能和应有的精度。

设备的修理分为小修、中修和大修。大修也称为恢复修理，是将设备全部拆卸，更换、修复全部的磨损部件，校正、调整整台设备，对设备进行全面的修理。它具有设备局部再生产的性质，但修理工作量大，耗时和耗资多。大修一般是结合企业生产设备的实际情况，一年或几年进行一次。经大修后的设备要求恢复到原有的精度、性能和生产效率。

设备的修理方法有：

（1）标准修理法　这是一种根据设备的磨损规律和零部件的正常使用寿命，预先制订修理计划并严格执行修理计划的方法。修理计划包括设备的修理日期、修理项目和工作量等内容。到了规定的日期，不论设备的实际运行状况如何，都按计划进行修理。这种修理方法适用于生产流程中的关键设备，能够最有效地保证设备的正常运转，并使其修理有充分的计划性。

（2）定期修理法　这是一种既有修理计划，又考虑设备的实际使用情况的修理方法。事先根据设备以往的修理信息，制订设备修理计划，初步规定修理的大致时间和内容，而确切的修理日期、内容和工作量则依据计划修理前的检查结果来决定。这种方法既有计划性，便于做好修理前的各项准备工作，保证修理的效率，又切合设备的实际运行情况，不会造成浪费。

（3）事后修理法　这是一种无需修理计划，设备出故障后随即修理的方法，也就是设备什么时候出故障，就什么时候进行修理；设备不出故障就不考虑修理。这种方法适用于生产线上对生产流程影响不大的设备，特别是设有备品的设备。

（4）部件修理法　这是一种先更换再修理的方法。将有故障的零部件拆下来，更换上事先准备好的同种零部件，然后对更换下来的有故障的零部件再进行修理。这种方法有利于减少因修理而对生产造成的影响，但需要有一定数量的零部件用作周转。

企业的设备修理一般是多种方法的综合应用，既要有计划性，又要切合生产的实际情况。

第四节　车间设备的更新与改造

一、设备更新和改造的含义及意义

设备的更新是指用新的、效率更高的设备或技术先进的设备，代替在技术上或经济上不宜继续使用的旧设备。设备的更新可分为以下两种：

（1）设备的原型更新　设备的原型更新是指用结构相同的新设备更换由于有形磨损严重，在技术上不宜继续使用的旧设备。这种简单更换不具有技术进步的性质，只解决设备的损坏问题。

（2）设备的技术更新　设备的技术更新是指用技术上更先进的设备去更换技术陈旧的设备。这种更换不仅恢复原有设备的性能，而且使设备技术水平提高，具有技术进步的性质。显然，在技术发展迅速的今天，企业宜采取技术更新。

设备的改造是利用先进的科学技术成就提高企业原有设备的性能、效率，提升设备的技术水平和现代化水平的过程，是设备在品质上的提高。

设备改造与设备更新相比具有以下优点：

1）在多数情况下，通过设备技术改造使陈旧设备达到生产需要的水平，所需的资金往往比用新设备更换要少。所以，在许多情况下，设备改造具有更好的经济效益。

2）设备技术改造与更新相比具有更强的针对性和适应性。经过现代化改造的设备更能适应生产的具体要求，它是促使企业技术进步，提高企业经济效益，节约基本建设投资的有效措施与途径。

设备更新和改造的意义都在于促进技术进步，发展企业生产，提高经济效益。

设备更新和改造是一项长期而复杂的活动，企业应根据需要和可能，有计划、有步骤、有重点地进行，而且应遵循有关技术政策和技术发展的原则，进行充分的市场调查和技术经济可行性论证，对设备经济的使用年限、更新方式及设备选择做出最佳的抉择。

二、设备更新和改造的依据

设备的更新和改造要依据设备的磨损与寿命周期原理进行。设备的寿命是指设备从投入生产开始，经过有形损耗和无形损耗，直到在技术上或经济上不宜继续使用，需要进行更新所经历的时间。设备的寿命按其性质可分为自然寿命、技术寿命和经济寿命。

（1）自然寿命　自然寿命也称为物理寿命，是指设备从全新状态投入生产开始，经过有形损耗，直到在技术上不能按原有用途继续使用为止所经历的时间。自然寿命是由于设备的有形磨损引起的，延长设备自然寿命的措施是进行有效的设备保养、维护与修理。

（2）技术寿命　技术寿命是指设备从全新状态投入使用以后，由于技术进步，出现了先进的新型设备，使原有的设备因技术落后而被淘汰所经历的时间。技术寿命是由设备的无形磨损引起的，技术进步越快，设备的技术寿命就越短。

（3）经济寿命　经济寿命是由设备的使用成本大小来确定的设备使用寿命。在设备自然寿命的后期，由于其性能逐渐劣化，需要依靠高额的维修费用才能维持其运行，在这种情况下，如果继续使用下去，在经济上是不适宜的，因此应及时更新。设备经济寿命是设备综合管理的一个重要概念，是设备更新与改造决策的重要依据。

设备更新改造的时机，一般取决于设备的技术寿命和经济寿命。有些设备在整个使用期内并不过时，也就是在一定时期内还没有更先进的设备出现，但由于使用过程中的有形损耗，结果将引起维修费用及其他运行费用的不断增加，但是由于使用年限的增加会使投资分摊额减少，在最适宜的使用年限会出现年均总成本的最低值，如图6-2所示。而能使年均总成本最低的年数，就是设备的经济寿命，也称之为设备最佳更新周期。

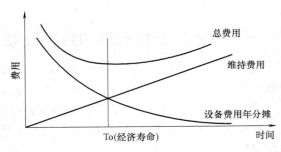

图 6-2　设备最佳更新周期示意图

三、设备更新和改造的原则与程序

1. 设备改造的原则

（1）目标明确原则　从实际出发，按照生产工艺要求，针对生产中的薄弱环节，采取有效的新技术，结合设备在生产过程中所处地位及其技术状态，决定设备的技术改造。

（2）至简适用原则　由于生产工艺和生产批量不同，设备的技术状态不一样，采用的技术标准应有区别。要重视先进适用，不要盲目追求高指标，防止功能过剩。

（3）经济实惠原则　在制订技改方案时，要仔细进行技术经济分析，力求以较少的投入获得较大的产出，回收期要适宜。

（4）力所能及原则　在实施技术改造时，应尽量由本单位技术人员和技术工人完成；若技术难度较大，本单位不能单独实施，亦可请有关生产厂方、科研院所协助完成，但本单位技术人员应能掌握，以便以后的管理与检修。

2. 设备改造的目标

（1）提高生产效率和产品质量　设备经过改造后，要使原设备的技术性能得到改善，提高精度和增加功能，使之达到或局部达到新设备的水平，满足产品生产的要求。

（2）提高设备运行安全性　对影响人身安全的设备，应进行针对性改造，防止人身伤亡事故的发生，确保安全生产。

（3）节约能源　通过设备的技术改造提高能源的利用率，大幅度地节电、节煤、节水，在短期内收回设备改造投入的资金。

（4）保护环境　有些设备对生产环境乃至社会环境造成较大污染，如烟尘污染、噪声污染以及工业水的污染。要积极进行设备改造，消除或减少污染，改善生存环境。

（5）降低修理费用和提高资产利用率　尤其是对进口设备的国产化改造和对闲置设备的技术改造，效果比较显著。

3. 设备改造的程序

技术改造的前期和后期管理是整个技术改造的关键之一，一般程序如下：

1）车间提出设备技术改造项目，报送企业设备主管部门。

2）经设备主管部门审查批准，列入企业设备技术改造计划。重大设备技术改造项目要进行技术经济分析。

3）设备技术改造的设计、制造、调试等工作，原则上由设备所在车间负责实施。车间设计或制造能力不足时，可提供详细的技术要求和参考资料，委托设备主管部门或其他单位设计施工。

4）设备改造工作完成后需经车间和设备主管部门联合验收，办理设备技改增值核定手续和技改成果申报。

第五节　车间工艺装备的管理

一、工艺装备的定义及其分类

1. 工艺装备的定义

工艺装备是指产品制造过程中所用的除基本生产设备以外的各种装置和器械的总称。它包括工具、夹具、量具、模具、刀具、检具、吊具、辅具、容器和工位器具等，简称工装。

2. 工装的分类

（1）按照使用的对象和场合分类　按照使用的对象和场合，工装可分为以下两大类：

1）通用工装。通用工装是指具有多种用途，可用于加工多种产品，或能在多种场合或设备上使用的工装。通用工装又有标准工装和非标准工装之分。

2）专用工装。专用工装是指仅有一种用途，只能用于加工某种特定的产品，或只能在特定的场合或设备上使用的工装。专用工装一般由企业自行设计、制造。

（2）按照用途分类　按照用途，常用的工装可分为以下几类：

1）工具。工具是完成生产作业必不可少的工装，种类较多，专用性强。专用工具一般可分为钳工工具（如台钳、锉刀、刮刀、划线工具等）、电工工具（如电表、电笔、剥线钳、绝缘用品、登高工具、安全带等）和焊接工具（如氧气瓶、乙炔发生器、减压器、压力表、焊炬、割炬、输气管线、焊工防护用品）等。常用的通用工具有活扳手、锤子、螺钉旋具、手电钻等。

2）刀具。刀具主要是指用于切削加工和磨削加工的工具。其种类繁多，有通用和专用之分。切削加工用的刀具有车刀、铣刀、刨刀、镗刀、钻头、铰刀等；磨削加工用的磨具有各种砂轮、砂轮机、砂轮切割工具、油石、研磨工具、抛光工具等。

3）夹具。夹具也称为卡具，主要是指用来装夹或引导工件或刀具的装置。有通用和专用之分。通用夹具有自定心卡盘、单动卡盘、台虎钳、分度头等；专用夹具有车床夹具、铣床夹具、钻床夹具、磨床夹具等。

4）量具。量具是指用于过程监视和产品测量的各种计量器具，以及用于产品性能测试的各种检验和试验装置，如各类卡尺、各类千分尺、各类量规、比较仪、水平仪、工具显微镜、三坐标测量仪等。

5）模具。模具是指用于限定产品的形状和尺寸的装置。按其使用的工艺方法分为铸造模、锻压模、冲压模、压铸模、注塑模等。另外，样板也属于模具的一种。

6）辅具。一般指用于机床与工装之间连接或定位的装置。

7）工位器具。工位器具是指在生产现场（一般指生产线）或仓库中存放材料、产品或工具的满足现生产需要、方便生产工人操作的各种辅助性装置，如工具箱、零件存放架、分装台（架）、料箱、料斗、栈板等。另外，用于产品加工或检验的工作台等也属于工位器具。

二、工艺装备的管理制度

1. 工装管理的概念

工装管理是指对有关工装的配置、设计、制造或购置、保管、使用、维护、修理、更新、报废等过程进行计划、组织、协调、控制等决策的活动。

工装不同于材料和其他消耗品，它需要在一定的时间和过程中反复多次使用，使用方法、使用时间、保管质量等都会影响工装的使用寿命。

工装也不同于设备和其他固定资产，它是用来完成生产任务的，它占用企业资金，使其不能在其他方面发挥作用，是产品预算造价的一部分。对于重要工装，一般是当作辅助类设备来进行管理的，因此本章有关设备管理的许多理论和方法，也同样适用于对这类工装的管理。

工装的优劣直接影响产品质量和工作效率，好的工装可以省工、省力、省时，可以保证产品质量，保证安全。做好工装管理工作，对提高产品质量和生产效率具有重要的意义。

2. 工装管理的基本要求

（1）工装的配置

1）工装消耗定额。工装消耗定额是确定工装储备定额的计算依据，也是编制工装配置计划的依据。科学地确定工装消耗定额，并制定相应的考核制度，对增强作业人员精心使用和维护工装的责任心和积极性，以实现优质、高产、低消耗的生产目标，是非常必要的。工装消耗定额的制定方法，主要有技术计算法和经验统计法两种。

2）工装配置计划。新产品工装配置计划由开发部门提出，增添计划由生产部门或使用车间提出，更新计划由工装管理部门提出。工装管理部门根据生产需求编制工装配置计划，并依据企业现有工装生产能力确定自制、外购或外协加工。开发、增添或更新工装时，应由工艺部门提供工装及产品的设计图样和技术要求。

（2）工装的验收 工装管理部门应及时组织工艺部门、质量检验部门、工装制造部门和使用车间，共同对新工装进行全面检查，测试和验证的结果应记录于工装验证报告中。除了尺寸、外观、性能等检查项目外，对一些重要的夹具、模具等工装，还应以试制样品符合图样或实物作为验收标准。对在工作中需承受高压的模具类工装，则必须通过试压验收。经验收确认无问题方可转至工装库保存，允许投入使用。否则，应退回修改或更换，直至合格为止。

（3）工装的储存管理

1）标识建账。所有工装应有明确、清晰的标识。工装入库后应立即登入"工装管理台账"。无论是个人使用或集体使用，都应该建立账目，为生产做好准备。模具类等重要工装还应建立履历卡。车间主任和班组长应了解工装情况，以便在接收任务时心中有数。

2）存放管理。工装储存执行定置管理，做到物各有其位、位各有其物，并建立工装目视化管理牌，标明工装名称、编号、所在区域和现有状态。存放场所必须保持干燥、整齐、清洁有序。对长期未用的库存工装，应定期进行检查、喷油等维护保养。

3）备件管理。使用频率较高的工装，应准备有足够的易损配件存放。工装配件必须有明确标识，以免更换配件时发生差错，影响生产计划和产品质量。对于废弃的工装配件，要加以清理，将无用配件与加工后能再利用者区分开。

4）发放和收回管理。工装使用时，使用部门应填写"领用单"到工装库领取；工装管理员应确认工装编号规格及技术状况无误后，记录于"工装履历卡"上，并经领用人员签字后发放。工装使用完毕退回工装库时，应由工装管理员先检查退库工装状况是否正常，对重要夹具和模具等工装还应查验"尾件产品检验单"，然后核对"模具履历表"上的领用记录，无异常后再将模具擦拭干净、喷油维护、上架存放。如果发现工装有异常损坏或尾件产品不合格，则应隔离存放，安排维修。对维修后的工装应经重新检验或试样合格，方可上架存放。

（4）工装的使用和维护管理　使用者应正确使用和维护工装。对使用者进行技术培训，帮助他们掌握工装的结构性能、使用维护、日常检查和定期检查的内容、安全操作等方面的知识。非操作者未经现场主管同意，不可任意操作使用精密夹具及模具等重要工装。

生产过程中的工装由操作者做例行维护，由班组长督导执行。磨损零件的抛光、修复或更换等维修项目由维修钳工负责。

工装事故的预防和处理参照设备事故的管理办法执行。

（5）工装的技术状态管理　对模具或精密夹具类等重要工装，应作为辅助类设备进行管理。可参照设备管理的要求制定并实施在用工装使用维护规程、日常检查（点检）和定期检查标准，纳入设备日常检查和定期检查的内容之中，并作为"三好""四会"的要求对使用者进行考核。亦可应用状态诊断和故障监测技术，以便随时掌握重要工装的使用技术状态，及时安排更换易损件或有缺陷的备件，预防事故的发生。

对长期未使用的工装，应根据储存条件，至少每年复查一次；每次接到生产准备计划，均应提前对计划所列工装进行检查。检查内容主要为检查有无磕碰、锈蚀、变形，易损部位及易损备件是否完好，账、卡、物是否相符。

对量具和检具类工装，应确保在使用时获得准确、可靠的量值传递。因此，用于企业最高计量标准及用于贸易结算、安全防护与医疗卫生、环境监测四个方面国家列入强检目录的量具和检具，必须按照规定间隔时间送计量管理部门实施周期检定。对于准确度等级较低的量具和检具，则可采用一次性检定或校准方法。对通过检定或校准的量具和检具，由计量部门发给检定或校准证书后方可使用。用于监视和测量的计算机软件，应在初次使用前确认其满足预期用途的能力。包括计算机软件在内的所有量具和检具，每次使用前均应确认其技术状态，如有异常则应修理和校准，并建立和保存确认结果的记录。

（6）工装的报废和更新　对于使用时间较长，在生产过程中已严重影响产量、质量，且难以维修的工装，经技术、工装两个部门联合确认，应予以报废，同时安排制作同种规格的工装。

工装管理部门应至少每年对所有工装的技术状况进行一次调查，依据工装控制流程的规定进行更新。

3. 工装的管理制度

（1）工装的保管制度

1）入库手续不齐全的工装不准入库。

2）入库后的工装，管理员应及时建立档案，按产品、图号划分区域进行保管。

3）工装入库后，管理员将准确、清楚的工装卡片悬挂在工装上，同时在点焊工装上用明显的色彩标注清楚编号印记，对冲模、钻夹具在空白处打上钢印标记、注明编号等。印记要求注明客户名称、产品图号、规格尺寸等。

4）工装储存应防锈、防尘、防碰撞。常用工装应坚持每使用一次保养一次，同时检验一次。对不常用的模具每季度保养一次，确保工装完好、准确，并且做好相应的工装保养记录。

5）报废或不用的模具、夹具等工装应设有专用架存放，同时标注清楚，不准与合格工装混放，以防发生差错。

6）严格执行工装领用、归还、清理修整、报废等手续，及时地做好登记、销账，杜绝工作拖拉现象，确保生产通畅。

7）每年年终对工装进行一次全面盘点，做到账、物相符。

（2）工装的使用制度

1）由车间主任或班组长根据生产需要填写工装领用单，注明货号、图号、产品名称、数量等要求。一式二联，到工装房领用。

2）库房保管员根据领用单准确登记，做好领用记录，然后发放工装。

3）领用人在领用时发现该工装上无检验合格证可拒领，并上报生产部。

4）使用者在当天生产出第一件产品时必须首检，合格后方可使用工装。如发现问题及时与工装库、检验员联系进行复检。当天最后一个产品必须末检。

5）工装使用结束后及时交还工装库，由工装库进行清理、复位等维修保养，然后待检。

6）工装库清理、维修、保养后的工装必须由检验员检测合格后，悬挂上合格证，方可归库上架，不合格的工装必须继续整复。

7）在使用过程中严禁敲、砸、磕、碰、撞，以防损坏工装。每班工作结束后必须对工装清理保养。

8）工装在使用过程中发生损坏要进行分析，找出损坏的原因，由品质保证部编写事故分析报告报生产部、技术部会签。

（3）工装的维修制度

1）每班工作后必须将使用的工装清扫干净，要经常检查易损件的使用情况，发现有磨损超差或损坏时应及时更换。

2）需要加润滑油的，要按规定要求，定量定时加润滑油；对计量工装要按要求定期由计量部门鉴定。

3）凡在使用过程中损坏、需维修的工装均需填写报修单，由车间主任签字后方可进行修理。

4）需要外协的维修工装，由工装库管理员填写报修单，上报采购部按相关规定执行。外协维修厂家必须提供修理合格证。

5）所有工装在维修后由品质保证部负责验收，验收合格后由工装库管理人员做好相应记录，办理入库。

（4）工装的报废制度

1）凡属自然磨损不能修复的工装，由工装库提交报废申请、注明理由，相关部门会审后（技术部、品质保证部、生产部），办理报废手续报财务部。

2）凡属在生产使用过程中损坏的工装，由责任人或车间填写报废单、注明原因，报相关部门会签（技术部、品质保证部、生产部），经审批后由工装库办理报废手续报财务部。

3）由于工艺或产品改制，工装改版造成的报废由工装库提出申请、注明原因，由技术部、生产部审批后按自然磨损报废办理相关手续报财务部。

（5）相关责任界限

1）无合格证工装入库责任由工装库承担。

2）工装发错责任由工装库承担。

3）在工装库内储存的工装损坏、标名不符、缺损、遗失责任由工装库承担。

4）不合格的工装挂上合格证入库责任由品质保证部负责。

5）首检不合格，认可合格造成产品不合格责任由品质保证部负责。

6）其他一切造成产品不合格的工装因素均由使用者或车间负责。

上述责任事故，均按责任轻重处以一定罚金。

案例分析

【案例分析6-1】 卷包车间设备管理的问题及其对策

1. 卷包车间设备管理现状调研

卷包车间生产设备主要包括卷烟机、包装机、滤棒成型机和装封箱机等，为了使卷包车间的设备发挥到最佳状态，必须对卷包车间设备进行系统的全面质量管理。

1）卷包车间设备管理基本处于应急维修为主体、设备保养为辅助的状态，经常出现何时用坏何时修的现象，虽然也有计划地进行设备保养工作，但经常由于生产任务急等情况，不能完全实行有计划地维护、检查、修理。

2）维修不规范。当设备出现问题维修工对设备进行维修时，经常出现粘胶、垫纸皮等不规范维修的现象，这种情况主要是由于有的地方调整比较麻烦，更换备件比较耗时间，有的可能是没有备件更换，为了最快地让设备运转起来，维修工或操作工经常进行不规范维修。

3）操作工的设备管理水平低。每天20min的日常保养，对有的操作工来说时间太长，他们经常不到保养时间就把设备开起来，当维修工检查发现问题想进行维修时，操作工常回答的是"一直都是这样的，不要紧的，可以开的"，如果维修工强行对设备进行维修，操作工对维修工的印象就可能会不好，当他们对维修工打分时就可能会打低分，维修工为了避免出力不讨好的事在自己身上发生，常常放弃维修。

4）维修工的协作精神不高，个别人有个人英雄主义，随着设备先进水平的不断提升，各种设备技术不断推陈出新，竞争日趋紧张激烈，设备越来越多样化，使人们在工作中所面临的情况和环境极其复杂。在很多情况下，单靠个人能力已很难完全处理各种错综复杂的问题并采取切实高效的行动。所有这些都需要人们组成团体，并要求组织成员之间进一步相互依赖、相互关联、共同合作，建立合作团队来解决错综复杂的问题，并进行必要的行动协调。

5）备件库存存在一定问题，现在为了降低备件的库存，有的备件经常是设备停了才做急件买，有的备件由于供货商单一，造成购买周期长、备件质量差（如有的油封要求耐高温或耐酸，但买回来的都是普通油封）。现在的委托外加工不仅加工周期长而且质量差（很多备件拿回来都要进行二次加工）。

6）维修工更愿意处理重大问题，有的人认为处理重大问题领导能看到，领导会给他一个很好的评价（虽然领导不是这么想的），没人看得见的小问题像跑、冒、滴、漏等不愿意处理，认为技术难度低，处理了也没有人知道。

7）维修工的维修技能有待提高。设备维修保养，要求动手能力非常强，没有三年以上的工作时间很难说自己就是一个合格的维修人员，这是一个循序渐进的过程，不是经过短期培训就能熟练掌握的，目前，厂部对各类技能培训有很多，培训只能让员工对解决问题方法有初步认识，而不能对基本功有太大的帮助，只能在日常工作中，一边工作，一边加强自身能力的培养。普遍来讲，基本动手能力的提高过程是一个枯燥的、乏味的、劳动强度比较大的过程，而部分年轻人比较急躁，不能静下心来花大量的时间来提高基础动手能力，对实践性基础训练的热情度不高，自身技术水平的提高相对缓慢。

8）对出现问题的责任相互推诿。操作、维护与保养这三方面是相辅相成的，其中任意一环节出现问题对生产都是致命的。然而，当设备出现故障影响到生产时，特别是在考核时，却将存在的责任相互推诿：操作人员怪维修人员点检不到位，维修人员怪设备保养未做好等现象屡见不鲜。

2. 卷包车间设备管理对策

为了改变上述设备管理的不良现状，卷包车间采取了如下设备管理对策：

1）贯彻"以生产为中心，技术管理为重点，养修并重，预防为主"的方针政策，加强烟机设备管理。

2）坚持"保养为主、维修为辅"的方针，烟机设备管理的核心问题就是运作效率，提高运作效率最好的方法，一是对设备进行规范的保养，要做好保养，首先应该规范保养内容、缩短保养周期；二是应该转变观念，让被动保养变为主动保养。

3）提高维修工的维修技能，首先修理工应加强自身自学，其次开展车间内部培训活动，再以外出学习为辅助手段，通过完善的考核管理体系，不断提高设备维修人员的维修技能。力求做到"四懂三会"（懂原理、懂构造、懂性能、懂用途、会操作、会保养、会排除故障）。

4）实施全员参与的设备保全制度。通过TPM管理的系统开展，进行查找设备现场存在的故障源、污染源、浪费源、清扫困难源、缺陷源、危险源等工作，并不断完善和改进，使设备保持高效的运行状态。

5) 加强设备点检、巡检工作。设备点检是科学管理设备的基石，通过点检人员对设备进行点检，准确掌握设备状态，采取设备劣化的早期防范措施，实行有效的预防性维修、保养，以改善设备的工作性能，减少故障停机时间，延长机体使用寿命，提高设备工作效率，从而降低维护费用。

6) 为了保证设备维修质量，缩短维修时间，推行总成件互换的修理方式。

7) 不断改进配件供应管理，提高备件质量，减少流通环节，缩短供应周期。在备件管理上，借鉴国外先进的"供给连锁管理"模式（SCM 管理模式），力求部门间信息资源共享，提高管理效率，积极推行寄卖制（即供应商在用户方建立配件库，用户根据实际使用数同供应商按月或按季结算配件消耗费用），既能保证配件的正常供应，又能降低自己的库存。结合实际，对进口备件进行国产化评估，能国产化的尽量国产化，以便缩短备件的购买周期。

任何生产活动都离不开设备，在现代化生产中更是如此。要使企业生产经营顺利进行，生产任务能出色完成，必须依靠设备和加强设备的管理。设备管理是个系统工程，需要各方面人员的全面参与、积极配合。工欲善其事，必先利其器，概括而又深刻地阐明了设备在生产中极其重要的作用，充分说明了设备管理在企业中不容忽视的重要地位。

【案例分析问题】

1) 调研反映出来的卷包车间设备管理现状，你认为问题究竟出在哪里？
2) 卷包车间的设备管理对策给了我们什么启示？

【案例分析 6-2】 江西中烟卷烟厂设备管理的新模式

江西中烟卷烟厂实行现代 TPM 设备管理模式，探索一条适合本厂实际的、科学适用的设备管理与维修的路子，走出具有自己特色的设备管理模式，以适应快速发展的烟草企业生产的需要，主要工作如下：

1) 开展设备的零故障、零缺陷管理和效率管理的设备管理方式。
2) 加强设备管理和维修队伍成本观念的建设。
3) 以节能降耗、提高设备效能为目的来展开设备的维修工作。
① 优化各种检修方法，加强设备的维修效果。
② 推进修理、改进、改造相结合的维修方法。
③ 追求维修成本最低化的维修。
④ 加大自主维修的工作力度。
⑤ 提倡修旧利废，降低维修费用。
⑥ 结合多种维修方法，达到维修降耗的目的。
4) 全面实行 TPM 现代设备管理新模式。
① 确立新的管理目标，完善设备管理考核内容。
② 大力推进现代化管理方法和手段，不断深化"点检定修制"。点检定修制是以点检为核心的设备管理模式，它将围绕设备的点检、检修、使用三者进行展开，点检是定修的基础，定修是点检的目的，设备的良好使用是最终的目的。点检员要随时掌握设备技术状态，并按状态决定设备的检修内容，安排检修时间，提出备件计划，有效地防止设备失修或过剩

维修，实现从点检中发现问题到定修中具体解决问题，体现"发现问题比解决问题更重要"的预防为主的管理理念。

③ 加强技术培训，提高职工技术素质。
④ 建立设备管理的激励机制和自我约束机制。
⑤ 大力进行计算机管理，以提高工作效率和工作质量。

【案例分析问题】

1) 江西中烟卷烟厂设备管理的经验有哪些？
2) 江西中烟卷烟厂实行现代TPM设备管理模式给了我们什么启示？

【案例分析6-3】 某淀粉厂生产车间工具管理制度

为保证生产工具的正确使用及有效管理，特制定以下制度：

1) 淀粉厂负责制订购置计划，行政部门审批后，由集团采购部门购买，淀粉厂负责验收入库，并建立工具领用明细账。
2) 由生产车间设备主管负责领取，凭领料单据，实行统一领取发放，建立各车间、班组、个人的工具台账。
3) 动力车间公用工具由动力车间设备主管负责领取，由班长负责保管。
4) 电工、机修人员所配发的工具，由生产车间建立个人工具台账。
5) 各生产车间、班组所配发的临修工具，由各班组长负责管理，车间设备主管负责领用。
6) 调出、调入修理人员及新增人员的工具，一律由生产车间监督办理移交和领用手续，做好移交中的丢失赔偿台账及转移工作。

【案例分析问题】

淀粉厂生产车间的工具管理的制度是否合理？你有何建议？

思考与练习

1. 简要说明企业设备管理的目标和内容。
2. 试分析生产设备管理与安全生产的关系。
3. 选择设备时应考虑哪些因素？
4. 简要说明车间设备的使用必须满足操作设备的"三好""四会""四项要求""五项纪律"的具体内容。
5. 举例说明设备操作规程在设备管理中的应用（要求编写一份具体的设备操作规程）。
6. 简要说明全员设备管理的要点。
7. 何谓工艺装备？常用的工艺装备如何分类？
8. 试说明工艺装备管理的基本要求。
9. 试说明工艺装备管理的保管制度。
10. 试说明工艺装备管理的使用制度。

第七章 现代企业车间的物料管理

学习目标

【知识目标】

1. 熟悉车间物料的分类及其特征。
2. 熟悉车间物料管理活动的内容，掌握车间物料管理需要解决的问题。
3. 了解车间在制品的控制方法。

【能力目标】

1. 通过学习，能够对车间物料进行分类管理。
2. 通过学习，能够初步协助车间设法理顺在制品的控制问题。

导读案例

【案例 7-1】 同飞电容器有限责任公司制造部装配车间物料管理

据统计，国内生产加工企业的物流成本占企业总成本的 30%~50%，物流所耗费的时间是生产所耗费时间的三倍以上，因此企业推行物流改革，车间推行物料管理是必然的发展趋势。制造部门是企业的基础部门，保证生产车间物料顺畅地输入、周转、输出，是推行物料管理的主要内容。为确保车间物料管理工作的顺利开展，同飞电容器有限责任公司制造部装配车间按照以下程序来开展物料管理工作：首先要做的是必要性分析，然后是可行性分析，了解物料管理的现状、确定物料管理的目的、制订实施的计划、计划实施、计划监控、定期绩效评估、不良反馈、不良对策、小结、循环跟进。

1. 车间物料管理的现状

工作开展情况：车间物料管理工作早已存在，且每个生产段都配备了相应的物料员，但车间直到 2006 年 12 月才正式设立物料管理组。当前的物料管理制度不健全、物料管理意识淡薄等相关问题导致物料管理工作进展不大，到 2006 年年底才开始逐渐正规起来。通过试行和调查，报表的格式已经统一，目前的报表主要有：由班组各工位制作的"工位日盘点表"，由各班班长制作的"生产跟进表"和"工位配套卡"，由物料员制作的"班组物料盈亏统计表"，由物料班长制作的"班组生产跟进汇总表"及跟批的"工位配套卡"。部分管理人员的物料管理意识也有了明显的提高，而且能够积极地配合物料管理工作，但还有部分管理人员以消极的态度，对车间内部的物料管理没有信心。经调查，车间物料管理主要存在以下问题点。

1) 执行不力。上面要做到，中间喊口号，下面不知道。

2) 概念不清。物料组从无到有，车间物料如何管理，目前还没有形成明确的管理制度和管理方法，涉及的范围也比较模糊。

3) 定位不明。车间物料组是一个什么样的组织？是像内部 PQC 一样做监督部门，还是像资材一样做后勤部门，还是像打包组一样做中转部门？尚未定位清楚。

4) 以自我为中心，缺乏团队精神。

① 当出现本班亏料时，班组会想尽一切方法挪平，甚至可以拿其他班组的部品，就是不向领导反映，由领导调配。而其他班组又会挪另外班组的料，从而导致恶性循环，致使亏料找不出原因。

② 出现问题时找理由开脱，而不是想办法去处理、补救。受损的是整个大组织（不合格品退到上个工序段进行返修，而报表上没有备注，致使亏料，问其原因，回答说："这不是我的问题，是因为他们没开单，是因为他们没签名……"）。

5) 制度不明，标准不明，没有明确的激励机制。对于推行物料管理，班长要做哪些，线长要做哪些，主管要做哪些，做到什么样的效果才算做好，做好了会怎样，做不好的又会怎样，都不明确。

6) 报表种类多，内容重复。目前每天下班前班长要填写的各类表格大约有 8 种，仅统计部品进、出、存的就有 4 种。而这些表格的部分内容都有重复，主要体现的都是领料数、完成数、班组在制数和盈亏数。这样不仅增加了他们的工作量，也给他们带来了抱怨情绪和抵触心理。

7) 人员紧张，放弃物料管理。因该项工作开展时间不久，没有明确的约束制度，且部分管理人员监督甚少，所以在人员紧张的情况下，首先放松的就是物料管理。

8) 以下是从装配车间推行物料管理以来班组常出现的问题：班组物料连续三天不齐套；报表与实物不符；报表未按时完成；漏填、错填导致当日物料盈亏不平衡；当日盘点盈亏差异数大，且班长找不出原因；当日报表线长未确认；料架零乱，不同状态部品放同一盒内；料架标识不明，未贴现品票；地面上掉有单品，造成严重的浪费现象；本班的单品、组件或成品错放在其他班组的料架；不合格品退到前一工序段时双方班长未确认，造成当日的盘点盈亏大又找不出原因；修理工的周转料与规定的数量差异大；物料员指定要确认的班组，班长不配合当日盘点确认数量或未等物料员确认就已经下班；当日合拢段各班组的在制数超过 4000；个别班组的在制和次日计划没有及时填报；发现严重问题点跟线长反映连续两天得不到结果；班长请假情况下线长没有调配相关人员做当日的盘点工作，导致没有盘点，报表没有做；恶意包庇不良问题，报表数量虚假，失去真实性；班组转机型后私自转料至其他班组，未经过物料组确认；返修机与正常投产的报表做在一起，成品与组件的报表做在一起，无法区分；其他部门的借料未及时还回，不明具体还回日期，且报废的物料不知如何补充；班组员工的"工位日盘点表"未做，班长的"工位配套卡"也未做。

2. 制造部装配车间物料管理实施计划

1）标杆管理。以中日合资企业太阳电子有限公司的车间物料管理为榜样，以其相关制度、规定为基础，结合自身的条件和特点，制定出本车间的物料管理制度和标准。

2）规范报表。现班组下班时间较晚，而在下班前还要填写各类报表，仅关于统计数据相关的报表就有8种之多，而这8种统计数据的报表内容部分有重复，针对上述情况，应做以下改善：

① 取消重复填写的报表，减轻班长负担。

② 物料相关的报表统一留在物料组，统一时间填写。

3）定期考核。物料组每天、每周、每月对物料工作做得不好的班组予以评分考核，考核依据参照《车间物料管理考核规定》。

4）共同检讨，全员参与。

① 在周一例会上，各线长要汇报上周的班组物料盈亏情况及不良问题的处理结果。

② 对每次物料管理的要求各个线长要及时地传达到员工，并说明利弊。

③ 出现严重不良问题时，物料组有必要当天召集所有责任人进行检讨。

5）定期对各班组的报表、丢料现象、盈亏等进行通报，并给予相应的处罚与奖励。

【案例7-2】 洛阳轴承厂球轴承车间在制品管理

洛阳轴承厂球轴承车间根据多年实践和兄弟厂的经验，结合企业整体优化和定置管理的要求，在制品管理坚持以下5条标准：

1）组织健全。组织健全是指管理体制、人员配备、人员素质必须符合在制品管理工作的需要。尤其是每个分厂应设置专职的在制品管理人员，负责在制品的综合管理、监督、检查。要克服少数单位把半成品库视为轻松工种，把老、弱、病、残职工安排到仓库。应当建立起一支有一定生产管理经验、身体好、素质高、有文化的仓库管理队伍。

2）仓库设施健全。仓库设施健全是指各类半成品仓库有围墙、有库门、有门锁，符合仓库安全要求。

3）制度健全。制度健全是指原始记录制度、工票管理制度、在制品交接班制度、废品管理制度、返修品管理制度、半成品仓库管理制度、仓库岗位责任制度、原材料领发制度、在制品盘点制度等，必须做到有章可循，建立健全违章必究，浪费受罚，节约有奖的文明生产管理秩序。

4）计量检测手段健全。计量检测手段健全是指仓库内磅秤、标准箱、标准车等计量工具齐全。

5）经济效益好、亏损费用少。经济效益好、亏损费用少是指每个分厂和车间仓库的在制品亏损减少到本单位历史最好水平或同行业先进水平。

总而言之，在制品管理应做到科学化、正规化、标准化。要求达到各个半成品仓库所保管的产品不丢失、不混乱、不锈蚀、不碰伤，产品摆放整齐、清洁、卫生、安全，库内产品放有卡片、账、卡、物三项一致，符合现场定置管理的要求，给工序间送活时要按照工票上的计划数与生产工人当面交接清楚，做到收支相符。半成品库要定期盘点，不虚报、不漏报，数字准确。仓库储备合理，产品衔接配套，确保生产有节拍地均衡生产。

在制品管理水平的高低反映出一个企业车间的管理素质和经济效益，因而需要不断完善与提高以适应生产的发展。洛阳轴承厂球轴承车间认为应该按照以下4个方面的途径实现在制品的优化管理：

1）领导重视。领导是指分厂和车间的各级领导，必须对在制品管理有足够的重视，要教育车间职工树立当家理财的思想，对工作中存在的问题，要采取措施抓紧解决，下决心切实抓好在制品管理。

2）要强化车间内部控制手段。在车间内要运用统计监督、成本监督、生产计划监督、内部审计监督对每个班组的在制品管理现状、制变建设、管理秩序、损失情况进行有效的、定期的监督检查。要发挥每个专业管理的职能作用，经常分析工作中存在的问题，帮助各个班组进一步完善在制品的优化管理。同时表扬先进，总结经验，在全车间推广，促使实现优化管理的新局面。在检查中可以单独按专业进行，也可以组成联合调查组协同工作，实行一条龙检查法，即从本单位的第一道工序开始，逐仓库、逐工序进行，直至最后一道工序。这样可以发现在制品在流动周转过程中的漏洞，及时发现问题，防止弄虚作假现象的发生。

3）培养一支热爱仓库管理工作、身体好、素质高、有文化、有生产管理经验的仓库管理队伍，要逐步使他们树立当家理财主人翁的观念。同时，对于不适合在仓库工作的人员要及时更换。

4）实行仓库管理与经济效益挂钩的奖惩制度，做到严格考核，奖罚分明。对于库管工、搬运工、生产工人、班组等实行一条龙考核，共同为实现在制品的优化管理，为提高企业经济效益贡献力量。

第一节　车间物料

一、车间物料及其特征

车间的物料主要是指处于生产过程中的生产资料，它既包括从自然界直接取得的原料，又包括经过人的劳动加工所取得的材料、在制品、半成品和成品，还包括生产过程中需要使用的辅助物质、工具等。

车间的物料具备两个属性：一是具有实物形式；二是可以用于流转。它一般存在两种状态：一是处于运动状态，包括加工、检验、运输等，这是物料在生产过程中的基本状态；二是处于静止状态，包括生产过程中的储备、间歇停放或库存停放等。管好这两种状态的物料，以保证生产经营过程的顺利进行，就称为勿料管理。

二、车间物料的分类

工业企业所需要的生产物料种类繁多。为了便于加强物料管理，必须对企业的各种物料进行科学的分类。物料分类是物料管理的重要基础工作，它是制定物料消耗定额和储备定额，编制物料供应计划和采购计划，分析和核算物料消耗实际水平和产品成本水平，以及进行日常物料供应和物料管理的依据。

车间物料主要按物料在生产中的作用分类，具体划分如下：

1）主要原材料。主要原材料是指直接使用于产品制造上的各种原料、材料、辅助材料等。

2）辅助材料。辅助材料是指用于生产过程，有助于产品的形成而不构成产品实体的物资。

3）燃料。燃料是指生产过程中用来燃烧发热而产生热能、动能的可燃性物资。

4）动力。动力是指用于生产和管理等方面的电力、蒸汽、压缩空气等。

5）工艺装备。工艺装备是指生产中使用的各种刃具、量具、夹具、模具、工具等。

6）配件。配件是指预先准备的用于更换设备中已磨损和老化的零件和部件的各种专用备件。

7）在制品。在制品是指正处在生产线各工序上进行加工、检验、运输的尚未完工的制品。

8）半成品。半成品是指中间站或中心零件库暂存的在制品、半成品和外购件等。

9）成品。成品是指已制造完成但尚未经检查入库的产品。

10）外协件和外购件。外协件是指由外单位按合同要求协作加工的零部件；外购件是指从市场购进的标准零部件。

11）包装材料。包装材料是指使用于包装产品的各种包装材料、用品、耗材等，如纸箱、木箱、封箱带、贴纸、说明书等。

12）保养维修材料。保养维修材料是指使用于机台、厂房、人员、搬运、维修的各种物品，如机油、柴油、配件、油漆、手套、腰带、抹布等。

这种物料分类方法，便于企业制定物料消耗定额，计算各种物料需要量，计算产品成本和核定储备资金定额等。

除了以上分类办法外，还可按物料的自然属性分类，分为金属材料、非金属材料、机电产品等，以便于企业编制物料供应目录和物资的采购、保管；还可按物料的使用范围分类，分为基本建设用的物料、生产产品用的物料、经营维修用的物料、工艺装备用的物料、科学研究用的物料、技术措施用的物料等，以便于编制物料供应计划和进行物料核算与平衡。

第二节 车间物料管理

一、车间物料管理活动的任务和内容

1. 物料管理的任务

物料管理的基本任务，总的来说，就是根据企业规定的生产经营任务，以提高经济效益为核心，做到供应好、周转快、消耗低、费用省，保证企业生产有效地、顺利地进行。具体来说，企业物资管理的任务如下：

（1）保证物料供应　及时、齐备地按生产经营所需的品种、规格、数量、质量，保证各类物资的供应，使生产经营活动不间断地进行。

（2）加快资金周转　通过有效的劳动组织形式和科学管理方法，缩短生产周期，控制合理库存，减少和消除物料积压，把原材料、在制品的占用量、储备量压缩到最低限度，加速物资和资金周转。减少物料占用量，缩短生产周期，不仅能节省流动资金占用，而且能让有限的流动资金加速周转，发挥流动资金的更大作用。

（3）降低物料消耗　创造合理利用物资的条件，监督和促进生产过程合理使用物资，降低物料消耗。企业生产过程是原材料转化为产品的过程，是物料消耗的过程。物料消耗占产品成本中很大的比重。加强生产过程中的物料管理，强化物耗控制，对减少消耗，降低产品成本，防治"三废"（废水、废气、废渣）污染具有重大意义。

（4）节省管理费用　通过改善和调整工艺布局、工艺路线流程，来缩短运输路线，减少物料搬运量和库存量，节省运输、仓储及其他物资管理费用的支出。

2. 物料管理的内容

车间物料管理的主要内容包括：

1）制定先进合理的物料消耗定额。
2）确定正常的物料储备定额。
3）编制物料采购供应计划。
4）搞好仓库管理和物料节约工作。
5）建立和健全物料管理的各项规章制度。

总之，物料管理以供应各方面需要的物料为职责，以最少占用资金、最合理储存量、最低成本为目标，有效地完成物料供应和管理的任务。

二、车间物料管理的工作要点

车间管理的物料大多为本车间正在使用或短时间内暂存的物料，都是车间生产的必需品，具有随机、常变、零乱、多样、分散等特点，因此管理起来比较困难，管理者必须耐心细致。车间物料必须做到存放定点、存放有序、存放有数，车间对物料的管理必须有严格的领用和保管制度，要让员工养成良好的"降低消耗、避免浪费、场地清晰、确保安全"的领用和存放习惯。

1. 生产物料的领料和发料

领料一般是由车间指定的领料员填写领料单，向物料单位领料，也有由物料单位根据料单备好原物料后直接送往生产现场签收的。原材料领料单一般由生产主管单位备妥后连同生产指令单一起发给车间生产现场，其他零星物料则由车间领料员自行填单领料。领料时必须考虑现场储存空间，确定采取一次领料还是分批次领料。领料员在领料时必须对原物料的数量和规格进行认真的核对并签收，以保证足数和质量，防止差错。发料则是领料员根据各班组工作地的生产需要，将原物料分发各班组、孔台，以作生产所用。发料时要做好登记和签字，重要物料还要加强发放的管制。未发放的原物料应妥善保管于生产现场物料暂存区内。

2. 现场物料的暂存和保管

不论何种行业的生产，现场物料的暂存及保管都是必要的。车间管理人员必须根据暂存物料的性质和数量，做出现场物料储位规划图，一般分成原料暂存区、物料暂存区、半成品暂存区、成品暂存区、不合格品放置区等。在实物上可利用不同颜色来区别标示，并配置料架或栈板等摆放以取用方便、整齐美观、易于管理，应结合生产现场 5S 管理做好现场物料的存放工作。

3. 物料存量控制与标示

车间应实行细致的生产计划管理和物料管理制度，制定可行的领发料原则、安全库存量、物料消耗指标、生产能力指标等管理数据，使车间的加工和物料暂存处于受控状态，并结合生产现场定置管理，做好物料存放和存量控制及标示。在这里，最简易的方法就是利用"物料标示卡"来管理：将每种物料用一张物料标示卡来加以标示，并使用不同颜色的卡片来区分不同的月份，以便于现场物料的存量控制和提高处理效率。

4. 超额领料与余料退库

生产现场的原材料有时候由于料件遗失或者不良损耗偏高而有不足的现象，此时车间应向物料单位申请超额领料。超额领料并不是正常的事，因此企业一般都会规定由厂部主管领导批准后方可超额领料，以防止和控制物料的多领和浪费。而当生产现场有余料未用时，车间也应及时向物料单位办理余料退库，以免物料存量过多而影响生产现场的工作。

5. 半成品、成品转拨或入库

车间物料员对于生产现场已加工完毕的半成品和成品，应分别填写物料转拨单或入库单及时进行转拨或入库，对于不合格品也应在经过检验后做出相应的处理。特别要防止不合格品误混到半成品、成品中转拨或入库。

6. 现场物料盘点

车间管理人员对于生产现场暂存的物料、半成品、成品，应实施定期的盘点，一般要求会同会计部门于每月月底盘点一次，以便搞好现场物料管理，做到料账一致，有效实现计划管理和经济核算。

7. 现场废料、废物处置

这既是节约物资、减少浪费、改善环境的重要工作，又是企业实施清洁生产、循环经济的具体措施。

8. 车间物料的控制

车间物料控制要做到"五适"，即适时（供应及时）、适质（符合质量标准）、适量（数量控制恰当）、适价（成本合理）、适地（运距最短），并在调控中尽量预防和减少呆料、废料和旧料，缩短物料加工周期，提高物料和成品的周转效率。因此，要分别做好车间生产过程的物料控制工作。

（1）生产前的物料存量控制　物料存量控制是对现场物料存量变化动态的掌握和调整。为了使现场物料存量保持合理水平，既不过量，又不脱空，就要认真掌握好生产前的领料和发料工作及调整措施。总的原则和目标：领料以满足现场生产需要为原则，存量尽可能少，发料尽可能快，最大限度地减少物料的停留量和停留时间。

（2）生产中的在制品控制　为了保持生产的连续性和均衡性，必须建立生产过程中在制品占用量定额和储备量。要根据不同生产类型采用相应的方法，如大批大量生产的在制品定额法、成批生产的提前期累计编号法、单件小批生产的生产周期法、通用件标准件生产的订货点法、流水作业的看板管理法等，制定合理的在制品定额和储备量。为了搞好生产中的在制品控制，要求对在制品的投入产出、使用、发放、保管和周转做到有数、有据、有手续、有制度、有秩序，一般采用加工线路单和零部件配套明细表来进行控制。

（3）生产后的半成品、成品转拨或入库　对于车间加工完成后的半成品和成品，要及时验收并填写转拨单或入库单，尽快往下一工艺阶段转拨或入库，以减少车间物料存量，并缩短半成品、成品的滞留时间，缩短产品生产周期，提高资金周转速度和利用效率。

三、物资和能源的节约

1. 节能降耗的重大意义

1）节能降耗能以同样数量的物质资源生产出更多的产品，为社会创造更多的财富。节约是社会生产最基本的原则，即以最少的投入获得最大的产出。节能降耗是实践节约原则最有效的途径。

2）节能降耗能降低产品成本，提高企业经济效益。物料消耗占产品成本的80%以上，只有节能降耗才能开拓降低产品成本的更大空间，才能使企业在激烈的市场竞争中，以低成本使企业获得更大的经济效益，同时也产生更大的社会效益。

3）节能降耗能减少"三废"污染，有利于环境保护和自然生态平衡。节能降耗最直接的效果就是减少"三废"排放，从源头上防治工业污染，不仅有助于减轻企业治污的巨大负担，而且有利于自然环境的保护，符合国家和人民的根本利益。

4）节能降耗有利于促进技术进步，寻找更先进的生产技术和使用新能源、新材料。节能降耗并非轻而易举之事，只有深入研究和改进产品设计及工艺加工技术，才能达到减少消耗的效果。因此，节能降耗客观上促进着工业生产技术的不断改造和进步，不断提高生产技术水平和使用无污染或少污染的新能源、新材料，实现清洁生产。

5）节能降耗能培养职工勤俭节约的良好习惯，促进企业和社会的精神文明建设。节能降耗要求企业全体员工人人身体力行，从点点滴滴做起，从我做起，因而能从群众性的实践中培养员工的节约观念，戒除铺张浪费的陋习，将企业的精神文明建设提到新的高度。

2. 物资和能源节约的途径

在工业企业中，节能降耗的途径很多，车间管理主要从以下几方面着手：

（1）改进产品设计　产品设计上的不合理、不完善，会给生产带来物资消耗的长期浪费。产品设计的优劣，不仅决定着产品的结构、性能、质量和使用寿命，同时也决定着产品在生产过程中所消耗的物资数量和产品成本水平。在保证产品质量的前提下，改革产品设计，简化产品结构，缩小产品体积，降低产品重量，可以降低单位产品的物资消耗，从而达到降低单位产品成本、提高经济效益的目的。

（2）采用先进工艺　节约物资和能源贯穿于整个工艺流程中。采用先进的工艺技术，可以提高材料的利用率，从而降低物资消耗。采用先进的新工艺，还要和设备的技术改造密切结合，利用新的节能设备，再和新的工艺相结合，才能在节能降耗方面实现最好的经济效益。

（3）采用新材料和代用材料　随着科学技术的迅速发展，许多新材料应运而生。有的新材料性能更完善、质量更高，价格也在不断下降。企业应当在保证产品质量的前提下，大力推广应用各种质优价廉的新型材料。在保证产品必要功能的前提下，可以用资源丰富的材料代替资源稀少的材料，用价格低的材料代替价格高的材料，这样不仅能扩大原材料来源，为进一步发展生产创造条件，也能为不断降低产品成本、提高企业经济效益开拓出广阔的前景。

（4）收旧利废，综合利用　在工业生产过程中，会产生很多废旧物资，及时把这些废旧物资回收利用，是节约物资的一个重大源泉，而且对于降低生产成本、改善工厂环境也有重要作用。物资的废旧都是相对的,在本企业、本生产阶段是无用的,而在其他企业、其他生产阶段则可能成为有用的物质财富。物资的综合利用,可使物资由一用变为多用,变无用为有用,变废为宝,不但减少工业污染,而且为社会创造更多的物质财富。

(5) 加强能源管理工作　工业企业节约使用煤、油、电、气等能源是一项非常重要、很有前途的企业管理工作。要做好能源管理:第一,应制定合理的能源消耗定额;第二,培养职工的节能习惯,提高节能的自觉性;第三,制定出切实可行的节能降耗奖励政策;第四,对企业耗能高、效率低的陈旧设备予以技术改造或更新,采用新的节能设备和技术;第五,对生产过程中排放的余热予以充分利用,也是节约能源的一个重要途径。

第三节　车间在制品的控制

一、车间在制品的管理

1. 在制品的管理及其意义

从原材料、外购件等投入生产起到加工制造经检验合格入库之前,处于生产过程各环节的零部件都称为在制品。在制品分为毛坯、半成品和车间在制品。毛坯有型材、棒料、铸件、锻件等。半成品是指毛坯经过机械加工,经检验合格入库但尚需后续加工的零部件。车间在制品是指正投入车间处于加工、装配、检验、等待或运输过程中的各种原材料、毛坯、外购件、半成品等。

在制品的管理必须做到"认真检验、分类摆放、跟单流转、记账有凭、手续齐全、责任明晰、制度有效"。

企业生产过程中各环节之间的联系表现为在制品的供需关系。为了让生产过程的各个环节、各个阶段和各道工序都能按计划有节奏地生产,通常都会储备一定数量的在制品。但是过多的在制品储备是一种浪费。因此,对在制品的合理控制具有十分重要的意义。

2. 在制品控制

在制品控制包括车间在制品控制和库存半成品控制,其中车间在制品控制表现为车间在制品管理。对车间在制品的管理方法取决于车间生产类型和组织形式。总的来说,在大批大量生产条件下,由于在制品数量稳定,有标准定额,各工序之间的衔接又是固定的,通常采用轮班任务报告并结合统计台账来控制在制品的数量和移动。在成批生产或单件小批生产条件下,由于产品品种和批量经常变化,在制品数量的稳定性差,情况复杂,通常采用加工线路单或工票等凭证,并结合统计台账来控制在制品。各种控制形式分述如下:

(1) 轮班任务报告　轮班任务报告也称为轮班生产作业计划,是车间规定每个工作地、每个工作班直至每个操作者生产任务的文件,由车间计划调度人员填写发放。零件投产后,根据每道工序的完工情况,由检验人员填写检查结果。轮班任务报告既是作业计划,又是生产进度统计的原始记录,它简化了原始记录的种类,把统计、核算和检查计划完成情况结合起来,有效地加强了生产的计划性。轮班任务报告通常是按每台机床每班或每昼夜一次。加工时间长的零件,轮班任务报告可以跨班组使用,但不能跨月份。轮班任务报告适用于大批大量生产。

（2）加工线路单　加工线路单又称为长票、长卡、跟单，以零件为单位制作，一种零件一加工线路单。它是记录每批零件从投料开始，经过各道工序，直到入库为止的全部生产过程的原始凭证。加工线路单跟随零件一起移动，各道工序共用一张加工线路单，由于企业的生产类型、产品特点以及习惯做法不同，加工线路单的形式和内容有所不同，但它们的作用是基本相同的。加工线路单的优点有：每批零件的加工信息集中在同一张线路单上，一单多用；加工线路单中的工艺顺序和工艺规程一致，有利于贯彻工艺纪律，保证零件质量；由于领料、加工、检验、入库都使用同一票据，可以有效地保证领料数、加工数、合格品数、废品数、入库数的互相衔接，防止错乱；有助于贯彻期量标准。缺点是由于流转时间长，加工线路单容易污损和丢失。加工线路单适用于成批生产或单件小批生产。

（3）工票　工票即单工序工票，又称为短票、短卡、工序单，以工序为单位制作，一道工序一工票。它记录的内容与加工线路单基本相同，只是一道工序完工，零件送检，检验员在工票上记录有关事项后，工票返回车间计划调度员手中，计调员再为下道工序开出新的工票。工票的优点是使用灵活；缺点是票数量多，填写工作量大，不便于统计和核算。工票适用于单件小批生产。

（4）统计台账　为了有效地控制在制品的流转，还必须在各种生产类型的生产中建立在制品台账，以及时记录零件的投入、发出、补发、在制、配套等情况。对于大量连续生产的产品，可按零件分别建立零件工序进度卡片（台账）。某种零件的在制实有量（台账数）等于该零件投入累计数减去出产累计数和废品数量。对于单件小批生产，则可按产品为对象建立零件工序台账，以便于检查产品配套情况，因此也称为配套账。

从以上控制车间在制品的各种形式可以看出，在制品管理实际上是指在制品的实物管理和账卡管理。车间在制品管理的重点是要抓好班组在制品管理，组织好废品和退修品的及时处理和返修，以及统计工作。其中，抓班组在制品管理主要是抓班组制定零件生产收发推移图和废品退修品控制图，使班组对在制品管理做到日清月结。在流水生产车间要对废品隔离存放，当班办理报废手续，返修品要在当天组织返修；在批量生产的车间要做到每周或每批及时组织返修，并及时进行废品、返修品的统计，以清楚掌握在制品的质量状况。搞好车间在制品管理，还要做好综合统计工作，根据规定要求做好按收到、生产、废品、返修、发出、结存等项目的综合统计。综合统计要按日进行，实现日检月清的控制。

二、车间库存管理

大型企业的车间都设有仓库，小型企业的车间一般也有保管室，以便于对物料进行储存、保管。为了保证车间生产经营过程的正常进行，储备一定数量的物资是必要的。车间物资的存货可能正好达到储备定额，也可能高于或低于储备定额。车间必须根据内部生产情况和市场变化情况，按照预定的目标不断调节物资储备，使之经常保持在最高储备定额与最低储备定额之间。当库存物资达到最高储备定额时，应立即停止采购并及时调剂，以免物资积压而造成损失；当库存物资降到最低储备定额时，要迅速采购进货，以防止供应中断而影响生产。把这种管理行为称为物资库存储备控制。

1. 影响物资库存储备控制的因素

影响物资库存储备控制的主要因素有：

（1）生产方面的因素　为了保证生产正常进行，车间总是希望有足够的库存物资，以防止停工待料给生产带来不应有的损失，所以车间从生产的角度出发，总希望库存物资越多越好。

（2）占用流动资金方面的因素　企业库存一定数量的材料、在制品、半成品、成品，必然要占用一定数量的流动资金，企业流动资金闲置在库存物资上，使资金周转中断，这样不仅不能给企业带来经济效益，而且还要支付占用流动资金的银行利息。因此，从占用流动资金的角度考虑，企业库存应该越少越好。

（3）仓储管理方面的因素　物资存放在仓库里也会发生变质、破碎、腐蚀、损坏等损失，此外还要负担仓库的折旧费、保险费、搬运费、维护费、管理费等保管费用。存货费用随存货的增加而增大。因此，从存货保管方面来考虑，仓库的存货应越少越好。

（4）采购订货方面的因素　物资从采购订货开始到入库这一过程中，要支付通信费、差旅费、手续费等各项采购费用。采购费用随订货次数的增加而增加，而与每次订货的数量没有太大的关系。通过减少订货次数，加大每次订购批量，就可以降低采购费用。因此，从采购订货的角度考虑，物资订货批量越大越好。

从上述影响因素可以看到，造成企业物资库存储备失控的原因很多。企业必须加强物资管理工作，控制好物资储备数量，既要保证存货不影响生产，又要使企业占用的流动资金数量最低，支付的采购费用、保管费用最少，以取得最佳的效果。

2. 物资库存储备控制的方法

物资库存储备控制的方法很多，主要有以下四种：

（1）定期控制法　定期控制法又称为定期订购法。这种方法要求首先确定一个订货间隔期，并测定订货周期，同时对存储状况进行检查，以此计算订货量和发出订单。定期控制法主要需解决好两个问题：一是确定订货间隔期；二是计算订货数量。一般来说，订货间隔期越短，库存检查的次数就越多，对库存的控制精度也就越高，但库存管理工作量也就越大。因此，要区分不同存储项目，对少数重要的存储项目，如缺货损失大或存储费用高的项目，制定较短的订货间隔期，而对不太重要的存储项目，可适当延长订货间隔期。同时，可以将订货间隔期分为几个标准值，以简化库存管理工作。定期控制法主要适用于重要物资的订购和库存控制。

（2）定量控制法　定量控制法又称为定量订购法、订货点法。这种方法要求事先确定一个具体的订货点，每当存储水平降低到订货点时，就立即发出一个固定的订货批量的订单。订单发出后，经过订货周期，货物到达，这个订货周期称为订货提前期。定量控制法需要确定两个数量参数，即订货点和订购批量。订货点是指订货时的库存量，它应满足这样的条件：在新的订货没有到达之前，现有库存能够保证对生产需求的物资供应。因此，订货点存储量就是订货提前期内预计需求数量。定量控制法主要适用于次要物资的订购和库存控制。

（3）ABC分类控制法　企业库存物资品种多、数量大，但每种物资重要性不同，占用金额也不同，企业应区别对待，分类管理。ABC分类控制法就是将物资按其重要程度、消耗数量、价值大小、资金占用等情况，划分为A、B、C三类，分别采取不同管理方法，抓住重点，照顾一般。

1）A类物资。A类物资是重要物资，品种少，价值高，消耗量大，占用资金多，实行严格管理，重点控制，采用定期订购方式。

2）C类物资。C类物资是次要物资，品种多而零星，价值低，消耗量少，占用资金少，实行简便控制，采用定量订购方式。

3）B类物资。B类物资是一般物资，品种比A类多，价值中等，占用资金比A类少，处于A类与C类之间，实行一般控制，可采用定期订购方式或定量订购方式。

（4）双堆法　双堆法也称为复式库存管理法。这种库存物资控制法要为同一种物资准备两个货堆，一个货堆的物资用完了即去订货，这样在另一个货堆的物资用完之前，新货就到，依此循环反复使用两个货堆。用这种方式管理的物资一般不需要库存台账和出库传票，大多属于现场生产管理，也适用于库存中单价很低的物资管理。

3. 半成品库存储备控制

在企业物资的库存储备控制工作中，还有一项在生产过程中经常进行的库存半成品控制。在大量流水线生产条件下，相邻流水线如果按同一节拍协调生产，可以直接转交半成品，不必设中间仓库。而在多品种、中小批量生产条件下，就有必要在车间之间设置半成品库。半成品库是车间之间在制品转运的枢纽，它不仅在为生产第一线服务，做好在制品配套工作，有效地保管和及时发送在制品，还要严格按照作业计划监督车间生产，及时向生产指挥系统提供信息。库存半成品的控制主要通过半成品出入库台账及其他凭证进行。因此，库存毛坯、半成品必须建账立卡。根据产品进行分类，按照零件进行统计。库存半成品台账，可用领料单、完工入库单、在制品收发单、废品通知单等作为登录凭证。

4. 成品的管理

成品是指通过加工后经检验完全满足设计技术要求的零部件。成品的管理应该做到：合格品必须及时入库保存，做好台账记录，做到"物、卡、账"三相符；合格品必须科学包装，防碰伤、防变形、防锈、防腐；不合格品必须妥善处理，绝不允许混入合格品，绝不允许"以次充好"；协助做好质量分析，提供产品质量统计数据。

案例分析

【案例分析】　中诚中药股份有限公司中心丸剂生产车间物料管理制度

中诚中药股份有限公司中心丸剂生产车间为加强车间物料管理，推行了一系列物料管理制度，着重加强三种制度建设。

（1）复核管理制度　复核管理制度主要包括以下三个方面的复核。第一，复核所有从其他车间及仓库流入的物料数量、质量情况；第二，车间内部各工序之间物料的流转，从中间站领取物料的相互复核；第三，对生产过程中各物料投入是否正确、投入比例与投入量是否符合工艺要求的复核等。复核管理制度不仅避免了领料、投料过程中问题的出现，而且保证使用物料的质量、数量与要求相符，减少了误差。

（2）挂牌管理制度　挂牌管理制度包括物料牌的填写、状态表示牌的正确放置及状态改变时的及时更换、物料牌掉落后不任意插牌等方面的要求，避免了物料混淆事故的发生。

（3）物料存放制度　明确了所有物料在存放过程中的码放原则、存放过程中需注意的事项等。规范了物料的摆放，能有效避免误差的发生。

这一系列物料管理制度的推行，使车间物料管理水平有了很大提高。

【案例分析问题】

中诚中药股份有限公司中心丸剂生产车间的物料管理制度给了我们什么启示？你还有何建议？

思考与练习

1. 车间物料如何分类？
2. 车间现场物料管理有哪些主要内容？
3. 车间物料管理需要解决哪些问题？
4. 节能降耗有何意义？如何节能降耗？
5. 怎样进行车间在制品控制？

第八章 现代企业车间的经济核算

学习目标

【知识目标】

1. 了解车间经济核算的意义,熟悉车间经济核算的基础工作。
2. 了解车间经济活动分析的内容,熟悉车间经济核算责任制。
3. 熟悉车间的资产管理和成本管理。

【能力目标】

1. 通过学习,能够协助车间开展一些经济核算基础工作。
2. 通过学习,初步掌握车间成本控制的方法。

导读案例

【案例 8-1】 南通通能精机热加工有限责任公司热处理车间经济核算

激烈的市场竞争永远需要高质量、低成本的产品作保证。生产高质量的产品,以最小的投入获取最大的效益是企业追求的目标。南通通能精机热加工有限责任公司热处理车间紧紧围绕企业发展目标,加强车间成本核算和财务管理工作,减少不必要的开支,不断提高企业的竞争力。

1. 选拔既懂财务管理又懂生产技术的复合型人员负责车间经济核算工作

车间成本核算人员,其工作不只是简单的数字计算,更重要的是在财务核算基础上的财务管理,要全方位地组织参与车间经济活动的计划和实施。所以,车间成本核算人员应具有一定专业知识和管理经验,要懂经营,尤其要熟悉生产技术、应用价值工程、成本最低化理论和方法,坚持技术与经济相结合,掌握成本核算理论与方法,进行科学预测、决策、预算、控制、分析,并能够运用计算机进行相关信息处理,适应现代成本管理需要。

2. 做好车间经济核算基础工作

1)合理建账,科学核算。车间会计核算力求简明扼要,要做到厂部产品成本要以车间成本为基础,上下一本账;各生产车间基本生产明细账中的原材料、工资、提取的职工福利基金、燃料和动力、车间经费的发生数应与厂部财务科基本生产账户各个成本项目数完全相同；各生产车间在制品期末余额应与厂部基本生产明细账余额一致。

2）完善计量工作，包括原材料、水、电、气、风等动力计量。财务成本考核的基本资料包括计量资料，这些资料直接影响职工的切身利益和企业成本。一方面，将计量划归车间管理并确定相关人员进行监督，另一方面，经常对计量器具进行检查，确保为管理层及时提供真实、完整、准确的车间经济核算信息。

3）制定内部结算价格。内部结算价格是指企业内部各责任中心之间转移中间产品或相互提供劳务而发生内部结算和明确内部责任所使用的计价标准。要明确各车间责任，进行各自成本核算，并制定合理的内部结算价格。

4）监督管理车间生产循环中的传票确认环节，及时收集原始凭证，理顺车间内部控制系统，妥善保存车间经济核算资料，为企业管理和各项分析提供真实的、连续的依据。对车间投入项目进行跟踪分析，对比实际运行和设计估算的指标差异，发现问题及时解决；对原材料的质量和使用情况进行不同生产周期的对比，及时向材料采购和销售部门反馈相关问题；重点监控出现的不合格产品，分析原因及时解决，不能解决的问题及时向职能管理人员汇报。

5）制定先进合理的消耗定额，建立相应的考核制度。消耗定额合理与否直接影响车间成本核算。制定合理的消耗定额，要以同行业的资料为参考，根据各企业当年的生产经营情况，结合本企业生产经营特点进行综合分析，制定出符合企业自身实际的可行性方案。同时，规范材料领发制度，实行限额领料、限额配送制，以此作为材料消耗的约束机制。要制定严格的考核制度，考核制度的制定是车间经济核算真正实行的关键，管理部门应积极配合，财务部门要根据历史资料和预期目标采用量本利分析法分别确定各部门、各车间的目标成本，制定一套相关的考核指标，月月考核，年底汇总并设立奖惩制度，做到奖罚分明，这样才能激发职工的积极性，把降低成本落到实处。

6）定期进行车间成本分析。车间分析的重点是进行成本费用分析，包括成本指标的完成情况分析，成本与车间成品配比情况的对比分析及影响完成情况的因素分析。车间经济核算人员要经常对生产经营情况进行全面分析，总结经验，肯定成绩，指出存在的问题，并提出改进措施和建议，形成日核算、旬分析、月总结的分析制度，这样才能促使员工精打细算，树立效益经营的新理念，为企业获得更大的经济效益做出贡献。

3. 不断提高车间成本核算人员的财务管理素质

要定期对车间经济核算人员进行产品工艺标准、成本核算等知识的培训和经验交流，培训的内容包括会计知识和财务管理知识。并通过经验交流会的形式，使科学的、先进的财务管理办法得到发扬，使先进的管理者得到大家的认可和相应的精神鼓励，这样会起到以点带面的作用。同时，努力提高车间经济核算人员的职业道德水平，引导车间经济核算人员遵纪守法、廉洁奉公，提高他们的敬业精神和道德素质，这也是车间经济核算能否取得成效的重要方面，要纳入业务培训的范围。

4. 创造良好的车间经济管理外部环境

任何一个企业或部门的改革，任何一项发展和进步，都和它的环境互相影响，基层车间同样如此。车间材料的消耗与材料供应部门、质量检查部门有关；能源的消耗和能源管理、环保处理部门有关；产品的质量和销售部门、成品检验部门有关；车间经济核算工作和上级会计核算、财务管理工作有关。因此，企业不仅要按责任制加强各部门的内部管理，而且要理顺他们之间的互相协作、监督、控制、平衡关系，要本着公平、合理、合情的原则，努力营造一种互相配合、共同发展的气氛。建立好企业内部的经济管理环境，健全各种管理职能，配合适当的激励机制和约束机制，这对企业的内部挖潜并提高整个企业的经济效益会起到重要支持作用，有利于提高企业在市场中的竞争力。

【案例 8-2】 齐齐哈尔铁路车辆集团有限责任公司二钢车间的成本控制与目标管理运行机制

齐齐哈尔铁路车辆集团有限责任公司二钢车间是中国铁道总公司投资新建的集热工、铸造、机械加工于一体的铸钢车间。车间结合生产经营特点，通过对其他单位先进经验的借鉴、总结、利用，开展目标成本管理工作，进行目标成本指标层层分解与考核，经过几年的运行，已形成较好的机制，效果较明显。

1. 制定先进合理的目标成本

目标成本管理是改善企业现状、适应市场竞争的迫切需要，也是企业求生存、图发展的根本途径。而制定出一个先进合理的目标成本是推行目标责任成本管理、提高经济效益的前提条件。二钢车间目标成本管理的总体模式如下：

（1）开展同行业成本对比，确立纵向目标成本　二钢车间分别从冶炼工艺、材料消耗、劳动定额、费用支出等方面与同行业先进指标对比，共对标230项，其中材料消耗214项，工时定额指标7项，费用支出指标9项，分别对比，找出比先进指标高的有7项，低的有52项，不可比的指标有101项。车间通过对比找出差距，扣除不可控因素，对车间可能挖潜的指标进行下调，调整内部各项消耗指标，确立目标成本，主要包括确立材料消耗目标成本和确立费用目标成本。

（2）确立横向目标成本保证体系　在纵向确定各班组费用指标后，二钢车间又建立了横向目标管理体系。

1）各主管员对自己主管的费用严格管理。车间会计员每月对主管员控制的费用严格审核，节支受奖，超支扣罚，对主管员进行嘉奖与考核。

2）严格控制委外备品、备件数量，凡委托外加工的项目必须经主管领导审批，杜绝了资金的不合理使用。

3）降低库存，减少资金占用。车间设备员、工装管理员控制领用一些不经常使用的备品、备件，防止资金积压。

4）减少资金占用，盘活流动资金，科学调整期量标准。根据出车计划及月生产计划，制定出各种产品的期量标准，均衡生产。同时在保证公司出车及月计划完成的基础上，减少车间内部各工序在制品保有量。

通过全员全过程的分解落实，车间逐步形成了成本指标的责任共同体，从而把市场压力和经营风险由公司、车间层层传递到每个职工头上，建立起一个横向到边，纵向到底的较完善的资产经营指标保证体系。

2. 建立成本管理控制体系

进行目标成本控制必须与目标管理责任制的建立、健全配套衔接，明确各自的权利和义务，如果没有一套健全的管理体系，指标分解的有效实施将成为"纸上谈兵"。为此，二钢车间制定了"目标成本考核控制管理办法"，在成本管理控制体系中，分别制定了原材料，自制半成品、电气维修费、能源管理、工装、工具、计量费用管理、机械维修费六项考核办法。特别是设备机械（电气）费用，由设备技术员根据设备复杂系数和各组应修理设备台数、正常易损件数量分解下达，总费用包给维修组。同时，大项目支出留在设备技术员手中，由设备技术员控制，维修费用一分为二，生产班组与修理班组各掌握一半，以防止生产班组野蛮作业，督促生产班组平时加强设备保养，维修费超支后，生产班组与维修班组共同承担责任。

在六项考核办法中，车间规定原材料按超支额的5%~10%扣罚，其他费用按超支额的20%扣罚，所有指标均按节约额的5%奖励。同时车间加强了对主管专业人员在目标成本管理的考核，为此在目标成本考核中规定：凡职能人员负责的费用指标超出或降低目标值都要进行相应的扣罚与奖励。

3. 建立成本核算网络体系

班组是企业各项经济指标的直接承担者，是企业最基本的核算单位，班组的管理水平直接影响着企业的效益。实行目标成本管理就是要形成一个以班组成本保车间成本，车间成本保公司成本的三级核算网络。在班组指标的分解中要根据"干什么、管什么、算什么"的原则，班组所承担的工作要有指标的落实与考核，制定切实可行的原始记录、报表、资料、核算台账。因为健全必要的原始记录是搞好核算和落实各项管理制度的依据，它可以使班组、职工心中有数，有的放矢。二钢车间形成了一整套成本核算网络体系。

1）每月初各主管员根据当月产量对各班组下达费用计划。班组生产过程中凭领料本领料，填写领料明细、实领量。

2）月末班组核算员将班组费用完成情况进行统计，填写班组核算台账，并对超标项目组织小组成员认真分析，查找原因，积极寻求解决问题的办法，以便在以后的工作中加以克服。

3）班组核算台账经各系统主管员审核签章后由会计员统一审核汇总，车间目标成本分解领导小组进行评价、奖励与扣罚。

4）严格考核，奖罚分明。"考核"是推行目标成本管理的一个十分重要的环节，也是最后一个环节。二钢车间始终把抓各项制度的落实放在首位，进一步完善了成本否决考核机制，在实际操作中不讲客观，不讲情面，严格实行成本否决考核机制。

经过这几年的不懈努力，车间职工的成本意识得到加强，经济效益有了很大提高，2005年目标成本降低了49.7万元，2006年目标成本降低了62.2万元。车间基础工作日益加强，现场管理由原来的后进单位变为优秀单位，2005年及2006年被评为建厂达标标准单位。

第一节 经济核算的意义和基础

一、车间经济核算的意义

经济核算是企业管理的重要环节。企业通过对生产过程中的人工成本、资金运转等进行登记、核算、监督和比较，使企业不断改善经营管理，提高经济效益。车间通常不实行独立核算，除非一些大型企业，车间设置规模较大，产品独立性较强，可能会进行独立核算，即便如此，一般也只是一种内部的虚拟核算，不直接进行现金交易。

车间经济核算是一个中间环节，但是它是企业经济核算的基础，主要提供生产消耗与生产成果方面的经济核算数据，如上班人员记录、工时记录、物料记录、产品生产记录、设备维修记录、动力与运输设备调用情况记录等。车间通过这些客观数据和相应的经济活动分析，为车间进行经营决策提供依据，为平衡生产关系提供帮助，还可以发现问题，改进管理，增强员工的责任感，开展劳动竞赛，调动员工增产节约的积极性，实现"高产、优质、低消耗"的管理目标，获取最大经济效益。因此，车间开展经济核算有着重大意义。

1）车间经济核算可以帮助企业寻求改进生产、节约劳动成本的途径，以尽量少的劳动消耗取得最大的经济效益。

2）车间经济核算可以帮助企业总结生产经营的经验教训，发现问题，采取措施，改进工作，从而改善和提高企业管理水平。

3）车间经济核算能使全体职工关心生产经营活动，增强职工的责任感，克服单纯生产观点，培养职工勤俭节约、艰苦奋斗的作风，调动职工厉行增产节约的积极性。

4）车间经济核算可以帮助正确处理国家、企业、职工三者的利益关系，准确反映企业内部责、权、利相结合的经济关系，充分调动职工的生产热情，增强企业活力。

5）车间经济核算的数据是企业经营管理不可缺少的数据来源，通过对车间生产数据的分析，可以改善和提高企业生产经营管理水平。

6）车间经济核算可以更好地发挥基层班组的作用，加强班组的科学管理，从而加强和巩固企业的经营管理工作。

二、车间经济核算的基础工作

车间实行经济核算，必须以科学的态度、认真负责的精神做好以下基础工作：

1）认真做好原始记录，并完善计量检测验收工作。原始记录是通过一定的表格形式，对企业生产经营活动的情况所做的最初的数字和文字的记录，是生产经营第一线职工亲自记载的真实情况。原始记录是经济核算的起点和依据，也是企业科学管理的基础。原始记录的基本内容包括：生产过程记录，材料、动力消耗记录，供销过程记录，劳动工时记录，设备工具记录，财务成本记录等。

原始记录具有广泛性、群众性、具体性和经济性的特点，要求原始记录必须做到正确、及时、完整。原始记录的内容、格式、填写责任、传递路线、汇总整理等也要明确规定，建立健全必要的原始记录管理办法。

要保证原始记录符合实情，必须有准确的计量检测和严格的验收手续。经济核算各个环节都离不开计量。因此，企业应根据生产技术经济管理最基本的需要，建立和健全计量机构，设置必要的计量手段，制定计量管理制度，完善计量检测验收工作。

2）加强定额管理。车间主要要抓好工时定额和物料定额等的定额管理。合理的定额管理是科学管理、计划生产、均衡生产、经济分析、效果认定的基础，可避免工作的盲目性，也可避免领导指挥的主观片面性。定额管理包括劳动定额，材料、燃料、工具、动力消耗定额，各种物资储备定额，设备利用定额，流动资金占用定额，管理费用定额等。定额应保持平均先进水平，即在正常条件下经过努力可以达到的水平。

3）完善规章制度。车间经济核算的主要规章制度应包括内部经济责任制度和各种业务管理制度，如财务管理及指标考查、分配奖励、经济活动分析等规章制度。这些管理制度要相互协调，一经颁布就要严格贯彻执行，以维护制度的严肃性和权威性。

4）加强经济责任制。车间主任是企业车间的负责人，执行企业下达的生产经营计划，担负组织、指挥生产的直接责任，也对车间经济核算负有直接责任。班组长是企业最基层组织的负责人，执行车间作业计划，协调班组内部岗位间的生产活动，做好经济核算的原始记录和考核工作是班组长的责任。

5）加强效益意识宣传教育。车间应该利用横幅、看板、宣传栏、车间大会、班前会等形式经常开展车间经济核算的宣传教育，强化效益意识，使全体职工思想上永远绷紧经济效益这根弦，激发全体职工参与车间经济核算的积极性。

第二节　车间经济核算体系与经济活动分析

一、车间经济核算体系

1. 经济核算指标体系

为了反映车间各项经济活动的效益，需要借助许多表明经济现象数量变化情况的指标，形成车间不同层次的经济核算的指标体系。

车间、班组的经济核算内容和指标，因企业的规模、产品结构和承包要求等方面的不同而差别很大，应根据具体情况加以确定。作为利润责任单位的车间核算，属于完全型的车间核算，其内容主要包括以下各指标：

1）产量指标，包括实物量、劳务量、价值量等。

2）质量指标，包括产品合格率、返修率、废品率、产品等级率等。

3）劳动指标，包括劳动生产率、出勤率、工时利用率、定额工时完成率等。

4）资金指标，包括固定资金占用额、流动资金占用额、在制品定额、资金周转速度等。

5）成本指标，包括原材料消耗指标、劳动力消耗指标、车间制造费用指标，即物耗定额、工资福利、各项费用定额、废品损失等。

6）内部利润指标，包括车间成本盈亏、计划外劳务收入等。

7）设备指标，包括车间设备完好率、设备利用率等。

2. 经济核算组织体系

企业的经济核算也要和企业管理的其他工作一样，实行统一领导、分级管理、依靠群众、发动群众、专业核算与群众核算相结合的组织原则，其组织工作体系由纵、横两方面的内容构成。

(1) 纵向核算体系 企业经济核算纵向方面通常是指厂部、车间、班组的三级核算体系，一般以厂级核算为核心，车间核算为纽带，班组核算为基础。

1) 厂级核算也称为企业经济核算，是由专业人员进行的考核整个企业经济效益的经济核算。厂级核算的中心内容是核算利润。

2) 车间核算是核算厂部下达到车间的各项计划指标，如产量、质量、品种、产值、各种消耗、劳动生产率、成本、资金占用、出勤、安全等。其中心内容是核算车间成本。

3) 班组核算是企业经济核算的基础，中心内容是核算指标，主要有产量、质量、工时和消耗等指标。

(2) 横向核算体系 企业经济核算横向方面是指由会计核算、统计核算、业务核算和经济活动分析所构成的业务核算工作体系。

1) 会计核算是按时间顺序不间断地对企业各项经济活动，通过记账、算账、结账、报账等手段连续、系统、全面地反映企业经营过程及其成果。

2) 统计核算主要是通过对经济现象的规模、水平、结构、比例等数量关系的研究，提供有关数量指标和质量指标，从而揭示这些现象发展的规律性。

3) 业务核算即主要职能是运用简便的方法，迅速提供业务活动所需的资料，以及各种业务指标。

4) 经济活动分析是经济核算的继续和深入，利用会计、统计和业务核算及计划、定额、预算等资料，定期或不定期地对企业的全部或部分的经济活动过程及其结果进行分析研究，以便揭露矛盾，找出存在的问题及其原因，挖掘潜力，指明努力方向，提出改进措施。

二、车间经济活动分析

经济活动分析，就是利用各种核算资料，深入调查研究，定期或不定期地对企业全部或局部的生产经营情况进行分析，揭露矛盾，找出原因，提出措施，挖掘潜力，改进工作，以提高企业的经济效益。开展经济活动分析，对于加强企业计划工作和定额工作，更好地制定各种控制目标，具有重要的意义。

1. 车间经济活动分析的内容

1) 生产分析，即对产品品种、质量、产量、产值、生产进度等计划指标完成情况的分析，查明影响这些指标完成的原因，制定相应措施。

2) 开发分析，即对产品研制、新产品试制、老产品改造、生产准备、中间试验、技术革新、基本建设、更新改造等计划完成情况及其对车间生产和效益影响的分析。

3) 劳动分析，主要分析劳动生产率的变化情况，由此查明劳动力构成的变化、出勤率、工时利用率、职工技术业务水平的提高及劳动组织等方面的情况，并分析这些因素对企业经济效益的影响，以便为不断提高劳动生产率挖掘潜力。

4) 物资分析，即分析原材料、燃料、动力等供应、消耗和储备情况，以及外购件的供应保证、质量、价格的情况，为车间经营决策提供依据。

5) 设备分析，即分析各类机器设备的完好情况、利用情况、检修情况和更新改造情况。

6) 销售分析，即分析各种产品的销售情况、市场占有率及市场开拓情况，分析车间销售收入增长、销售业务开展、销售费用支出、销售货款回收等情况。

7）成本分析，包括对全部产品总成本、单位成品成本、可比产品成本升降情况的分析，以及对各成本项目支出情况的分析。

8）利润分析，主要是对产品销售利润完成情况进行分析，同时对其他销售利润和营业外收支做分析。要分析利润额增减情况、上交税额增长情况，以及各种利润指标完成情况。

9）财务分析，主要是对固定资金和流动资金的占用和利用情况，专项资金使用情况，财务收支状况进行分析。

2. 经济活动分析的程序

经济活动分析，一般应遵循下列程序：

1）收集和整理资料，掌握情况。将分析所依据的各种资料收集起来，整理归类。对某些主要问题还要深入实际，做专门的调查，掌握第一手情况，把数字资料同实际情况结合起来。资料与情况的准确性和完整性在极大程度上决定着经济活动分析工作的质量与效果。

2）对比分析，揭露矛盾。将各种资料进行比较，从对比差距中即可发现矛盾。

3）因素分析，抓住关键。发现矛盾后，应该找出产生矛盾的原因，这些原因也正是影响车间生产经营活动和经济效益的主、客观因素。找出影响因素才能克服缺陷，挖掘潜力，总结经验，巩固成绩。但是影响因素很多，必须分清主次，抓住关键，着重分析关键因素的影响。

4）制定措施，改进工作。在分析矛盾、找出原因的基础上，即可制定出巩固成绩和挖掘潜力的措施、对策，并落实到有关责任部门或人员，改进工作，使生产经营活动按既定的目标和方向进行。

在上述程序的四个步骤中，收集和整理资料是分析工作的基础，对比分析和因素分析是手段，制定措施并保证实现才能达到提高经济效益的目的。因此，能否针对分析中发现的问题，采取切实有效的改进措施，将最终决定着经济活动分析的成败和效果。

3. 经济活动分析的方法

常用的经济活动分析的方法有：

（1）比较法　比较法又称为对比分析法，即以实际与计划比较、本期与上期比较、本企业与同行业先进水平比较等；可用绝对数比较，也可用相对数比较。对比时要注意指标的可比性，不同性质或不同口径的指标不能比较。

（2）因素分析法　因素分析法又称为连环替代法，这是对因素的影响做定量分析的方法，当影响一个指标的因素有两个以上时，要逐个分别计算和分析各因素的影响程度。应注意的包括：①确定某项指标是由哪几个因素组成的、各因素的排列顺序如何；②确定各种因素与某项指标的关系，如加减关系、乘除关系、乘方关系、函数关系等；③根据分析的目的，按各种因素的排列顺序，逐个因素替代测定其对指标的正负影响程度；④综合各种因素的影响结果。

（3）平衡分析法　平衡分析法是一种将具有平衡关系的各项指标进行对照、平衡，借以发现工作成绩和问题的方法。工业企业中需要进行平衡分析的主要平衡关系是：原材料供应量与需要量之间的平衡分析，产销之间的平衡分析，劳动力需要量与现有量之间的平衡分析，各种设备能力之间的平衡分析，生产能力与生产任务之间的平衡分析，生产各阶段对各种零部件、半成品供求之间的平衡分析等。

经济活动分析最终要形成分析报告。经济活动分析报告是经济数字分析的继续和结果，是对分析中揭露出来的企业主要问题所做的结论。它一般包括情况、成绩、问题、建议等几个方面，以及企业在生产经营过程中存在的主要问题和解决的方法等。经济活动分析报告作为企业生产经营决策的重要依据，将对日后的生产经营活动产生重要影响。

三、车间经济责任制

1. 经济责任制的体系和内容

企业经济责任制体系包括四个组成部分：生产行政指挥系统经济责任制、职能科室经济责任制、基层生产单位经济责任制和岗位经济责任制。

生产车间的经济责任制主要体现在以下几个方面：

（1）车间主任经济责任制　车间主任是企业车间的负责人，执行厂部下达的生产经营计划，担负着组织指挥生产的直接责任。其经济责任制的主要项目和内容包括：

1）确保完成经济技术指标，主要含产品品种、产量、质量、产值、利润、车间成本、材料动能消耗、在制品资金定额、职工定员、安全生产等。

2）履行基本职责，包括：贯彻执行厂部指令，编制车间、班组和机台个人各项指标计划，并及时下达组织实施；建立健全质量保证体系，组织开展 QC 小组活动，完成产品质量指标；贯彻设备维修保养制度，制订大、中、小修计划并组织实施，达到设备验收标准；合理安排劳动组合，坚持按定员定额组织生产；贯彻安全生产方针，严格执行操作规程，达到安全生产和文明生产。

3）做好管理基础工作，包括完善班组、岗位的经济责任制，各项指标落实到人；建立健全各种原始记录和台账；建立健全有关规章制度。

（2）班组长经济责任制　班组长是企业最基层组织的负责人，其基本职责是执行车间作业计划，协调班组内部岗位之间的生产活动，并认真做好原始记录和岗位责任制的考核工作。

（3）基层生产单位经济责任制　基层生产单位是指车间、班组。车间经济责任制的要求是把厂部下达的各项经济技术指标和经济利益，层层分解落实到班组、职工个人，使人人都明确对厂部承担的经济责任，保证完成和超额完成厂部下达的各项经济技术指标。对车间经济责任考核的项目和内容包括产品品种、产量、质量、消耗、车间费用、设备完好率、在制品资金、安全生产、文明生产、对外协作任务等。对班组经济责任制考核的项目和内容主要是车间下达的生产计划和承担的协作任务，一般包括产量、质量、品种、出勤率、消耗、安全生产、文明生产、协作任务等。

（4）岗位经济责任制　岗位经济责任制是企业经济责任制的基础。它一般包括以下内容：

1）责任指标，包括产品在该岗位加工时应达到的各项经济技术指标、各种定额、操作要求、工艺数据、应知应会、交接班制度等。

2）工作标准，包括岗位工作的产品质量标准、材料标准、设备维护标准、安全生产标准、文明生产标准等。

3）协作要求，即岗位之间互为条件的协作要求。

4）奖罚规定，将岗位责任、工作标准和协作要求实现的程度，与岗位劳动者个人利益分配挂钩，对失职者进行处理。

2. 经济责任制的基本形式

由于行业性质、规模和生产条件各不相同，企业经济责任制不可能有统一的模式，具体形式应是多种多样的。目前应用比较广泛的基本形式有：

（1）承包奖励制　承包奖励制具体分为逐级承包、技术攻关承包、单项指标承包和后勤服务承包。

（2）浮动工资制　根据浮动部分占工资、奖金比重的大小，分为三种具体形式：①奖金浮动；②工资、奖金部分浮动；③全额浮动。

（3）岗位工资制　按岗位规定标准工资，凡是达到劳动定额和质量考核标准的，获得本人基本工资。

（4）记分计奖制　企业把产品质量、数量、品种、消耗、产品成本、利润等技术经济指标加以分解，包到车间，车间再分解，包到班组和职工个人。每项指标都规定基本分数和奖惩的增减分办法，然后按月记分，根据可分配奖金数计算分值，按分计奖。

（5）计件工资制　计件工资是按一定质量产品的数量或作业量为单位来计算劳动报酬的形式。工人应得的计件工资＝生产某合格产品的数量×该产品计件单价。

（6）结构工资制　结构工资可以由以下几种工资形式组合而成：①基本工资；②技能工资；③岗位工资；④职务工资；⑤绩效工资；⑥工龄工资；⑦津贴；⑧奖金。结构工资制是工资制度发展的方向。

3. 经济责任制的基础工作

为了保证车间经济责任制的正常运行并达到预定目标，必须做好扎实的基础工作。

（1）打好经济责任制管理基础　在实行经济责任制时，要根据经济责任制的要求，重点扎实做好定额管理、原始记录和计量工作。

（2）认真开展清产核资　实行经济责任制，必须对企业各环节的全部劳动资料、劳动对象以及其他资金，做彻底的清查核算与重新估价的工作。要在财产清查的基础上，根据生产任务的需要，重新落实各单位的财产占有数量，核定其资金定额。核资的重点是流动资金。

（3）制定厂内价格　为了使企业内部各车间之间的经济来往都能够准确计价结算，必须建立厂内计划价格。厂内计划价格由财务部门集中制定和修改，并保持相对稳定。厂内计划价格包括：

1）原材料、辅助材料、低值易耗品、外购配套件、修理用的备件等的厂内计划价格。

2）半成品和成品的厂内计划价格。

3）劳务的厂内计划价格。

（4）制定各项规章制度　实行企业内部经济责任制，必须建立健全有关经济责任制的各项制度。主要有以下几个方面的制度：

1）财务管理制度，包括预算、决算制度，会计制度，成本核算制度，现金管理制度，财务责任和财务纪律。

2）统计制度，包括生产经营日报表、旬报表等数据资料统计报表报送制度。

3）材料、工具管理制度，包括采购制度、保管领发制度、盘点制度、工具修理和报废制度等。

4）在制品转拨、成品入库及其盘点制度，包括在制品转拨、报废制度，半成品转拨、报废制度，成品入库交接制度，定期清查盘点制度等。

5）工资及奖励制度。要有与经济责任制相适应的工资奖励制度，保证职工劳动成果与物质利益挂钩，保证起到奖勤罚懒的作用。

第三节　车间的资产管理

一、车间流动资产管理

流动资产是指可以在一年或超过一年的一个营业周期内变现或者运用的资产。主要包括现金、短期投资、应收及预付账款、存货等。

流动资产主要具有周转速度快、变现能力强，且在生产过程中不断改变其资金占用形态从而产生增值等特点。流动资产管理的目的是在保证生产经营所需资金的前提下，尽量减少资金占用，提高资金的周转速度及闲置资金的获利能力。

流动资产管理对于车间而言，关系较密切的主要是存货管理。存货是指企业在生产经营中为生产或销售而储备的物资，主要包括原材料、在制品、成品。存货管理的目的是在保证生产经营正常运作的前提下，使存货水平降至最低。因此，存货控制主要应抓好以下几方面。

（1）建立健全的控制制度　主要包括材料的入库和领用制度、生产过程的控制制度、产成品的入库和出库制度，以保证存货在各环节中占用最少、周转最快。

（2）材料的控制　材料的控制主要应做好以下几项工作：

1）正确确定材料的耗用量。根据年生产任务及消耗定额确定材料年消耗量。

2）合理确定材料采购量。在确定采购量之前应了解库存情况，超储的应压缩，不足的应及时补充，积压物资应及时处理。

3）科学确定采购批量。在材料供应充足的条件下，企业可以选择经济批量订购法。

（3）在制品的控制　在制品是正在生产尚未完工的产品。在制品应由生产部门管理，并分解落实到各生产车间、半成品库和班组进行管理。在制品的控制主要需抓好以下几方面的工作：

1）组织均衡生产。可以通过合理安排作业计划，组织成套生产，做好生产调度工作，使生产有序、协调地进行。

2）降低生产消耗及制造成本。

3）加强半成品的管理，进行库存控制。

（4）产成品控制　产成品控制的工作主要有：

1）加强入库、出库的管理，避免产品积压。

2）加强仓库管理，确保产品在库存期间的质量及数量，并定期清查仓库，及时处理积压产品，加速资金周转。

3）及时办理销售结算工作，收回货款。

二、车间固定资产管理

1. 固定资产概述

固定资产是指使用期限超过一年，单位价值在规定标准以上，并且在使用过程中保持原有物质形态的资产，包括房屋及建筑物、机器设备、运输设备、工具器具等。《企业财务通则》《工业企业财务制度》对固定资产标准做了具体规定。

（1）固定资产的特点

1）固定资产的使用时间较长，并能多次参与生产过程而不改变其实物形态。

2）固定资产的价值补偿和实物更新是分别进行的。固定资产的价值补偿是随固定资产的使用，每月提取折旧逐渐完成的；而固定资产的实物更新则是在原有固定资产不能或不宜再继续使用时，用折旧积累的资金完成的。

3）固定资产一次投资，分次收回。

（2）固定资产的分类　固定资产按经济用途和使用情况进行综合分类，可分为：

1）生产经营用固定资产。

2）非生产经营用固定资产。

3）租出固定资产。

4）不需用固定资产。

5）未使用固定资产。

6）土地。土地是指已经估价单独入账的土地，企业取得的土地使用权不能作为固定资产管理。

7）融资租入固定资产。以融资租赁方式租入的固定资产，在租赁期内视同自有固定资产进行管理。

2. 固定资产管理的目的与要求

固定资产是企业主要的劳动手段，固定资产管理的目的是在不增加或少增加投资的条件下提高固定资产的利用效果，提高企业的生产能力。

固定资产管理的要求如下：

1）正确预测固定资产需要量。

2）做好固定资产投资预测与决策工作。

3）正确计提折旧，合理安排固定资产价值的补偿速度。

4）加强固定资产的日常管理，提高固定资产的利用效果。

3. 固定资产需要量的预测

企业的固定资产品种、数量都很多，不可能一一计算各类固定资产的需要量，只能根据企业的生产技术特点，抓住重点予以确定。生产设备是企业主要的劳动手段，其构成复杂，占用资金也多，应作为重点，逐项测定；其他各类设备可以根据生产设备配套的需要确定其合理需要量；非生产用的固定资产，如职工宿舍、集体福利设施和文化娱乐设施等，由于它们不直接服务于产品的生产过程，不能以计划生产任务为依据计算其需要量，只能根据企业的实际需要与可能来确定其需要量。

4. 固定资产的日常管理

固定资产日常管理的目的，一是确保固定资产的安全完好，二是不断提高固定资产的利

用效果。主要抓住以下几方面的工作:

(1) 建立固定资产管理责任制　固定资产管理应按"归口分级管理,层层落实责任,责任到人,用管结合"的原则制定相应的管理制度,包括使用、保管、维修、保养、清查、报废等制度,并监督使用单位和个人遵守执行。

(2) 确定各职能部门的责任　设备管理部门应负责制定设备的使用、保管、维修、保养、安全生产等管理制度并监督实施;生产或使用部门应严格执行设备管理的相关制度,以确保设备在安全、良好的状态下运行;财务部门应严格按照财务管理的规定做好固定资产的验收交接、重点清查、报废清理、利用效果分析等管理工作。

(3) 确定各使用者的责任　按责任到人的原则实行定机、定人、定岗、定责、定奖、定罚管理。使用人必须严格遵守设备操作规程和维修保养条例,定期清洁润滑,防止超负荷运转,一旦发生故障应及时报告处理。

第四节　车间的成本管理

一、车间成本的构成

车间产品成本项目一般分为如下10项:

1) 原材料。原材料是指构成产品实体的原料和主要材料。
2) 辅助材料。辅助材料是指用于生产不构成产品实体,但有助于产品形成的材料。
3) 燃料动力。燃料动力是指直接用于生产的燃料和动力。
4) 固定资产折旧。固定资产折旧是指对逐年损耗的固定资产的补偿。
5) 生产工人工资。生产工人工资是指直接参加产品生产的工人的工资。
6) 生产工人工资附加费。生产工人工资附加费是指按规定比例计算的工资附加费。
7) 废品损失。废品损失是指生产中产生废品所发生的损失。
8) 车间经费。车间经费是指为管理和组织车间生产而发生的各项费用,如车间管理人员的工资及工资附加费、办公费、劳动保护费、固定资产折旧费及修理费、低值易耗品摊销费、润滑油及棉纱费、在制品盘亏和损毁等。
9) 企业管理费。企业管理费是指为管理和组织全厂生产所发生的费用,如厂部管理人员的工资及工资附加费、办公费、差旅费、运输费、利息支出、罚金赔偿、文体宣传费等。
10) 销售费用。销售费用是指产品在销售过程中所发生的各项费用。

在产品成本的10个项目中,第1)~8) 项构成产品的车间成本,即在车间生产过程中发生的成本,一般占产品成本的75%左右。第1)~9) 项构成产品的工厂成本,又称为生产成本。第1)~10) 项构成产品的完全成本,又称为销售成本。

二、车间成本的核算与控制

1. 车间成本的核算

成本核算是车间经济核算的主要内容之一。成本核算就是记录、计算生产费用的支出,核算产品的实际成本，以反映成本计划执行的情况。车间是企业的组成部分，但不是独立的经济核算单位。因此，车间的成本核算也称为责任成本核算，即只核算与本车间有直接关系并能加以控制的指标。车间的成本核算是在厂统一领导下，按厂下达的核算指标和产品的厂内价格进行的，是保证企业提高经济效益的重要环节。

车间成本核算的基本程序：首先制定出控制标准即计划标准；然后用实际发生数与标准进行对比，计算差异；再分析产生差异的原因，制定改进措施；最后对成本进行反馈控制。制定控制标准时，可用"数量×价格＝标准"的公式来确定。

车间成本核算在车间主任直接领导下进行，日常工作由车间职能管理人员具体组织。车间成本核算要求准确、及时。车间通常是按月进行成本核算。成本的具体计算方法，可根据企业、车间的产品特点和生产类型，由厂部统一确定。

在车间进行成本核算时，如果发现实际成本与计划成本产生差异时，就要进行成本分析，查明原因，采取有效的措施予以解决。属于本级范围内能解决的，应采取果断措施进行解决；本级解决不了的问题，及时反映到上级，以求尽快解决。

2. 车间成本的控制

成本控制是指在成本形成的整个过程中，对各项活动进行严格的监督，及时纠正发生的偏差，使产品成本的形成和各项费用、消耗的发生，限制在一定范围内，以保证达到预期的成本水平和利润目标。车间是直接组织生产的单位，产品成本大部分是在车间形成的，车间成本控制得好坏对企业影响很大。要做好车间成本控制，必须抓好以下几项工作：

1）提高职工"当家理财"的思想认识。教育职工发扬主人翁精神，精打细算，厉行节约，减少浪费，凡事均与降低成本联系起来，将成本控制贯彻于每项具体工作和行动中。

2）建立健全班组经济核算制。作业班组处于生产一线，分布在生产过程的各个环节，最清楚设备该如何使用和改进，材料消耗怎样才能最节约，把一线职工的积极性发挥出来，做到人人搞核算，事事算细账，处处讲节能降耗，就一定能取得控制成本、降低消耗的最佳效果。

3）建立成本控制点。影响车间成本的因素很多，抓住成本控制的主要因素，突出重点，简化管理流程，集中精力，效果会更显著。

4）抓好成本的综合治理。成本指标是反映车间管理工作好坏的综合指标之一，要做好成本控制，必须对影响成本的各因素进行综合治理。主要治理手段有：节约原材料，提倡废物利用，修旧利废；提高产品质量，减少废品损失；提高设备利用率，减少单位产品的固定成本；节约能源，改造能耗多的设备；搞好均衡生产，合理利用流动资金；严格财经纪律，防止乱挤成本，滥摊成本；压缩非生产性开支，有效控制管理费支出；从革新、挖潜、改造中要效益。

案例分析

【案例分析8-1】 南通富士通电子有限公司封装车间班组经济核算工作经验

南通富士通电子有限公司封装车间在开展班组经济核算中积累了如下八条工作经验：

1. 做好思想工作

车间工段负责人对班组经济核算负有领导责任，必须认真做好宣传教育工作，使广大职工群众充分认识到班组经济核算的重要意义和作用，只有每一位职工都关心、支持班组经济核算工作，做到事事有人管，人人有专责，才能搞好这项工作，真正起到应有的作用。

2. 加强技术指导

车间的成本员、统计员、材料员负责本车间、单位班组经济核算的具体指导。利用开办学习班等形式使职工了解和掌握具体核算方法，灵活运用班组经济核算，公司财务部门可以根据实际情况，协助车间成本核算员解决核算中的问题。

3. 设置班组核算员

各班组设 1~2 名兼职核算员，由班组民主选举产生。

4. 建立健全计量工作

计量工作是开展好班组经济核算的首要条件，要加强有关部门对计量工作的管理，为班组经济核算提供准确的数据。

5. 健全原始记录和各项统计台账

班组的领料单要保管好，各班产量及其他各项生产指标、消耗指标要有专人做好原始记录，各班组要建立、健全材料消耗等各种统计台账。

6. 制定计划指标

车间要将计划指标层层分解到班组，深化、细化各项指标，班组经济核算要依据所分解指标作为计划指标或定额进行核算，以便及时分析差距，找出原因，进行改进。

7. 进行经济活动分析

班组长一定要认真地组织经济活动分析，这也是企业实行群众路线的好形式，可以利用班前、班后会，与计划比较，与上期比较，与兄弟单位比较，发挥全体职工的丰富经验和聪明才智，总结经验，找出差距，揭露缺点和问题，制定对策，及时实施。班组工人们处在生产的最前线，是最了解情况、最有发言权的，分析出的经验和问题也是最有价值的，从中可以提高班组管理水平，不断挖潜创新、改变现状，从而提高企业经济效益。

8. 利用现代信息技术

班组核算一般是兼职的核算员从事核算工作，无论计量和统计大都是手工管理，工作量较大且易出差错。随着现代信息技术的普及和应用，车间内部应建立局域网，延伸至班组，这不仅能准确、及时地反映出班组的生产消耗和生产成果，又能提高工作效率，进而有利于经济责任制考核。

南通富士通电子有限公司封装车间利用好班组经济核算这一有力工具，调动每个职工控制成本费用、创新增效的主动性，充分发挥企业职工的聪明才智，从而使企业充满活力，不断挖潜创新，改进企业人力、物力、财力的利用效率，最终达到提高经济效益的目的。

【案例分析问题】

南通富士通电子有限公司封装车间班组经济核算的成功经验给了我们什么启示？

【案例分析 8-2】 南通同飞电容器有限公司机加工车间开展全员成本管理的实践经验

机加工车间作为南通同飞电容器有限公司下属的一个生产辅助车间，及时转变思想观念，在抓生产的同时，紧抓"成本"这根弦，把成本管理作为车间各项管理工作的"主旋律"，贯穿于车间管理的全过程。车间通过采取全员参与、责任成本细化和量化、建立成本考核制度等措施，使成本意识深深地植根于车间每一个职工的心里，落实在他们的日常工作中。降成本、增效益成绩显著。主要措施如下：

1. 将车间成本指标逐级分解

将责任成本进行树形分解，把各项成本指标按燃料、材料、备件、维修四大费用分解到工段、班组、个人。同时，制定车间个人月成本计划表，并及时发到职工手中，人手一份。成本数据以近几年来各个工段各项成本实际发生费用为依据，并根据年度车间生产的实际情况进行调整。责任成本分解表能直观地反映车间成本的分布情况，为车间的全员、全过程成本管理提供了依据。

2. 建立配套管理制度

要搞好成本管理工作，必须要有一套好的、行之有效的管理制度。原先车间也制定过相关的制度，但大都不完善，可操作性不强，执行时难以持之以恒。因此机加工车间根据实际情况，对这些制度进行了修改、补充、完善，形成了操作性强的车间责任成本考核制度、材料领用制度等六项制度。

3. 严格考核

成本管理要靠数据来说话，成本核算工作意义重大。机加工车间编制了各种统计表格，对每个月、每个季度、年度的成本发生情况进行统计、分析，绘制成本发生曲线图。每月定期召开成本分析会，将计划成本与实际发生成本相对照，对已发生的成本进行说明，对将要发生的成本进行预测。同时，根据统计的数据，对各成本发生单元进行严格考核，节奖超罚，并根据各成本发生单元的成本发生情况，由车间统一调整，制订下月成本计划。

4. 运用计算机进行管理

机加工车间将各种表格输入计算机，由于工程技术人员自行编制了程序，建立了电子模板，因此每月只需输入原始数据，就可获得一整套该月的成本统计报表，并有对各种数据的分析图表。

机加工车间的全员成本管理在实施以来，取得了较好的成绩，但也发现了一些问题。尽管成本管理是全员的，但仍然有部分职工还停留在一种"要我干"的状态，也就是说由于车间的严格考核，他必须这样干，不这样干则会被扣、受处罚。因此，如何帮助这一部分职工转变思想观念，让他们真正认识到，产品不仅要质优，而且要价廉，变"要我干"为"我要干"，这就是车间成本管理延伸的方向，也应该是车间今后成本管理工作的重点。

【案例分析问题】

1）何谓全员成本管理？如何在班组着手开展全员成本管理工作？
2）试分析班组经济核算要具备哪些条件？

思考与练习

1. 开展车间经济核算有什么意义？
2. 企业经济核算要做好哪些基础工作？
3. 车间经济核算有哪些内容和指标？
4. 车间经济活动分析包括哪些主要内容？
5. 固定资产管理的目的与要求有哪些？

第九章 现代企业车间的规章制度建设
CHAPTER 9

学习目标

【知识目标】

1. 熟悉规章制度的概念,了解车间规章制度建设的意义。
2. 熟悉车间规章制度的分类及其内容。
3. 了解车间规章制度的制定原则,了解车间贯彻执行规章制度的措施。

【能力目标】

1. 通过学习,能够初步制定某一工种的安全操作规程。
2. 通过学习,能够帮助制定车间考勤制度。

导读案例

【案例9-1】 某电子厂的车间规章制度

第一章 总 则

第一条 为确定生产秩序正常运作,持续营造良好的工作环境,促进本企业的发展,结合本企业的实际情况特制定本制度。

第二条 本规定适用于本公司生产相关全体员工。

第二章 员 工 管 理

第三条 工作时间内所有员工倡导普通话,在工作及管理活动中严禁有省籍观念或行为区分。

第四条 全体员工须按要求佩戴厂牌(应正面向上佩戴于胸前),穿厂服。不得穿拖鞋进入车间。

第五条 每天正常上班时间为8h,晚上如加班依生产需要临时通知。每天上午8:30前各班组的出勤情况报给人事部门,若晚上需加班,在17:30前填写加班人员申请表,报经理批准并送人事部门作考勤依据。

第六条 按时上下班(员工参加早会须是前5min到岗),不迟到,不早退,不旷工

（如遇赶货，上下班时间按照车间安排执行），有事要请假，上下班须排队依次打卡。严禁代打卡及无上班、加班打卡。违者依考勤管理制度处理。

第七条　工作时间内，除组长以上管理人员因工作关系在车间走动，其他人员不得离开工作岗位相互串岗，若因事需离开工作岗位，须向组长申请并佩戴离岗证方能离岗。

第八条　上班后半小时内任何人不得因私事而提出离岗，如有私事须离岗者，须经事先申请，经批准登记方可离岗，离岗时间不得超过15min，每5次请假离岗按旷工1天处理。

第九条　员工在车间内遇上厂方客人或厂部高层领导参观巡查时，组长以上干部应起立适当问候或有必要的陪同，作业员照常工作，不得东张西望。集体进入车间要相互礼让，特别是遇上客人时，不能争道抢行。

第十条　禁止在车间聊天、嬉戏打闹、吵嘴打架、私自离岗、串岗等行为（注：脱岗指打卡后脱离工作岗位或办私事；串岗指上班时间串至他人岗位做与工作无关的事），违者依员工奖惩制度处理。

第十一条　作业时间谢绝探访及接听私人电话，进入车间前，须换好防静电服（鞋），将钥匙、手机等物品放进与厂牌编号一致的保险柜，确保产品质量。

第十二条　未经厂办允许或与公事无关，员工一律不得进入办公室。非上班时间员工不得私自进入车间，车间内划分的特殊区域未经允许不得进入。

第十三条　任何人不得携带违禁物品、危险品或与生产无关的物品进入车间；不得将私人用品放在流水线上，违者依员工奖惩制度处理。

第十四条　车间严格按照生产计划排产，根据车间设备状况和人员，精心组织生产。生产工作分工不分家，各生产班组须完成本组日常生产任务，并保证质量。

第十五条　车间如遇原辅材料、包装材料等不符合规定，有权拒绝生产，并报告上级处理。如继续生产造成损失，后果将由车间各级负责人负责。

第十六条　员工领取物料必须通过物料员，不得私自拿取。生产过程中各班组负责人将车间组区域内的物品、物料有条不紊地摆放，并做好标识，不得混料。有流程卡的产品要跟随流程卡。

第十七条　员工在生产过程中应严格按照质量标准、工艺规程进行操作，不得擅自更改产品生产工艺或装配方法。

第十八条　在工作前仔细阅读作业指导书，员工如违反作业规定，不论是故意或失职使公司受损失，应由当事人如数赔偿（管理人员因管理粗心也受连带处罚）。

第十九条　生产流程经确认后，任何人均不可随意更改，如在作业过程中发现有错误，应立即停止并通知有关部门负责人共同研讨，经同意并签字后更改。

第二十条　在工作时间内，员工必须服从管理人员的工作安排，正确使用公司发放的仪器、设备。不得擅用非自己岗位的机器设备、仪表仪器、计算机等工具。对闲置生产用具应送到指定的区域放置，否则以违规论处。

第二十一条　车间员工必须做到文明生产，积极完成上级交办的生产任务；因工作需要临时抽调，服从车间组长级以上主管安排，协助工作并服从用人部门的管理，对不服从安排的将上报公司处理。

第二十二条　车间员工和外来人员进入特殊工作岗位应遵守特殊规定，确保生产安全。

第二十三条　修理员在维修过程中好、坏物料必须分清楚，必须做上明显标志，不能混料。设备维修人员、电工必须跟班作业,保证设备正常运行。

第二十四条　员工有责任维护工作区的环境卫生,严禁随地吐痰,乱扔垃圾。在生产过程中要注意节约用料,不得随意乱扔物料、工具,掉在地上的元件必须捡起。

第二十五条　操作人员每日上岗前必须将机器设备及工作岗位清扫干净,保证工序内工作环境的卫生整洁,工作台面不得杂乱无章,生产配件须以明确的标识区分放置。

第二十六条　下班时应清理自己的工作台面。当日值日生打扫场地和设备卫生并将所有的门窗、电源关闭。否则,若发生失窃等意外事故,将追究值日生及车间主管的责任。

第二十七条　加强现场管理,随时保证场地整洁、设备完好。生产后的边角废物及公共垃圾须清理到指定位置,由各组当日值日人员共同运出车间;废纸箱要及时拆除,不得遗留到第二天才清理。

第二十八条　不得私自携带公司内任何物品出厂(特殊情况需领导批准除外),若有此行为且经查实者,将予以辞退并扣发当月工资。

第二十九条　对恶意破坏公司财产或有盗窃行为(不论公物或他人财产)者,不论价值多少一律交公司行政部处理。视情节轻重,无薪开除并依照盗窃物价款的两倍赔偿或送公安机关处理。

<h3 style="text-align:center">第三章　员　工　考　核</h3>

第三十条　考核的内容主要是个人德、勤、能、绩四个方面。其中:
1)"德"主要是指敬业精神、事业心和责任感及道德行为规范。
2)"勤"主要是指工作态度,是主动型还是被动型等。
3)"能"主要是指技术能力,完成任务的效率,完成任务的质量、出差错率的高低等。
4)"绩"主要是指工作成果,在规定时间内完成任务量的多少,能否开展创造性的工作等。

以上考核由各班组长考核,对不服从人员,将视情节做出相应处理。

第三十一条　考核的目的:对公司员工的品德、才能、工作态度和业绩做出适当的评价,作为合理使用、奖惩及培训的依据,促使员工增加工作责任心,各司其职,各负其责,消除"干好干坏一个样,能力高低一个样"的弊端,激发上进心,调动工作积极性和创造性,提高公司的整体效益。

<h3 style="text-align:center">第四章　附　　则</h3>

第三十二条　生产部全面负责本管理制度的执行。

第三十三条　本制度由公司生产部负责制定、解释并检查、考核。

第三十四条　本制度报总经理批准后施行,修改时亦同。

第三十五条　本制度自××××年9月1日起施行。

【案例9-2】 某车间生产秩序管理制度

1. 员工上班应着装整洁,不准穿奇装异服,进入车间需换拖鞋,鞋子按划分区域整齐摆放。必须正确佩戴厂牌,穿工作服上班。不得携带任何个人物品,如手机、平板电脑、手袋、食品等进车间。

2. 上班时,物料员须及时把物料备到生产线,并严格按照规定的运作流程操作,不得影响工作的顺利进行。

3. 员工在作业过程中，必须保持 50~80cm 的距离，不得挤坐在一起，作业时须按要求戴好手套或指套，同时必须自觉做好自检与互检工作，如发现问题，应及时向品检员与组长反映，不可擅自使用不合格材料以及让不合格品流入下道工序，必须严格按照品质要求作业。

4. 每道工序必须接受车间品检员检查、监督，不得蒙混过关，虚报数量，应配合品检工作，不得有顶撞、辱骂行为。

5. 小零配件必须用蓝色胶盒盛放，一个盒子只可装一种零配件，安装过程中发现的不合格品必须用红色胶盒盛放，所有的物料盒排成一行放于工作台面的左手边。

6. 所有员工必须按照操作规程（作业指导书、检验规范等）操作，如有违规者，视情节轻重予以处罚。

7. 员工在工序操作过程中，不得随意损坏物料、工具设备等，违者按原价赔偿。

8. 工作时间离岗时，需经班组长同意并领取离岗证方可离开，限时 10min 内。

9. 上班注意节约用水用电，停工随时关水、关电。

10. 下班前必须整理好自己岗位的产品物料和工作台面，凳子放入工作台下面。

11. 员工之间须互相监督，对包庇、隐瞒行为一经查处严厉处罚。

12. 任何会议和培训，不得出现迟到、早退和旷会。

13. 本车间鼓励员工提出好的建议，一经采用，将根据实用价值予以奖励。

注：本制度与厂规发生冲突时，以厂规为准。

第一节 车间规章制度概述

一、车间规章制度及规章制度建设的意义

1. 规章制度的概念

现代工业生产是一个极其复杂的过程，必须合理地组织劳动者与机器设备、劳动对象之间的关系，合理地组织劳动者之间的分工协作关系，使企业的生产技术经济活动能按一定的规范向既定的经营目标协调地进行。要做到这一点，必须有合理的规章制度，对人们在生产经营活动中应当执行的工作内容、工作程序和工作方法有所规定。所谓规章制度，就是指企业对生产技术经营活动所制定的各种规则、章程、程序和办法的总称，是企业与劳动者在共同劳动、工作中所必须遵守的劳动行为规范。

2. 规章制度建设的意义

搞好车间规章制度建设，其意义在于：

1）规章制度是企业全体职工所共同遵守的规范和准则。有了规章制度，就使企业职工的工作和劳动有章可循，做到统一指挥、统一行动，人人有专责，事事有人管，办事有依据，检查有标准，工作有秩序，协作有契约。

2）企业的规章制度体现企业与劳动者在共同劳动、工作中所必须遵守的劳动行为规范，是企业内部的"立法"，加强车间规章制度建设，可以合理利用人力、物力、财力资

源，进一步规范企业管理，保证生产经营活动顺利、平稳、流畅、高效地进行。

3）制定企业规章制度是建立现代企业制度的需要。

4）企业的规章制度是完善"劳动合同制"，解决劳动争议不可缺少的有力手段，可以用来裁决企业中可能发生的种种冲突，有助于抑制企业可能出现的任意行为。

3. 规章制度的功能

规章制度的主要功能有以下几点：

1）规范管理，能使企业经营有序，增强企业的竞争实力。

2）规范指引员工的行为，能提高工作效率，保证工作质量，增强管理效果。

3）遵守规章制度，能培养员工的良好工作习惯和优良的工作作风。

4）具有法律的补充作用，有利于企业的正常运行和发展。

二、车间规章制度的种类

企业规章制度繁多，就车间范围来看，按其所起的作用和应用范围，大体可分为岗位责任制度、车间管理制度、技术标准与技术规程三类。

1. 岗位责任制度

岗位责任制度是按社会化大生产分工协作的原则制定的制度。它明确规定车间每个工作岗位应该完成的任务和所负的责任及其相应的权力。这种按工作岗位确定的责任制度，不论谁在哪个工作岗位上工作，都要执行该岗位的责任。这对稳定生产秩序，提高劳动生产率有着十分重要的作用。

2. 车间管理制度

车间管理制度是指有关整个车间管理方面的制度，主要有以下几项：

1）职工考勤管理制度。该制度规定职工请假的手续及对各种类别请假的处理办法，规定了职工的考勤办法。

2）思想政治工作制度。该制度规定各级管理人员以及党员思想政治工作的任务和责任，提出思想政治工作的内容、形式和方法。

3）职工奖惩制度。规定职工受奖的条件和等级，规定了受惩罚的范围和类别，明确了从车间主任到班组长的奖惩范围和权限。

4）车间工资奖金及职工福利费管理制度。根据企业工资奖金分配原则，制定本车间具体的分配和管理办法。

5）设备维修保养制度。明确设备维护保养的具体要求，落实责任，制定本车间的设备维修计划。

6）交接班制度。确定交接班的内容、纪律和时间要求，严格交接班手续。

7）仓库保管制度。明确物资出库、入库手续，加强物资保管的"三防"（防火、防腐、防盗）措施。

8）低值易耗品及废旧物资回收利用管理制度。

9）安全生产制度。它包括安全生产责任制度、教育制度、检查制度、事故处理制度、职业病防治制度等。

10）环境保护制度。它包括切屑、废渣、废水、废气、废料、有毒物品处理制度，车间过道物品摆放制度，车间各种看板、宣传示板、通知广告等的张贴制度等。

3. 技术标准与技术规程

技术标准与技术规程是由企业制定的，车间主要是贯彻执行这些标准与规程。

技术标准通常是指产品技术标准。它是对产品必须达到的质量、规格、性能及验收方法，包装、储存、运输等方面的要求所做的规定。此外，还有零部件标准、原材料、工具、设备标准。技术标准是职工在生产技术活动中共同的行为准则。

技术规程是为了执行技术标准，保证生产有秩序地顺利进行，在产品加工过程中指导操作者操作、使用和维修机器设备及技术安全等方面所做的规定动作。一般有工艺规程、操作规程、设备维修规程和安全技术规程等。

车间在执行企业颁布的技术标准和技术规程时，如发现某些规定不符合实际，或者有缺陷，必须报请企业有关职能科室进行验证，然后进行修改、完善，制定出新的规定后由主管领导批准实施。

第二节 车间规章制度的制定及贯彻执行

一、车间规章制度的制定

依法制定规章制度是企业内部的"立法"，是企业规范运行和行使用人权的重要方式之一，这是一件十分严肃的工作，既影响企业的正常运作，又影响企业的人文环境。因此，切不可认为制定规章制度之事就是制定几个文件那么简单。

制定规章制度的程序包括：立项、起草、征集意见、协商、审核、签发、公布、备案、解释、修改、废止。其中起草、征集意见、协商、审核、签发、公布是必要程序。

制定规章制度应认真遵循以下原则：

（1）合理可行原则　规章制度要符合国家政策、法令，有法可依，并且人人都能做到，不可别出心裁、随心所欲、过分严苛，造成员工工作时情绪紧张，人人自危，难以适应。

（2）契合实际原则　制定规章制度既要吸收兄弟单位的先进经验，又要符合本单位的实际，还要与空间环境相适应，要体现价值特征，与企业内在的价值观吻合，符合本车间、本工种的实际，不要列举那些远离实际的无用条款。

（3）与时俱进原则　制定规章制度既要继承以前的成功条例，又要结合企业发展的要求，随时间而演化，根据变化了的国际国内形势和国家政策，拟定符合时局的条款。

（4）民主集中原则　规章制度应当经职工代表大会或全体职工讨论，提出方案和意见，与工会或职工代表平等协商确定，贯彻民主集中制。一定要按照民主协商、多次讨论、表决通过、上报审核、行文公布的程序进行。

（5）惩劣奖优原则　从某种意义上讲，规章制度就是一种赏罚条款，因此条例要明晰可鉴，应明确规定奖赏与处罚，绝不可模糊不清。规章制度应达到奖励优秀、惩罚劣行的效果。

（6）相对稳定原则　规章制度应力求完整、全面、科学，一旦建立和实施，就应坚持有效地执行，保持相对稳定。不能因为某些特殊情况的出现而反复修订，朝令夕改。即使需要修改,也应如同初始制定一般,按程序制定,绝不可某个人说了算。

认真遵循以上原则制定出来的规章制度,一定能真正提升企业管理水平,调动职工生产积极性,促进经营活动的顺利运作,发挥制度应有的经济效益和社会效益。

二、车间规章制度的贯彻执行

规章制度制定出来后,不是用来欣赏的,而是用来贯彻执行,发挥作用的。制定一个合理的规章制度有一定的难度,而执行规章制度有时会感到更有难度,其主要原因是规章制度是和人打交道,人的思想、情绪、状态等是不同的,而且总是在变化之中。因此,贯彻执行规章制度是一份具体细致、考验人处理问题能力的工作。

要想顺利地贯彻执行规章制度,应做到以下几点:

(1) 领导带头,上下一心 通过民主集中制产生的规章制度,是企业内每个人都应遵守的行为规范,对每个人都有约束作用,绝不只是领导用来管理下属员工的工具。因此,领导应率先垂范,模范执行。这样就能上下一心,共同遵守,规章制度也就一定能顺利执行。

(2) 广泛宣传,重点培训 贯彻执行规章制度,首先要进行思想教育,要考虑员工的感受,积极沟通,必须落实到每位员工,强调集体意识;要教育员工防患于未然,不要等到出错非要处理不可。对有些光靠传达文件不能很好贯彻的项目,必须开展针对性的培训。

(3) 公平公正,不徇私情 规章制度一旦建立,必须坚决执行。但一定要公平公正,不徇私情。徇私情是执行制度的大敌,一定要杜绝。在执行力度上要逐渐强化,尤其是一些新条例的起始执行阶段,要让员工有一个习惯过程,避免情绪波动。

(4) 检查评比,铸就习惯 规章制度既然是一种行为规范,那它的每一条款必然会在行为中反映出来,只不过这些行为受到一些约束。显然,如果一个人从前的行为早已是这样的,那么约束对其显然不起作用;如果一个人从前的行为不是这样的,那么他对这些约束显然会不适应,甚至产生抵触。因此,要使执行规章制度成为所有人的自觉行动,必须有个过程。在这个过程中,企业、车间可以采取经常性的评比活动,树立榜样,培养良好的企业风气,使执行规章制度成为员工的自觉行动和习惯。

显然,加强企业的规章制度建设,认真贯彻执行规章制度,对于改良企业的精神风貌,促进企业的文明建设,是一项不可或缺的工作。

案例分析

【案例分析 9-1】 某企业车间废旧物品管理准则

车间废旧物品管理准则:
一、目的
规范售后废品管理,提高管理效率。
二、范围
废旧物品包括废机油,更换下的旧件(含保险事故和机修件),备件包装纸箱等包装物。客户要求自行带走的旧件不在此范围。
三、管理办法
所有废旧物品由备件部统一管理,包括存放、清理和处理,废旧物品收入由备件部设立单独台账统一保管。

1. 管理规定

1）维修过程中用剩的零部件（大修包等）或辅料（油漆、机油、防冻液等）以及机油桶不得私自处理，必须存放于废油、废物室指定区域；不按指定区域存放的扣其5S得分。

2）维修过程中更换下来的机修件（机油滤清器除外）存放于废油、废料室。钣金件存放于钣金拆装件室，待车辆完工后三日内转存于废油、废物室。

3）保修更换的零部件及时交给管理员处理，不得存放于维修车间。

4）对于维修过程中更换下来的旧件，特别是带有油渍的零部件（如转向助力泵、燃油泵等），车间负责清洁后交由管理员。违反者扣其5S得分。

5）每周由车间主任负责，组织人员对存放于废油、废料室的物品进行整理，有利用价值或变现价值的存放于指定位置，无用的及时清理。

2. 保管

1）事故车钣金件。对于保险公司要收回的事故件，暂存钣金旧件室，钣金组应做相应标记。

2）事故车机修件。对于保险公司要收回的事故件，暂存旧件室，机修组应做相应标记。

3）普通维修旧件。钣金件暂存于钣金旧件室，待车辆完工后三日内转存于废物室。机修件存放于废油、废料室。油漆剩余辅料存放于油漆室继续使用。

【案例分析问题】

1）你觉得该企业车间废旧物品管理准则合理吗？执行该准则可能会遇到什么困难？

2）该企业车间废旧物品管理准则会给企业带来什么效益？

【案例分析9-2】 某企业车间的工作职责及处罚办法

1）上班时按要求穿戴好工作服、工作帽、工作鞋，挂好上岗证，违者每次处以5元罚款，工作服不得穿出车间，违者罚款10元。

2）车间严格按照生产计划部指令，根据车间设备状况和人员，精心组织生产，违者每次处以20元罚款。

3）车间如遇原辅材料、包装材料不符合规定，有权拒绝生产，并报告质量保证部和生产计划部。如继续生产造成损失，将按《质量管理条例》进行处罚。

4）员工在生产过程中应严格按照质量标准、工艺规程和标准作业程序进行操作，不得擅自提高或降低标准，在操作的同时应做好记录，违者每次处以10元罚款。造成较大经济损失将按《质量管理条例》进行处罚。造成安全事故者将交公司处罚。

5）按照生产质量管理规范、《医疗器械生产条例》要求对原辅材料、包装材料进行管理并做好记录，违者每次处以20元罚款。

6）加强现场管理，随时保证场地整洁、设备光洁。操作人员下班前均要打扫场地和清洁设备，违者每次处以10元罚款。

7）车间生产所剩的边角余料将由专职人员运出车间，由有关部门统一处理，未按时运出车间的，每次处以10元罚款。

8）车间员工和外来人员进入特殊工作岗位应遵守特殊规定，确保生产安全，违者每次处以 20 元罚款。

9）设备维修人员、电工必须跟班作业，保证设备正常运行，对影响生产者每次处以 10 元罚款。

10）禁止在车间聊天、嬉戏打闹，违者每次处以 10 元罚款。

11）车间员工必须服从车间安排，对不服从安排、谩骂者每次处以 50 元罚款，对人身攻击者每次处以 100 元罚款并交公司人事部。

12）对盗窃公司财产者，不论价值多少，一律交公司行政部处理。

【案例分析问题】

1）你对该企业的工作职责与处罚办法有何评价？
2）你觉得该企业的处罚办法合理吗？

思考与练习

1. 何谓规章制度？车间规章制度建设有何意义？
2. 车间规章制度有何功能？
3. 车间规章制度如何分类？各包含什么内容？
4. 制定车间规章制度应遵循哪些原则？
5. 怎样保证顺利贯彻执行规章制度？

第十章 现代企业车间的安全生产与环境管理

学习目标

【知识目标】

1. 了解安全生产的概念与特点,熟悉安全生产技术,了解车间安全生产的主要工作。
2. 了解劳动保护与工业卫生的概念,熟悉劳动保护的任务与内容,了解改善劳动条件与职业病防治的方法。
3. 了解车间环境保护的意义及环境保护工作,了解车间清洁生产的内容及特点。

【能力目标】

1. 通过学习,能够初步发现车间安全生产的隐患,并提出相应的改进措施。
2. 通过学习,能够初步对某一具体的车间环境保护问题提出一些合理化建议。

导读案例

【案例10-1】 某炼油厂催化三车间安全管理的经验

炼油厂催化三车间是由两套联合装置组成的生产车间。为维护安全生产,提高炼油厂的经济效益,车间领导班子从提高管理水平着手,加强培养职工的责任心、自觉性和班组自我管理的能力,坚持高标准、严要求,从严管理、细化管理、加强考核,建立行之有效的安全生产管理体系。催化三车间在安全生产工作中取得了可喜的成绩,积累了丰富的经验。

1. 领导重视抓安全

(1)建立健全安全生产组织管理体系 围绕安全工作,车间制定了安全生产方针:安全第一、预防为主、全员动手、综合治理;安全生产目标:三个为零、一个减少,即重大人身伤亡事故为零、重大生产设备事故为零、重大火灾爆炸事故为零,减少一般事故发生。加强对职工的责任心、自觉性教育,培养班组自我管理的工作能力,形成了安全生产人人有责的氛围。在学习提高认识的基础上,建立了安全生产组织管理体系,做到"二主、四尽、三坚持",即主要领导亲自抓,分管领导具体抓,安全生产谁主管谁负责;对安全生产工作尽职、尽心、尽责、尽力;在任何时候、任何地方都坚持"安全第一,预防为主"的方针,坚持安全工作高标准、严要求、从严管理、从严考核，坚持党、政、工、团齐抓共管、综合治理的工作作风。

（2）抓好全员安全教育、宣传活动　搞好安全教育是安全管理工作的重点，为了确保安全生产，车间组织职工学习各类安全生产规章制度。坚持"四不放过"原则，促进全员素质的不断提高，由"要我安全"过渡到"我要安全""我会安全"，从而完成了由量变到质变的过程，使车间安全工作有了质的飞跃。安全生产是一项长期的基础工作，定期开展各项安全活动是增强职工安全意识的有效途径。催化三车间根据炼油厂安全生产工作的实际情况，开展了形式多样的宣传活动，如"安全宣传月"活动、"安全生产周"活动和"119"消防宣传日活动等。另外，车间注重加强季节性工作宣传教育，如防台防汛、防暑降温、防冻防凝等工作宣传。对每一次活动、每一项工作做到有组织落实、有活动落实、有计划、有内容、有总结、警钟长鸣、居安思危。

2. 明确责任抓落实

（1）建立健全安全生产管理制度　车间领导班子在繁忙紧张的工作中，不忘安全工作。组织力量，完善和健全各项规章制度、安全操作规程；修订安全生产责任制及安全生产责任制考核条例，做到"一岗一考核制"；同时，组织全体职工对安全责任制学习并进行考试，强化全体职工的安全意识。健全全员安全生产责任制管理机制，使安全管理做到"四个有"，即人人有职责、事事有标准、处处有督促、时时有检查。抓好"四个环节"，即强化思想意识环节、现场动态管理环节、重点区域监控环节、事故隐患整治环节。把安全管理趋向制度化、规范化、标准化，确保各级安全生产责任制全面落实到位，逐步形成了综合安全管理的新格局和自我完善、自我约束、各负其责的良好局面，提高车间安全管理水平，确保年度安全管理目标顺利实现。

（2）明确各级安全职责　安全生产责任制是岗位责任制的一个重要组成部分，是安全生产管理中最基本的一项制度。安全生产责任制是根据"管生产必须管安全""安全生产，人人有责"的原则和经济责任制紧密挂钩的。有了安全生产责任制，就可使其与每个人的利益、荣辱联系起来，从而增强了全员安全生产的责任心，使安全管理、安全生产纵向到底、横向到边，做到责任明确、群管成网、奖罚分明，从不同的角度，人人努力，做好安全生产。

3. 强化意识抓管理

（1）抓好生产现场安全管理　加强对设备设施的管理，制定各项规章制度，确保设备设施安全可靠，处于良好备用状态。加强对检测仪、便携式报警仪的管理和日常维护保养，各类器具采取由岗位负责、班长检查、车间日常抽查相结合的管理方法，确保仪器完好，处于正常工作状态。生产现场安全管理涉及面广，内容多。所以安全工作要时时提，要求全体职工从思想上重视，行动上落实。

（2）抓好安全设施的配置和管理　多年来，炼油厂坚持所有新建、扩建、改建的工程项目，其安全环保项目、设施都与主体工程同时设计、施工、审查验收投用。根据催化三车间的生产工艺特性，在设计施工中采用了固定式可燃气体报警仪84台，固定式硫化氢报警仪12台。为了确保各类报警仪器处于正常工作状态，制定了严格的规章制度，规定了停用、抢修的具体操作方法及审验手续；同时要求现场操作人员对其加强检查，仪表、计量、安全等有关科室，对各类报警仪器实施抽查校验。

（3）抓好班组安全学习管理　抓班组安全学习，是提高全体职工安全意识的关键。对于安全生产的认识从宣传教育上，要横向到边、纵向到底。在班组安全活动的内容和形式上要"新""活""趣"。班组安全活动的内容一般在活动前就要准备好，收集好有关信息、资料，如学习安全生产知识、分析事故预案、查找身边的危险因素及制定防范措施、提出安全合理化建议、反事故演练、交流巡检经验体会等。在安排活动时要注意两个问题：一是内容要有系统性，保持前后内容的连贯，使职工通过安全活动对安全管理、事故预防等知识有一个全面、系统的了解；二是结合班组日常工作，针对现状，从解决实际问题出发，使内容紧扣身边的人和事，保持内容的灵活性。同时开展班组安全活动，要新颖、新奇，车间结合实际，摸索出一些有新意、有趣味的安全活动方式，通常车间安全活动一般采取以下五种形式：讲授式、讨论式、答辩式或笔试式、事故演练或安全预分析式、班组间安全竞赛活动。总之，各种方法的采用要立足车间实际情况，灵活掌握。

（4）抓好安全监督管理、强化考核　加强安全监督，是确保安全生产的关键工作。车间建立了日检查、周检查、月检查、季节性检查等台账，注意安全检查要查思想、查制度、查机器设备、查设备安全、查安全教育培训、查操作纪律、查工艺纪律、查巡线挂牌、查劳动保护、查消防设施、查隐患、查事故苗子、查漏点等。对检查出来的问题和隐患，应进行登记建立台账，同时作为整改备查的依据，整改结束后，由专人进行复查，确认整改合格后，在台账上销号。为了确保安全生产责任制能始终如一地贯彻执行，制定了与经济责任制紧密相扣的规章制度。每季度评选出各类明星，有安全明星、技术明星、管理明星、操作明星、节能明星、环保明星等，以此促进全员比、学、赶、帮、超的良好学习风气。在安全生产上，严格按规章制度办事，对做出重大贡献的人员进行重奖。同时车间对违章人员不仅给予严肃的批评教育，谈认识、写检查，还要与经济责任制挂钩，对其进行经济处罚。

4. 抓技术培训保安全

催化三车间装置新而多，工艺技术先进，要确保安全生产及检修时的开停工工作，必须强化技术培训，才能保证熟练地操作。车间领导班子十分重视教育培训工作，一方面组织技术人员进行技术指导，另一方面，加强科学管理，组织职工相互学习交流，进行每月一次的岗位考试，并与经济责任制挂钩。车间特别重视加强对事故预案的学习，目的是提高职工正确迅速地处理各类事故的能力。在车间领导倡导下，职工中已经形成勤学安全技术、业务知识的氛围。

车间是企业组织生产、保护职工在生产过程中的安全与健康的直接场所，更是企业在保护安全的前提下，获得高质量产品、更好经济效益的阵地。安全管理工作就是为了预防和消除生产过程中的工伤事故、工业中毒与职业病、燃烧与爆炸等所采取的一系列组织与技术措施的综合性工作。

【案例10-2】　广东韶关钢铁集团有限公司炼钢车间劳动保护

广东韶关钢铁集团有限公司炼钢车间注重强化工作基础，加大工作力度，把保障职工在生产过程中的劳动保护和健康作为工会工作的首要任务，依据《工会法》《劳动法》《劳动保护生产法》赋予工会组织的职责，紧紧围绕企业工作实际，认真按照"劳动保护第一、预防为主、群防群治、依法监督"的原则，通过健全组织，深入宣传，加强监督检查，严格考核管理，深化班组建设，建立、健全了劳动保护组织，工会劳动保护工作得到了持续发展。

1. 提高认识,狠抓落实

开展"以人为本,加强劳动保护生产教育"为主题的劳动保护知识普及、培训活动;提高企业劳动保护管理水平、车间员工劳动保护和自我保护意识。加强劳动保护基础管理和工会劳动保护管理。并使员工深刻认识到,开展劳动保护不仅是保证国家财产不受损失和职工生命不受侵害,也是稳定职工队伍、确保生产稳定、加快企业发展、扩大社会影响的有效载体。主要体现在以下几个方面:

1) 领导认识到位。多年来坚持并始终贯穿到劳动保护生产全过程,建立、健全劳动保护管理组织机构,按照分级负责的原则,逐级签订劳动保护生产责任书,责任落实到位,并将劳动保护纳入整体工作决策之中,统一管理、统一步调、统一规范各项制度、统一监督检查。坚持做到"五同时",形成了劳动保护生产层层抓、层层管,事故隐患上查、下查、人人查的良好氛围。形成劳动保护风险共担,劳动保护效益共享的激励机制。建立了定期检查、定期评比、定期通报制度。

2) 大力开展宣传活动。通过信息化的办公系统、黑板报、厂务公开栏开展有奖征文、安全警句征集等活动,宣传劳动保护工作的重要性,促进实现"两零一减少",减少轻伤(微伤)事故;提高劳动保护管理水平,提高员工自我保护意识。

3) 为进一步加强职工辨识危险和"三不伤害"的防护能力,下发"习惯性违章行为和岗位危险源查找表"和"三不伤害防护卡"。

2. 以人为本,安全为魂,广泛开展劳动保护活动

1) 始终坚持"以人为本,安全为魂"的原则,充分发挥和调动广大员工的自觉性和创造性。广泛发动员工,及时了解生产过程中的不安全因素,及时发现事故隐患,及时采取措施,堵塞漏洞,防患于未然。为真正把劳动保护工作落到实处,所有制度工会都要提交广大员工或职工代表讨论,得到员工的认可,把强制性的措施变成员工的自觉行动。为发挥员工的首创精神,工会不定期召开与员工对话会,每年召开两次职工代表会,开设意见箱,发动员工提出合理化建议。

2) 广泛开展群众性的劳动保护活动。生产任务与劳动保护工作同时考核,实行一票否决制,以严格的奖惩制度,高标准有效的控制,激发全体员工参与活动的积极性和自我防护、争先创优的意识。另外,还在全部范围内推行劳动保护生产"三负责"制,形成人人抓安全生产、人人关爱生命、关注安全的良好氛围。这些群众性的安全生产活动有效地避免了各类事故的发生。

3. 发挥工会组织优势,教育与培训相结合

工会通过多种形式的劳动保护、宣传教育活动,用先进的劳动保护知识教育员工、约束员工、培养员工、激励员工,使广大员工树立"劳动保护第一,预防为主"的思想和保护意识,在企业形成良好的劳动保护文化氛围。

1) 工会把劳动保护生产知识作为员工入职的必修课,一线新员工必须进行岗前培训,达到应知、应会。

2) 认真贯彻落实工会劳动保护监督检查"三个条例",建立以工会主席为首的劳动保护监督检查委员会和职工代表参加的群众监督检查委员会,完善了职工代表对施工现场劳动保护生产巡视检查制度。

3）建立突发性应急制度。建立以各级工会主席为组长的应急救助组织机构，负责职工突发性事件的指挥和协调处理工作；对全体员工进行突发事件、人身劳动保护防护方面的宣传教育，让大家及时了解遇到突发事件时应采取哪些应急做法。

4）工会协助行政建立、健全以劳动保护生产责任制为核心的各项劳动保护规章制度。

第一节 安全生产

一、安全生产的概念与特点

1. 安全生产的概念

安全生产是企业管理的一项义务和重要任务。安全的含义有两个方面：一是人身安全；二是设备安全。只有保证了人和机器设备的安全，生产才能顺利进行。

概括地说，企业在生产过程中围绕工人的人身安全和设备安全开展的一系列活动，称为安全生产工作。

安全生产是国家领导和管理生产建设事业的一贯方针，其基本含义是生产必须安全，安全促进生产。因为，离开了安全，就不能正常地进行生产；离开了生产，讲安全就失去了意义。所以，安全和生产，两者必须同时抓好，不可偏颇。但在安全与生产发生矛盾时，强调安全第一，必须保证在安全条件下进行生产。

2. 安全生产的特点

贯彻安全生产的方针，必须注意安全生产工作的特点。安全生产的特点有以下几点：

（1）预防性 必须把安全生产工作做在发生事故之前，尽一切努力来杜绝事故的发生。它要求安全工作必须树立预防为主的思想。

（2）长期性 企业只要生产活动还在进行，就有不安全的因素存在，就必须坚持不懈地做好安全工作。它是一项长期性的、经常性的、艰苦细致的工作。

（3）科学性 安全工作有它的规律性，各种安全制度、操作规程都是经验的总结。只有不断地学习有关安全的知识，才能掌握安全生产的主动权。

（4）群众性 安全生产是一项与广大职工群众的工作和切身利益密切相关的工作，必须使它建立在广泛的群众基础上，只有人人重视安全，安全才有保障。

3. 安全生产的意义

搞好安全生产，对国家和企业都有着十分重要的意义。

1）以人为本，保护工人的安全和健康是最大的政治问题。在一个现代企业中，劳动者是国家的主人、社会的主人、企业的主人。保护工人在生产中的安全与健康，是非常重要的任务。

2）人是劳动者，发展生产首先要爱护劳动者。在一个企业里，人和设备工具构成企业生产力。人是劳动者，发展生产主要靠人，因此企业发展生产首先要爱护劳动者，当然也要爱护设备。也就是说，要搞好生产，必须保障劳动者和设备的安全。

3）保证劳动生产安全，是国家经济建设和企业生产发展的一个极为重要的条件和内容。

生产不安全，一旦发生了人身事故或设备事故，一是会打乱正常的生产秩序；二是增加开支；三是人身事故导致本人痛苦，又增加工人医疗、休工费用。所以，生产不安全对国家、企业和个人都是极为不利的。

二、安全生产技术

安全生产技术，是指为了消除生产过程中的危险因素，保证职工在生产过程中的安全所采取的技术措施。安全生产技术范围包括为了预防物理、化学、机械因素促成的突发性人身伤亡事故而采取的技术措施，分析研究事故的危害性、规律性、可防性及预防对策。

1. 企业生产的不安全因素

1）物理方面的不安全因素有：声、光、强磁、放射性等引起的急性伤害；火焰、熔融金属、热液、热气等引起的灼伤、烫伤；触电引起的电击和电伤以及锅炉、受压容器和气瓶的爆炸事故等。

2）化学方面的不安全因素包括：粉尘爆炸、化学物质爆炸、化学物质的急性中毒（铅、汞、强酸、强碱、汽油等的大剂量突然中毒）。

3）机械方面的伤害包括：机器转动部分绞、碾，设备和工具引起的砸、割，以及物体打击、高空坠落等的伤害。

2. 企业安全生产的技术措施

安全技术措施的内容，主要是改进工艺和设备，实行机械化、自动化、电气化、密闭化生产，设置安全防护装置，进行预防性机械强度试验及电气绝缘试验；加强机器设备维护保养和计划检修。合理安排和布置工作地，对安全生产和提高劳动生产率有十分重要的作用。为此，在进行工厂设计、厂房建造、工艺布置和设备装置时，不仅要考虑经济合理性，还要考虑安全性。

1）厂房建筑要结构牢固，采光、通风良好，防止过度日晒，符合防火、防爆要求；厂房建筑与高压电线、储存易燃易爆物品的仓库应有足够的安全间距。

2）工艺布置要符合防火、防爆和工业卫生的要求，并考虑过道和运输消防通道通畅。

3）设备排列应有安全距离和科学的排列方式，考虑工人操作安全、方便，不受外界危险因素影响。

4）设备要有安全装置，包括防护装置、保险装置、连锁装置、信号装置、危险牌示和其他安全装置。

三、安全生产教育与安全生产检查

1. 安全生产教育

安全生产教育，是帮助职工正确认识安全生产的重要意义，提高他们实现安全生产的责任心和自觉性，帮助职工更好地掌握安全生产科学知识，提高安全操作水平，保证安全生产的重要环节。

安全生产教育的基本内容包括：

（1）思想政治教育　主要是教育职工提高对安全生产和劳动纪律的认识，正确处理安全与生产的关系，遵守劳动纪律，自觉搞好安全生产。

（2）劳动保护政策和制度教育　要使企业全体职工都了解劳动保护的政策和有关制度，

才能认真贯彻执行，保证安全生产。

(3) 安全技术知识教育　包括一般生产技术知识、安全技术知识和专业安全技术知识的教育。

1) 一般生产技术知识教育的主要内容包括：企业基本生产概况，生产技术过程，作业方法，各种机器设备的性能和知识，工人在生产中积累的操作技能和经验，以及产品的构造、性能和规格等。

2) 安全技术知识教育的主要内容包括：危险设备、区域及其安全防护基本知识，有关电器设备（动力及照明）的基本安全知识，起重机械和厂内运输的有关安全知识，有毒、有害物质的安全防护基本知识，一般消防制度和规则，个人防护用品的正确使用知识等。

3) 专业安全技术知识教育的主要内容包括：工业卫生知识和专业的安全技术操作规程、制度，如锅炉、受压容器、起重机械、电气、焊接、防爆、防尘、防毒、噪声控制等知识。

(4) 典型经验和事故教育　典型经验和事故具有指导工作、提高警觉的教育作用。用安全生产的先进经验和发生的典型事故进行教育，可以使职工从正、反两方面的对比中深刻认识安全生产的重要性，推动安全生产工作的深入开展。

安全生产教育的形式和方法主要有：

1) 三级教育　企业安全生产教育的主要形式包括入厂教育、车间教育和岗位教育。

2) 特殊工种的专门训练　如电气、锅炉、受压容器、瓦斯、电焊、车辆等操作工人，必须进行专门的安全操作技术训练，经过严格的考试，取得合格证后，才能准许操作。

3) 各级生产管理人员的培训　主要是提高他们对安全生产的认识和责任感，杜绝违章指挥，加强安全管理。

4) 经常性的安全教育　一般应力求生动活泼、形式多样，如安全活动日、班前班后会、事故现场会等。

2. 安全生产检查

安全生产检查是落实安全制度、推动安全生产的一个重要方法。通过检查，能够发现问题，总结经验，采取措施，消除隐患，预防事故的发生。安全生产检查的内容主要有如下几方面：

(1) 查思想认识　首先是检查领导对安全生产是否有正确的认识，是否能正确处理安全生产的关系，是否认真贯彻安全生产和劳动保护的方针、政策和法令。

(2) 查现场、查隐患　主要是深入生产现场，检查劳动条件、安全卫生设施是否符合安全生产要求，特别是要注意对一些要害部位进行严格检查。

(3) 查管理、查制度　包括劳动保护措施计划的执行情况，各种技术规程的执行情况，厂房建筑和各种安全防护设备的技术情况，个人防护用品保管和使用的情况等。

安全生产检查必须有领导经常和定期地进行，采取领导与群众相结合的办法。检查应当和评比、奖励、采取措施相结合，注意表扬好人好事，宣传和推广有关安全生产的先进经验。

四、车间安全生产工作

车间安全生产工作主要有以下内容：

1) 认真执行有关安全生产的方针政策，以及其他有关的政府法令和制度。

2）制定安全生产制度和安全操作规程，实行安全生产责任制，把安全和生产从组织领导上统一起来。

3）开展安全生产教育，坚持班前会教育，增强职工的安全意识，学习安全知识。

4）编制安全生产技术措施，掌握防范事故发生的技术手段。

5）加强现场管理，加强劳动纪律教育，经常组织安全生产的检查，及时发现问题，消除隐患；经常开展安全生产知识竞赛与评比，巩固安全生产成果。

6）建立和落实安全生产责任制。安全生产责任制是企业各级领导对安全工作切实负责的一种制度，是做好车间安全生产的具体措施。它把"管生产必须管安全"和"安全生产，人人有责"的原则用制度的形式固定下来，明确要求各级领导在安全工作中各知其责、各负其责、各行其责。

7）及时做好工伤事故的组织抢救、报告、处理、慰问的工作，以及事故教育和安全完善措施等工作。

8）做好安全事故统计报告工作，查明责任，吸取教训，杜绝类似事件发生。

第二节　劳动保护

一、劳动保护与工业卫生的概念

1. 劳动保护的概念

劳动保护是指为了在生产过程中保护劳动者的安全与健康，改善劳动条件，预防工伤事故和职业病等方面所进行的组织管理工作和技术措施。企业劳动生产过程中存在着各种不安全、不卫生的因素，如果不加以消除和预防，对劳动采取保护措施，就会发生工伤事故和职业病、职业中毒的危险。例如，矿山企业的瓦斯爆炸、冒顶、水灾；机电企业的冲压伤手、机器绞轧、电击电伤、受压容器爆炸；建筑企业的空中坠落、物体打击和碰撞；交通企业的车辆伤害；从事有毒、粉尘作业，如铸锻、油漆、电焊、高频等作业，容易产生职业病。如果劳动者的工作时间太长，会造成过度疲劳、积劳成疾，容易发生工伤事故；女工从事繁重的或有害女性生理的劳动会给女工的安全、健康造成危害。国家和企业为了保护劳动者在劳动生产过程中的安全、健康，在改善劳动条件以防止工伤事故和职业病、实现劳逸结合和女工保护等方面所采取的各种组织措施和技术措施，统称为劳动保护。

2. 工业卫生的概念

工业卫生是对职业毒害的识别、控制、消除和预防职业病的一门科学技术。由职业毒害而引起的疾病，称为职业病，具体是指劳动者在职业活动中，因接触粉尘、放射性物质和其他有毒、有害物质等因素而引起的疾病。与生产过程有关的职业毒害有电磁辐射、电离辐射、热辐射、强光、紫外线、高频、振动、噪声、生产性毒物（如铅、汞、苯、锰、一氧化碳、氰化物等）、生产性粉尘（如矽尘、煤尘等）、微生物与寄生虫的感染和侵袭等。国家公布的法定职业病有10大类116种。这10大类职业病是尘肺病、职业放射性疾病、职业中毒、物理因素所致、生物因素所致、职业性皮肤病、职业性眼疾、职业性耳鼻喉口腔疾病、职业性肿瘤及其他职业病。

二、劳动保护的任务与内容

劳动保护的任务，总的来说，就是保护劳动者在生产中的安全、健康，促进社会生产建设的发展。具体包括以下四个方面的任务：

1）预防和消除工伤事故，保护劳动者安全地进行生产建设。

2）开展工业卫生工作，防止和控制职业病的发生，保障劳动者的身体健康。

3）合理确定劳动者的工作和休息时间，尊重职工的工作与休假权益，实现劳逸结合。

4）对女职工实行特殊保护。主要是根据女性生理特点，认真贯彻执行国家对女性的劳动保护政策，做好经期、孕期、产期、哺乳期的"四期"保护工作；加强对妇女的劳动保护知识和妇女卫生知识教育；合理调整女工担负的某些不适合女性生理特点的工作。

劳动保护工作的基本内容归纳起来，有以下五个方面：

1）积极采取安全技术措施。为了消除生产中引起伤亡事故的潜在因素，保护工人在生产中的安全，在技术上采取各种预防措施，如防止爆炸、触电、火灾等措施。

2）认真开展工业卫生工作。为了改善生产中的劳动条件，避免有毒、有害物质危害职工健康，防止职业病而采取各种技术组织措施。

3）健全劳动保护制度。主要是根据国家宪法原则，制定劳动保护的方针政策、法规制度以及建立劳动保护机构和安全生产管理制度，制定生产安全管理标准。这些劳动保护制度可以分为两大类：一类为生产行政管理方面的制度，如安全生产责任制、安全教育制度等；另一类为技术管理方面的制度，如安全操作规程、职工个人防护用品发放标准和保健食品标准等。

4）加强劳动保护用品的添置和管理。

5）总结和交流安全生产工作经验，检查监督安全生产状况。

三、改善劳动条件与职业病防治

1. 改善劳动条件

车间工作地的劳动条件是影响劳动过程中人的工作能力和健康状况的生产环境诸要素的总和。劳动条件分为以下几方面：

1）劳动清洁卫生条件，即工作区的表面环境状况。包括：

① 气温条件。生产现场的空气温度和流通速度必须符合工业企业的设计标准。一方面，要根据一年四季的气候变化，根据每日、每周、每月的天气预报做好临时性的保护工作，如夏天防暑，冬天保暖；另一方面，要根据现场的生产条件和生产特点，采取固定性的保护措施，如隔热层、通风系统、个人防护手段等。

② 空气条件。生产产生的灰尘分为有机的、无机的、有毒的、无毒的。防尘措施包括采用无尘机床和工业除尘设备，使生产过程自动化、密闭化，并采取个人防护措施。

③ 噪声条件。噪声是危害工人身体健康的重要因素，消除和降低噪声是科学劳动组织的重要任务之一。要尽可能减少噪声源，安置抗噪声设备。

④ 照明条件。工作地照明必须均匀，保证生产线有柔和的光照，能够清楚地分辨零件和背景。

为了保证工作地的清洁卫生，必须推行文明生产，并把工作地清洁卫生区域落实到每个工段、班组、岗位，纳入责任制的考核。

2）劳动的生理、心理条件，即劳动过程中对生理、心理的影响因素。包括：

① 规定有利于生产和健康的工作速度和节奏。

② 确定科学合理的工作姿势。

③ 制定合理的休息、作息制度。

④ 规定单位时间内单一劳动方式和工序劳动重复的合理数值，以缓解劳动的单调性。

⑤ 丰富职工的业余文化娱乐生活。

⑥ 合理安排工间运动，以消除劳动疲劳。

⑦ 经常关心职工，注意保护和恢复职工的身心健康。

3）劳动的美学条件，即影响劳动者情绪的各种设置方式、色彩等因素。包括：

① 工作地、工具的结构，美术设计和生产环境的设计。

② 设备、工作场地的色彩选择。

③ 上下班或间歇时间的功能音乐播放等。

4）劳动的社会心理条件，即形成劳动集体成员之间的相互关系及其心理特征。

劳动集体成员之间不仅存在竞争、竞赛关系，而且存在分工协作、团结友爱的工友、战友关系，企业、车间要营造团结和谐、互相关心、互相爱护、互相帮助、共同奋斗、携手前进的集体大家庭气氛和放心、顺心的劳动环境，共同努力完成生产经营任务。

2. 职业病防治

企业应积极采取控制职业毒害的措施，开展工业卫生工作。

1）新建、改建、扩建和技术发展项目的劳动安全卫生设施，要与主体工程同时设计、同时施工、同时投产使用。

2）改善劳动条件。

3）采取合理的通风、隔离、密封措施控制有害物质逸出。

4）定期进行环境监测，严格控制生产环境中的有毒、有害物质。

5）要以无毒或低毒原材料取代有毒或高毒原材料。

6）要尽可能将手工操作改为机械操作或自动操作。

7）要定期检查职工的健康情况，从事有毒、有害作业的人员上岗前要进行体检，要建立完善的健康档案。

8）发现早期职业病症状，要及时进行治疗，并调整工作岗位。

9）按国家规定给接触有毒、有害物质的工人发放保健食品。

第三节　环境管理

一、车间环境保护的意义

随着我国经济的高速发展，有效利用能源、减少环境污染、降低安全生产事故频次，防止突发环境事件，确保生命财产安全的重要性日益凸显，控制、治理和消除各种对环境不利的因素，努力改善环境、美化环境、保护环境，已成为人们日常生活的重要话题。在这种社会环境下，车间环境保护的问题自然也就提上了议事日程。原因有以下几点：

1）良好的工作环境能激发人们的劳动热情，提高工作效率。
2）良好的工作环境能消除安全隐患，提高安全度，保障生命财产免遭不必要的损失。
3）良好的工作环境能让人们工作起来心情愉悦，有利于消除工作疲劳。
4）良好的工作环境能提高人们的生活质量，有利于员工身心健康。
5）良好的工作环境能提升客户的信任度，增强企业的竞争力，有利于企业拓展业务。
6）良好的工作环境是生产经营活动正常开展的保障，有利于企业持续发展。

总之，车间开展环境保护活动，有着不容忽视的重要意义。

二、车间环境保护工作

优良的工作环境是顺利完成生产任务、提高工作效率的重要因素。车间是职工从事生产活动的第一场所。车间管理必须努力创造条件，为员工营造一个安全、卫生、舒适、轻松的劳动环境，使大家健康地、无后顾之忧地放心积极工作。车间环境管理大致有以下几方面内容：

1）车间应规划好、布置好工作场地。车间人行过道应有安全线；坯料、在制品，尤其是较大型的物件，应划分专门的摆放位置；有运输机械、起吊装置、行车的车间应设置警戒线或警示标志，谨防碰撞、倾轧、空中坠物等事故。
2）加强对有毒、有气味、危险化学品、生产性毒物等的管理。这类物品一定要有专人负责保管，避免误用甚至误伤人命。
3）加强对腐蚀性化学物品、容易给人体带来伤害的有机溶剂、清洗物件用的汽油和柴油的使用管理与保管，使用者必须经过培训，懂得其性能和使用操作方法，懂得如何处理其残液。
4）加强对易燃品、易爆品、锅炉、配电装置等的管理，避免发生意外事故。
5）加强对振动、噪声、高频、辐射（包括电磁辐射、电离辐射、热辐射）、放射性物质、粉尘、强光和紫外线照射等作业的管理，采取必要的防护措施，保护人体不受伤害。
6）加强对废渣、废水、废液、废气排放的管理，避免污染环境。
7）车间必须对一些劳动场所采取通风、隔离、密封等措施，或者配发专门的防护镜、防护手套等劳保用品，降低职业病的危害。

第四节 清洁生产

一、清洁生产的定义及意义

清洁生产是20世纪90年代初提出的，它是由"污染防治"概念演变而来的一种创新性思想，该思想将整体预防的环境战略持续应用于生产过程、产品和服务中，以增加生态效率和减少人类及环境的风险。《中华人民共和国清洁生产促进法》中将清洁生产定义为：清洁生产是指不断采取改进设计、使用清洁的能源和原料、采用先进的工艺技术与装备、改进管理、综合利用等措施，从源头削减污染，提高资源利用效率，减少或者避免生产、服务和产品使用过程中污染物的产生和排放，以减轻或者消除对人类健康和环境的危害。以上定义可以进一步简述为：清洁生产是以节能、降耗、减污为目标，以管理和技术为手段，实施企业生产全过程污染控制和综合利用，使污染物的生产量最小化的一种综合措施。

清洁生产的根本意义在于对传统的环境保护模式体系和人类社会生产模式体系实施双重变革，促使生产与环境保护两者的综合一体化，建立生态化的生产体系，促进社会经济可持续发展。

清洁生产的现实意义在于：
1）它是全过程控制污染的形式，开创了防治污染的新阶段。
2）它是以预防为主的污染控制战略，减少了末端治理的困难，提高了治污效果。
3）它是实现可持续发展战略的重要措施，使企业获得可持续发展的保证和机会。
4）它是清洁产品的生产方式，使企业赢得形象和品牌。
5）它节能降耗，减污增效，提高企业经济效益。
6）它是实施循环经济的有力工具，有助于实现经济效益、社会效益和环境效益三者的统一。

二、清洁生产的内容及特点

1. 清洁生产的内容

清洁生产体现预防为主的环境战略，是用清洁的能源和原材料、清洁工艺及无污染或少污染的生产方式，生产清洁产品的先进生产模式。其基本内容包括：

（1）清洁的设计　产品从设计、制造、使用到回收利用的整个寿命周期是一个有机的整体，在产品概念设计、详细设计的过程中，运用并行工程的原理，在保证产品的功能、质量、成本等基础上，充分考虑这一整体各个环节资源和能源的合理利用、生产工艺、环境保护和劳动保护等问题，实施绿色设计，使原材料能源使用最省，利用充分，对环境影响小，对生产人员和使用者危害少，最终使废弃物化为无害物。

（2）清洁的能源　这是清洁生产的源头环节，包括：
1）在资源和能源上坚持选择清洁能源、无毒无害的原材料，利用可再生资源，开发新能源新材料，寻求替代品等。
2）在使用能源和原材料上坚持"节约使用能源和原材料，实施节能技术措施，现场循环综合利用物料"等原则。

（3）清洁的生产过程　改进生产工艺和流程，选择对环境影响小的生产技术，尽可能减少生产环节，改进操作管理，采用实用的清洁生产方案和清洁生产技术，合理调整生产配方，开发新产品，更新改造设备，提高生产自动化水平，对物料进行循环利用，对排放的"三废"进行综合利用等。

（4）清洁的产品　产品设计应考虑节约原材料和能源，少用昂贵和稀缺原料，产品在使用过程中不含危害人体健康和破坏生态环境的因素；产品的包装合理，产品使用后易于回收、重复使用和再生，使用寿命和使用性能科学合理；产品满足用户要求，获得用户满意，并对使用后的废弃物回收利用、综合治理、开发副产品等。

2. 清洁生产的特点

清洁生产的特点主要有以下四点：

（1）预防性　清洁生产突出预防性，体现对产品生产过程进行综合预防污染的战略，抓源头、抓根本，通过污染物削减和安全回收利用等，使废弃物最少化或消灭于生产过程之中。

（2）综合性　清洁生产贯穿于生产组织的全过程和物料转化的全过程，涉及各个生产环节和生产部门，要从综合的角度考虑问题，分析到每个生产环节，弄清各种因素，协调各种关系，系统地加以解决，既以预防为主，又强调防治结合、齐抓共管、综合治理。

（3）战略性与紧迫性　清洁生产是在全球工业污染泛滥成灾的关键时期提出来的，是降低消耗、预防污染、实现可持续发展的战略性大问题，绝不可等闲视之，要从战略的高度去认识它、对待它，强调实施清洁生产的紧迫性。

（4）长期性与动态性　清洁生产是一个长期的运作过程，不可能一下子完成，要充分认识到它的艰巨性、复杂性和反复性，要坚持不懈、永久运作。同时要认识到清洁是与现有工艺产品相比较而言的，随着科学技术的发展和人们生活水平的提高，需要不断提升清洁生产的水平，不断改进和完善清洁生产。

三、车间清洁生产的措施

清洁生产的基本目标就是"节能、降耗、减污"，即提高资源利用率，减少和避免污染物的产生，保护和改善环境，保障人体健康，促进经济与社会的可持续发展。

为了实现清洁生产，必须做到以下几点：

1）调整和优化经济结构与产品结构，解决影响环境的"结构型"污染和资源、能源的浪费，科学规划，合理布局。

2）在产品设计和原料选择上，优先选择无毒、低毒、少污染的原材料，从源头消除危害人类和环境的因素。

3）改革生产工艺，开发新工艺技术，开展资源综合利用，改造和淘汰陈旧设备，提高企业的技术创新能力，提高资源和能源的利用率。

4）强化科学管理，改进操作方法，落实岗位责任，将清洁生产的过程融入生产管理过程中，将绿色文明渗透到企业文化中，提高企业职工的职业素质。

案例分析

【案例分析】　小事情，大教训

事件一：某纺织厂有个规定，试车的时候不能戴手套。赵军是厂里的老员工，多次被厂里评为优秀员工，有很丰富的工作经验。也许正是这些经验让这位德高望重的老员工存在一种侥幸的心理，经常在试车的时候违规戴手套。碍于情面，班长王刚也不好说他什么，就私下叫小明去提醒他注意一些。小明刚说完，赵军满不在乎地说："放心了，不会有什么问题的。我吃的盐比你吃的饭还多呢！"

结果，在一次试车中，手套绞入了机器里面，把手也带了进去，随之，一幕惨剧发生了，鲜红的血洒了一地。

事件二：某煤机厂职工杨瑞正在摇臂钻床上进行钻孔作业。测量零件时，杨瑞没有关停钻床，只是把摇臂推到一边，就用戴手套的手去搬动工件，这时，飞速旋转的钻头猛地绞住了杨瑞的手套，强大的力量拽着杨瑞的手臂往钻头上缠绕。杨瑞一边喊叫，一边拼命挣扎，等其他工友听到喊声关掉钻床，他的手套、工作服已被撕烂，右手小拇指也被绞断。

【案例分析问题】

通过上述事故案例，你想到了什么？

思考与练习

1. 何谓安全生产？它有哪些特点？
2. 车间生产应采取哪些安全技术措施？
3. 车间怎样抓好安全生产工作？
4. 何谓劳动保护？它包括哪些基本内容？
5. 何谓职业病？职业病如何分类？
6. 车间开展环境保护活动有何意义？
7. 何谓清洁生产？清洁生产有什么特点？清洁生产包括哪些基本内容？

第十一章 现代企业车间的领导班子建设
CHAPTER 11

学习目标

【知识目标】

1. 熟悉车间领导干部的素质要求,了解车间领导班子的组合原则。
2. 了解车间主任的角色地位,熟悉车间主任应具备的基本素质和能力。
3. 熟悉车间主任的职责和权力,了解车间党支部书记的职责。
4. 熟悉车间班组长的角色认知及其职责,熟悉如何当好班组长。

【能力目标】

1. 通过学习,能够初步具备协助组建车间领导班子的能力。
2. 通过学习,能够初步具备当任班组长的能力。

导读案例

【案例11-1】 欢乐宝贝玩具有限公司车间主任谈车间管理人员

谈谈怎样才能搞好车间管理,以及一个优秀的车间管理人员应该具备哪些素质。

1. 良好管理的三个基本条件

我们可以把一个企业理解成一支军队。军队要打仗并且要取得胜利,这和生产车间要出效益一样需要管理。以三国演义中的蜀军为例,这支军队就相当于一个企业,它有制度,有文化。在这支军队里,诸葛亮说的话就是制度和文化,这支军队行动很诡秘,这是蜀军文化的体现。有个挥泪斩马谡的故事,这个故事体现了这支军队有制度,马谡立下军令状,完不成任务当然要受惩罚。诸葛亮通过斩马谡,体现了他用人不唯亲、惩人不护己的作风,这也反映出蜀军纪律严明、公正无私的治军文化。同时,在三国演义中,火烧赤壁、大战长坂坡等,都离不开像张飞、关羽、赵云等战斗力很强的人。

与军队打仗一样,玩具企业发展也需要建立好的车间管理,这包括三个基本因素,具体如下:

第一，必须要有制度。车间管理如果没有制度，在管理的时候便无法可依，那肯定是不行的。所以，一定要有制度来管理车间不同层次的人。建立车间管理制度必须要考虑它的可行性和实用性。

第二，必须要有企业文化。这就像人一样，必须培养自己的品德。外国人对此的理解：一个人为什么要有品德，因为你想做好企业、想赚钱，如果没有品德，人家不和你交朋友，你就赚不到钱。生产车间也一样，它是玩具生产企业的核心部门，也是企业文化体现的地方。比如车间里团结互助、狠抓质量等就是企业文化的一部分，企业文化影响着车间管理的效果。

第三，车间必须有一支执行力很强的团队。你的制度定得好，企业文化也深入车间工人的心中，但是你的工人素质不好，执行力很差，那你的管理还是难开展。所以，车间管理既需要有条条框框的制度和企业文化，又需要有较强执行力的团队。

2. 优秀管理人员应具备的素质

生产车间工作纷繁复杂，企业负责人不可能亲自管理车间，大多数工厂会请懂行的人士帮助管理，大企业叫CEO，小企业叫生产总管。有人认为这是现代企业发展的趋势，即由职业经理人管理生产。那么，作为一名优秀的车间管理者应该具备哪些素质呢？我个人认为，一名优秀的管理者必须具备以下三个方面的才能。

第一，车间管理人员要熟悉业务。如果车间管理者熟悉、精通整个生产流程，比如多少原料能够生产多少成品，这样的管理者对企业发展就会很有帮助。如果你不熟悉生产流程、成本核算，你就很难去管理车间工人，更无法确定要制定什么样的车间管理制度。我认为，作为一名玩具车间的管理者，重中之重是要熟悉业务。例如，一个车间要生产音乐小公鸡玩具，管理者必须知道这个玩具怎么裁、怎么做，两捆布应该裁240件，可以做240个玩具，结果工人只做了50件，那么管理者就知道少了190件，这些布哪儿去了？一问有关人员他就没办法了，也许他们把布料裁成碎片丢到地上了。

车间里的管理就是这样，自己懂得生产，知道应该怎么做。布料不应该拉得这么紧；这个布应该放左边，那个应该放右边，才不会导致混乱；工人应该戴头盔，女工应该戴帽子，才不会把头发卷进机器里面去等。

如果车间的剪裁工合理利用能产出更多，管理者奖励他，这样就能调动员工的积极性，促进企业更好地发展。如果管理者不熟悉业务，只是停留在表面，那是管理不好车间的。所以说，熟悉业务对一个车间管理者来说是很重要的，它可以使企业的生产成本降低和效益最大化。

第二，车间管理者要能灵活指挥和调度现有工序和工人。管理人员仅仅熟悉业务还是不够的，要在熟悉业务的基础上，制定规章，进行梳理，安排工序和生产，还必须能灵活指挥和调度现场工序和工人。生产车间就像一个战场，每时每刻都可能出现不同的情况，而这些突发事件可能很多都是管理者想都没有想过的。比如，突然之间一名女工晕了，或者一名女工的头发被卷进了机器里面，这就需要管理人员当机立断地处理。在我的玩具工厂里，我们的管理人员全部在车间，即使要用到计算机的管理人员也在车间，因为我的理念是这样的：这个世界是干活干出来的，绝对不是看计算机看出来的。玩具工厂车间是生产部门，管理人员都在车间的好处是显而易见的。一是能够把管理人员和生产现场融合起来，车间的任何情况都可以及时反馈给管理者，可以使问题马上得到解决。二是管理人员可以发现车间的一些问题，包括静态和动态两个方面。例如，车间里掉了一个东西在地上，别人没发现，你发现了；你发现这个工人打哈欠，你过去问一下，原来他是流感，你让他回去休息，别传染给其他的人，这些是静态的。对车间管理人员来说，更重要的是动态地看问题，还有一些未雨绸缪的，在原有基础上适当做一些调整也许会达到更好的效果，这就是所谓动态地发现问题。三是管理人员融入工人中去，和工人搞好关系，这也是管理的需要。四是促使车间各个环节更加紧凑地运行，工人脚踏实地工作。

第三，车间管理者要有号召力。车间管理者既懂业务又能安排生产，还必须要有号召力，才能成为一名出色的管理人员。诸葛亮是管理者，他分配任务给张飞。张飞带领一队人马，那张飞对他下面的士兵来说也是管理者；张飞一声大吼，所有的人都跟着他跑，这就是号召力。在车间管理上也一样，要注意培养起个人的号召力，即"管"得住人。那么，这种号召力怎样才能建立呢？我认为号召力的建立首先还是要熟悉业务，其次还要有个人品德。个人品德一方面是指对技术的熟悉和掌控的程度，另一方面是指别人对你做事方式和品德的认可，这两个是产生号召力的基本条件。其实说到本质上，车间管理就是一门通过别人完成任务的艺术。车管理者水平的高低，不在于你能让高素质的工人把事情办好，更重要的是让素质一般的工人把事情做好，让每一位工人在执行同一项命令时，能够按照车间管理者的意识和要求，把工作保质、保量、按时完成好，这才是优秀的车间管理者管理才能的体现。

【案例11-2】 金堆城钼业股份有限公司车间班组长队伍建设

班组长的地位和作用在企业中是极其重要的，因此对班组长的管理、考核、培训便成了企业中不可或缺的工作。金堆城钼业股份有限公司车间班组长队伍建设主要表现在以下几方面：

1. 对班组长的管理

班组长是企业的后备力量，需要企业规范的管理。首先要制定合理的管理制度，使得管理的时候有所依据。制度要具体地说明担任班组长的条件、需要具备的素质、待遇的高低、奖罚的原则、自身的权利和义务等有关方面。其次要加强各方面的监督，班组长要在上级干部和管辖员工的监督下积极地做好自己的工作。企业可以设置举报箱和表扬箱来勉励班组长。最后要增加班组长的紧迫感，有工作能力的、业绩好的班组长可以继续担任；同时，不阻止其他优秀员工公平地竞争这个岗位。

2. 对班组长的考核

针对班组长的考核，首先要建立考核档案，使考核有条理地进行；其次要制定完善的考核制度，使考核有明确的依据；最后要定期进行考核，并做好总结工作，这样的考核结果才能真正作为提拔、奖励的依据。

3. 对班组长的培训

班组长每年需要一到两次的集中培训。首先要根据企业的需要和培训方的条件制定培训课程；其次在培训内容上要做足工作，设定循序渐进的版块。如分为自我素质与能力的管理、团队建设与拓展的管理、现场实务与生产的管理、工作交流等一系列课程内容的设置。

第一节　车间领导班子的选拔与组合原则

工业企业是从事生产经营活动的经济实体，车间是这个实体的基层生产单位。车间工作千头万绪，企业的各项生产任务都要落实到各个车间去完成，为此，必须由车间党、政、工、团的负责人组成车间领导核心，这个核心就是车间的领导班子。车间领导班子的素质和能力，直接决定着车间管理工作的成效，关系到企业分配给车间的生产任务能否如期完成，关系到企业整个生产经营活动能否顺利进展。

一、车间领导干部的角色认知和素质要求

1. 车间领导干部的角色认知

车间领导干部在企业里的角色和功能定位，与厂部领导干部和管理人员有很大的不同。车间是企业里基层的生产和行政单位，车间基层领导人员，在企业扮演着以下角色：

（1）车间领导干部是企业里最直接的基层管理者　企业所有生产经营计划和指令，都必须通过车间领导干部而落实到车间、工段、班组去执行，车间领导干部的素质、能力和威信直接关系到企业的生产经营活动的成败；车间领导人员每天和职工在一起工作、学习和生活，是对职工最具影响、最受职工尊敬和信赖的人，是最能带领广大员工共同奋斗的"领头羊"。

（2）车间领导干部是厂部领导的部属和幕僚　在组织系统里，车间领导干部既是厂部的部属，又是厂部的幕僚；既是厂部生产经营决策的执行者，又是厂部生产经营决策的参谋。因此，车间基层干部在工作上应全力与厂部配合，不折不扣地支持和执行厂部的所有决议，协助厂部领导完成生产经营指标，做一个好的部属；同时还要积极参与厂部的决策活动，认真收集、及时反映群众的要求和建议，为企业的发展献计献策。

（3）车间领导干部要当好职工的师长和朋友　车间领导干部在组织关系上是领导，但在工作中更多地要当个好导师，既要帮助员工不断更新思想观念，适应时代潮流，又要在生产技术、工艺规程等方面耐心细致地加以指导。在生活中，车间领导干部还应像兄长一样，关心、照顾职工的健康、学习、生活和家庭，和职工打成一片，甘苦与共，做知心朋友。只有这样，全车间职工才能同舟共济，团结一心，为企业的发展和繁荣努力奋斗。

（4）车间领导是企业厂级领导的后备干部　担任车间领导干部是自我提升的最好机会。车间基层领导干部，官虽小，管的人和事却不少，责任也很大，正是磨炼自己、积累工作经验的好机会。车间基层干部者应该自觉严格要求自己，为自己承担更大的责任打好基础，使自己逐步成为企业厂级领导的后备干部。

2. 车间领导干部的素质要求

领导干部的素质是指从事领导工作必须具备的基本条件，以及在领导工作中经常起作用的内在要素的总和。作为企业基层生产一线的管理者，车间领导干部应具备下列基本素质：

（1）政治素质　政治素质主要体现在政治方向、思想境界、价值观念、政治道德和职业

道德等方面。我国的企业车间领导干部应当具有社会主义信念、民主法制观念和爱国主义、集体主义精神，具有以人为本的价值观念；具有光明正大、办事公正、热心为民、踏实肯干、不怕脏、不怕苦的优良品德，只有这样，才能率领车间全体职工沿着正确的生产经营方向团结奋进，为企业、为国家、为人民做出贡献。

（2）知识素质　车间处于生产第一线，直接从事产品的加工，车间领导干部必须具有相关的专业技术理论知识和基本操作技术，以内行的身份领导和指导本车间的生产技术经济活动。此外，车间领导干部还应该具有行政管理、职工教育、生活管理等方面的知识。车间是企业里一个相对独立的集体组织，车间领导干部不仅要有专业生产知识，还应尽可能具备更多的综合知识，以满足领导和管理工作需要。

（3）能力素质　车间领导干部的能力素质主要包括创新能力和综合能力。创新能力是企业领导干部最基本的能力素质，表现为洞察力、预见力、决断力、推动力、应变力等。综合能力主要包括信息获取能力、知识综合能力、利益整合能力、组织协调能力等。车间领导工作，既有对具体的生产技术活动的组织领导，又有对基层职工管理教育的各种事务，需要车间领导人具有较强的综合管理能力和实际操作能力。

（4）心理素质　心理素质主要包括气质、性格、意志等几个方面。车间领导干部应当具有敢于决断、敢于负责的气质，竞争开放型的性格，坚韧不拔的意志，胸怀开阔地率领全体职工坚决执行厂部的决策和计划，努力完成生产任务，为实现企业经营目标提供低成本、高质量的合格产品。

（5）身体素质　车间处于企业生产现场，条件比较艰苦，每逢任务紧急时还得突击加班，车间领导理所当然要亲临现场指挥，与职工一起苦干，没有健康的身体根本无法胜任这一工作。加之基层职工往往琐事繁多，遇事总得先找直接领导做出处理裁决，这样常使车间领导人日夜操心，奔波忙碌，没有强健的体魄很难应付得了。因此，车间领导干部一般应以身体健康的中青年为主。

二、车间领导班子的组合原则

所谓车间领导班子，从狭义上讲是指车间主任、书记、副主任等几名车间负责干部；从广义上讲还应包括工段长、职能组长，以及党、政、工、团四大组织的负责人。车间领导班子是企业生产第一线直接指挥生产的指挥部，必须结构合理、团结协调、责权明确、善于应变、富有凝聚力和战斗力。车间主任必须紧紧依靠这"一班人"才能做好车间领导工作。

车间工作的好坏，关键在于是否有一个坚强有力的领导班子。而要建立一个坚强有力的车间领导班子，必须遵循下列原则：

（1）"核心至上"原则　班子的组合必须有利于领导核心的形成。领导核心主要是指整个领导班子团结协调、富有凝聚力和号召力。主要是配好一、二把手。一、二把手团结协调，"敢"字当头，就可以带着队伍出业绩。

（2）"权责分明"原则　班子的组合必须做到分工合理，责权明确，做到人各有职，职各有其责，分工明确，责权清晰，不可出现职责空隙。既要避免争权夺利，又要避免互相推诿。班子成员要做到既有分工，又有合作，齐心协力共进退。

（3）"优势互补"原则　班子的组合必须形成一种合理的"互补"结构。不仅要求班子成员有个体优势，而且要讲班子的最佳组合，相互之间取长补短、相得益彰，才能产生优化的整体功能，形成最强战斗集体。

（4）"老中青结合"原则　老干部有经验、有威信，中年人年富力强，青年人有朝气。这三者结合，既可有效地继承和发扬优良传统，保持经营秩序稳定；又有利于追赶时代潮流，激发创新积极性；还有利于吸收不同层次的人的意见，集思广益，开展各种活动，改进车间管理工作；更有利于鼓励年轻人积极向上，有利于培养接班人。

第二节　车间主任

一、车间主任的角色地位

1. 车间主任的含义

车间主任，即车间生产行政负责人，是在厂长（经理）的领导下，全面组织和指挥车间的生产技术经营活动，对车间的生产成果向厂长（经理）负责。

2. 车间主任的角色

车间是企业生产作业的地方，是生产诸要素的结合部，是将可能的生产力变成现实生产力的场所，也是企业经营的中间环节。车间的这种中间地位和作用，客观地决定了车间主任充当着三个具有双重性的角色。

（1）车间主任既是指挥者又是操作者　车间的主要任务是生产作业，对于公司来讲，车间主任处在生产第一线，而对于班组、工段来讲，车间主任又处在高级管理者的地位，正因为车间主任具有上下两重性，因此车间主任就必然是一个一线指挥者，同时又是个操作者，相当于一个指挥为主、示范为辅的教练员。

（2）车间主任既是生产管理者又是经营者　管理者在企业管理上大致分为三个层次，即高级管理者、中级管理者、基层管理者。车间主任和其他参谋机构的负责人均属于中级管理者，但车间主任又区别于其他的中级管理者。车间主任的管理职能具有双重性，车间主任既是生产管理者，又是经营者。说是管理者，是因为他的主要职能是执行生产作业计划；说是经营者，是因为他既参与企业的其他经营计划，又要自觉地执行经营计划。

（3）车间主任既是信息的传递者又是信息的加工者　任何一个组织中的有效计划都离不开有关信息，车间也是如此。若使车间的生产作业系统正常运转，那么车间主任就必然充当着信息的传递和加工处理的角色。车间主任需要经常传递的有三种信息：一是计划信息，这种信息来自于生产计划部下达的各种任务和命令，对于这种信息，车间主任要适时地传达下去，并把执行情况及时地反馈到计划部；二是控制信息，这种信息往往是供各级管理人员监督检查各种作业效果使用，如工时定额、材料定额、工艺纪律、质量情况等，对于这种信息，车间主任也要按时上下传递，以确保完成车间和企业的经营目标；三是作业信息，这种信息与车间日常活动有关，包括物资、产量、质量、成本等各种基层统计报表、财务报表，对于这些信息车间主任也应有选择地传递。

二、车间主任应具备的基本素质与能力

1. 车间主任应具备的基本素质

车间主任是车间的"领头羊",处于多种矛盾交叉、多种困难并存、承上启下的特殊位置,责任重大,风险性高,他必须具备一个带头人必备的基本素质。

1) 作风正派,为人正直,办事公正,克己奉公,踏实肯干,乐于奉献,政治方向明确,热心集体事务,有高度的责任感和事业心,有爱国主义、集体主义和无私奉献精神。

2) 身体健康,精力充沛,吃苦耐劳干劲足,办事利索热情高。

3) 办事果断,敢于负责,意志坚定,性格开朗,有竞争意识和进取精神,学习能力、判断能力、理解能力、分析能力、自控能力都较强,遇事头脑清醒,不含糊、有主见,办事有计划性。

4) 具有一定的文化水平和相应学历,业务基础好,专业技能强,熟悉车间各工种的工艺过程。

5) 人际关系融洽,能关心群众、理解群众、帮助群众、团结群众,为人谦和,胸怀开阔,善于处理上下级关系,不搞小团体。

6) 懂得现代企业管理原理和车间管理方法,懂得一些社会主义经济理论,有丰富的工作经验,有一定的管理经验,有班组管理工作经历。

2. 车间主任应具备的基本能力

俗话说得好,强将手下无弱兵。一个车间要出色地完成企业下达的任务,必须要有一个优秀的、能力出众的车间主任。

1) 作为独当一面的中层领导,必须具备较强的组织能力。能够科学地划分班组,任用班组骨干;善于团结群众、发动群众、组织群众、激励群众开展各种活动;善于沟通、协调、处理车间出现的各类问题。

2) 车间主任首先是一个生产者,必须业务学习能力强,具备较强的专业性技能,必须对本车间的生产工艺了如指掌,熟悉车间各项生产流程。只有这样,才能合理调度车间的各种设备、各工种技术人员,才能制订出合理的生产计划,对一线员工的操作进行监督和管理,帮助相关人员不断提升操作技能,在群众中建立威信。

3) 车间主任承担着实现企业经营目标的重担,必须具有较强的规划、运筹和决策能力。因为车间主任对事物的判断和决定,直接关系到车间甚至企业的经营效果。如果车间主任对事物洞察细致,预见准确,决断果敢,应变得力,计划周密,行动快捷,那么车间工作必然能卓有成效。

4) 车间主任其次还是一个管理者,因而必须具备一定的管理能力。一个车间少则几十人,多则几百人。这些员工来自四面八方,文化素质有高有低,脾气秉性各不相同,管理好这些员工,让每个人都发挥出最大潜能是非常重要的。车间除人之外,还有各类设备,还要生产各种产品,如此等等,都要求车间主任必须具备强有力的综合分析、区别对待、客观处理问题的能力。

5) 为了抓好车间各项工作,车间主任还必须具备较强的自我控制能力。车间工作的人、事、物等都十分繁杂,虽然大部分时间都会表现得较顺畅,但有时总会出现令人烦心甚至令人尴尬和沮丧的事,此时就要求车间主任必须头脑冷静,自我控制力强,沉稳地做出正确判

断和客观处理，让事情出现转机，朝有利的方向转化，避免不必要的损失。

6）为了获取经验、更新技术、拓展业务，车间主任还必须具备良好的人际交往能力、协作能力以及营销能力。车间主任既要对上级，又要对下属，既要对内，又要对外，要处理好各种关系，必须具备良好的社会能力。要善于和兄弟单位协作，善于吸取别人的先进经验，能够更好地拓展业务，搞活企业的经营活动。

三、车间主任的职责与权力

1. 车间主任的职责

车间主任是车间生产、行政工作的主要负责人，直接受厂长、副厂长领导，并对其负责。车间主任的主要任务是领导车间开展生产经营活动，确保安全、均衡、按质、按量地完成计划任务。其职责如下：

1）熟悉企业的服务方向和经营目标，明确本车间的作用和任务，了解本车间与其他车间的联系和协作关系，明确自己的职责和权力，确定自己的工作方向和原则。

2）贯彻执行厂部的决策和计划，领导编制本车间的工作计划和生产计划，完成厂部下达的生产技术经济指标和工作任务。

3）健全和完善车间管理机构，配备管理人员并赋予其工作任务，积极发动和组织职工参与民主管理活动。

4）制定和修订车间管理制度，不断完善各项基础管理工作，积极推行现代企业管理方法。

5）监督执行劳动纪律，检查所属工段、班组的生产效果，及时发现生产过程中出现的问题并采取有效的纠正措施解决问题。

6）按照生产技术发展的要求，积极组织车间职工参加必要的政治、文化、技术培训、管理知识学习等活动。

7）大力支持加强生产现场管理，积极抓好安全生产和劳动保护，对本车间的安全生产负完全责任。

8）关心职工生活和身心健康，充分调动广大职工的生产积极性。

9）提出车间管理人员的任免意见和奖惩办法，核定工资奖金。

10）对车间完成生产经营计划和各项经济指标的情况进行总结，并向职工大会和厂部报告。

2. 车间主任的权力

对应上述职责，车间主任应有如下相应的管理权力：

1）有对车间计划指标的分解权，在完成厂部计划后有承接和安排超产、对外劳务加工等项任务的建议权。

2）有对车间人员的派工权和工作调动权。

3）对违反厂纪厂规或发生工作责任事故的人有一定的处分权或建议权。

4）对车间下属人员有考核权，同时有对其他单位协作、服务工作的考核建议权。

5）有对本车间奖金及其他收益的分配决定权。

6）对不符合安全防火规定的行为或发生严重危及工人安全的情况，有紧急处置权。

四、车间党支部书记的职责

车间党支部书记是车间思想政治工作的主要负责人。他在厂党委的领导下开展工作，并对厂党委负责。车间党支部书记的主要任务是抓好党支部的建设，通过党员和工会、共青团组织做好职工的思想政治工作，保证车间各项政治、经济、生产任务的圆满完成。其主要职责如下：

1）按照民主集中制的原则，主持开好支部大会和支委会。把党的路线、方针、政策和上级党委的指示与本单位的具体情况结合起来，提出具体贯彻落实方案并认真组织实施。

2）督促检查支部计划、决议的执行情况，及时发现和解决问题。在计划、决议贯彻执行告一段落时，要做出工作总结，经支委会讨论通过后，按期向支部大会和上级党委报告。

3）经常与各委员保持密切联系，互通情况，密切配合。注意了解各委员履行职责的情况，帮助解决工作中的困难和实际问题，团结支委们发挥党支部的集体领导作用和战斗堡垒作用。

4）和车间主任一起定期对干部进行培养、考察和提出任用建议。

5）协调本车间内党、政、工、团的关系。掌握重点，照顾全盘，使之相互配合，步调一致，齐心协力做好车间各项工作。同时，通过党组织、工会及全体职工对车间主任和车间的管理工作实行监督。

6）围绕生产行政工作做好经常性的思想政治工作。同职工保持密切的联系，经常深入到职工群众之中，细心倾听他们的呼声，关心他们的生活，关心他们的成长和进步。

7）教育干部和职工，不断提高他们的思想觉悟，支持和维护车间主任对各项管理工作的统一指挥。

第三节　班组长

一、班组长的角色认知

班组长是指在车间生产现场，直接管辖若干名（一般不超过20名）生产作业职工，并对其生产结果负责的人。班组长既是直接参加生产的工人，又是班组生产活动的组织者和指挥者。

班组长的使命是实现企业的生产经营目标，进而根据本班组现有的条件，优质、高效地完成车间下达的生产经营任务或业务。班组长的工作是对将生产资源投入生产过程而生产出产品（服务）的管理，其任务包括对班组人员的领导监督和对班组生产活动的组织指挥，保证按质、按量、按期完成生产作业计划。概括起来包括四个方面：一是提高产品质量，二是提高生产效率，三是降低成本，四是防止工伤和重大事故。

班组长按不同的角度，扮演着不同的角色。对于企业来说，班组长是基层的管理员，直接管理着生产作业人员，是产品质量、成本、交货期等指标最直接的责任者；对于车间来说，班组长是车间主任命令、决定的贯彻者和执行者，是企业精神的传播者，又是车间领导与班组职工的沟通者；对于班组职工来说，班组长是本班组职工的直接领导者和生产作业指导者，并对本班组职工的作业能力和作业成果做出评价；对于其他班组长来说，相互之间是同事关系，是工作上的协作配合者，又是职位升迁的竞争者。

班组是企业组织生产经营活动的基本单位，是企业最基层的生产管理组织，班组长就是企业中最基层的负责人，是一支数量庞大的队伍。班组管理是指为完成班组生产任务而必须做好的各项管理活动，即充分发挥全班组人员的主观能动性和生产积极性，团结协作，合理地组织人力、物力，充分利用各方面信息，使班组生产均衡有效地进行，最终做到按质、按量、按期安全地完成上级下达的各项生产计划指标。在实际工作中，经营层的决策做得再好，如果没有班组长的有力支持和密切配合，没有一批领导得力的班组长来组织开展工作，经营层的决策也很难落实。班组长有着以下三方面的重要作用：

1）班组长的表现影响企业决策的实施。班组长对企业和车间决策的态度及其实际工作表现，直接影响着企业目标最终能否实现，因为决策再好，如果执行者不得力，决策也很难落到实处。

2）班组长是承上启下的桥梁。班组长既是企业和车间领导命令的传达者，又是职工联系领导的纽带，班组长的思想和情绪，直接影响职工的思想和情绪，在很大程度上决定着能否上下齐心协力为实现企业的生产经营目标去奋斗。

3）班组长是企业生产的直接组织和参加者，既是生产技术骨干，又是业务上的行家里手。他的态度和行动直接影响和决定着班组与车间能否按质、按量、按期完成生产经营任务，从而影响企业的生产经营成果。

二、班组长的选拔

如上所述，班组长虽然职位不高，但作用不容小觑。如何选拔好班组长、怎样调动他们的积极性、如何发挥班组长的"领头羊"作用，是企业领导者和车间主任都要十分重视的问题。

选拔班组长的基本条件通常包括：
1）坚持原则，敢于负责，作风正派，办事公道。
2）会管理，能带领群众完成本班组的各项生产、工作任务。
3）熟悉生产，懂业务，技术精。
4）密切联系群众，善于团结同志，关心同志。
5）有一定的文化素养，身体健康。

上述条件中，第3）条是特别重要的。作为班组长，一定要是业务尖子、技术能手，只有如此，说话才有分量、有权威。

班组长一般由车间主任任命，或由班组成员民主推选，再经车间主任批准产生。民主选举产生的班组长，每届任期通常为两年，可以连选连任，在保持班组长相对稳定的前提下，对不称职的班组长可及时进行调整。

企业要发展，经营管理要有绩效，厂长、车间主任和工会组织，都必须重视和加强对班组长的选拔和培养。班组长的产生，无论采取何种方式，都必须坚持群众路线，把群众拥护的人选拔出来。

三、班组长的职责与权限

1. 班组长的工作

班组长的工作主要有以下几项：

1）做好思想政治工作，教育职工坚持四项基本原则，贯彻执行党和国家的方针、政策，遵守社会公德和职业道德，做有理想、有道德、有文化、守纪律的新工人。

2）组织讨论生产计划或承包任务，积极总结、推广先进经验，大力开展技术革新和合理化建议活动，保证全面、均衡地完成作业计划和承包任务。

3）组织班组人员积极参加政治、文化、技术、业务学习，大力开展岗位练兵和互帮互教活动，不断提高全班组成员的思想素质和业务素质。

4）加强班组管理，以岗位责任制为中心，以质量管理为重点，建立健全各项管理制度，不断提高班组科学管理和民主管理水平。

5）搞好职工劳动竞赛，积极开展比、学、赶、帮、超活动和其他有益的竞赛活动。

6）精心维护和保养设备，认真执行劳动保护法规和操作规程，保持生产现场整洁，做好劳动保护和环境保护工作，搞好安全技术教育，努力做到安全生产和文明生产。

7）关心班组人员的健康和生活，搞好互助互济，开展各种有益的文体活动。

2. 班组长的职责和权限

（1）班组长的职责　班组长的职责是按照企业经营目标的要求，根据车间主任的指令，做好本班组的生产、经营和管理的组织工作，确保完成各项生产技术指标和工作任务。具体地说，班组长的职责范围主要包括下列内容：

1）亲自参与和发动骨干做好班组职工的思想政治工作。

2）组织全班组完成企业或车间下达的各项生产计划及工作任务，努力实现安全生产。

3）组织好劳动竞赛和岗位技术培训，大力表彰好人好事，树立先进典型。

4）严格执行工艺规程，不断提高产品质量，努力降低产品成本。

5）抓好劳动纪律，搞好考勤，贯彻经济承包责任制。

6）组织、指导"工管员"开展班组民主管理工作，检查、督促正确、及时地填写各种原始记录。

7）组织开好班组核心会、班前班后会和民主生活会。

（2）班组长的权限　班组长在对企业负责的前提下，享有如下权利：

1）在有利于生产（工作）的前提下，允许合理分配工人工作和调整本班组的劳动组织。

2）工艺文件不齐全，工艺装备和主要原材料不符合工艺设计要求、没有使用说明书或合格证时，有权拒绝加工。

3）发现设备运转不正常，影响产品质量或威胁工人身体安全时，有权停止设备运转。

4）对班组工人在生产（工作）中有突出成绩者，有权建议上级给予奖励；班组工人发生重大事故造成严重经济损失，或有违法乱纪、不遵守规章制度的，有权建议上级给予处分。

5）在工人技术（业务）考核、晋级等工作中有组织评议和建议权。

6）对在生产（工作）中严重失职的行政管理人员，有权提出批评或向上级反映情况。

7) 对工厂和车间不符合实际情况的规章制度，有权建议取消或修改。
8) 有权维护班组职工的合法权益。

四、如何当好班组长

加强班组建设，做好班组各项工作，班组长是关键。要想当个好班组长，应当努力做到以下几点：

1) 一定要有高度的责任感和事业心，工作热情高。敢于管理，敢于承担责任，大公无私，敢于坚持原则。

2) 一定要以身作则，处处起模范带头作用。严于律己，宽以待人，有重担抢先挑起来，有方便主动让给别人。

3) 一定要努力钻研技术，掌握过硬的技术本领，成为技术革新的能手、攻坚克难的闯将、优质高产的尖子。

4) 一定要善于团结同事一道工作，忠诚以待。要关心班组的每一个员工，从个人到家庭，从大事到小事，真正做到无微不至，把温暖送到每家每户。

5) 一定要正确处理好与车间领导、与厂部领导的关系，多接受他们的批评指导。也要处理好与兄弟班组的关系，以便得到他们的帮助和支持，使自己班组的工作开展得更好。

6) 一定要胸怀大度，不搞拉帮结派的小动作。班组受到表扬，首先想到的是同事；班组受到批评，首先检查自己。

一个班组长如果能做到这几点，班组工作就一定能开展得有声有色。

案例分析

【案例分析 11-1】 某民营电子企业车间主任的工作片断

这里记录了一家民营电子企业一个车间主任的工作片断，可以感觉到该企业管理上的一些问题，提出来与大家一道探讨。

班前会：在车间主任值班室，他坐在自己的椅子上，工人或站或靠或坐，围在他的四周。没有工作前的注意事项的强调，应知应会的告知，工人就那么候着，只是等着了解今天自己该做什么。他眼睛盯着手中的本子，那是员工的签到本，而不是事先做好的派工计划，也许他的大脑正在高速运转，五六分钟过去了，终于他发出了第一个指令，用笔依次指了两个工人，"×××、×××，你们两个打方桶，走吧。"那两个人出去了。接下来，两分钟之后，又派出了两个工人；"你是叫啥呀？"他用笔指着一个工人（这个工人已经来了第四天了），"×××"，"你们三个去打板，去吧。"这三个人出去了，在他们旁边的两个人也跟了出去。不一会儿，被他问名字的那个人回来了，"你安排我们哪三个呢？"车间主任板着脸略带生气地说，"咋那么笨呢，不是说明白了吗？你们挨着的三个人。" "但多出去了两个人呀！" (在他派工的整个过程中，虽然大家都是努力地听，但有些也没有听明白。整个派工用时12分钟，总共只有五台机器)。工派完了，先前走出去的，陆续又有回来的，要主任给开领料单，有的是问怎么配料的。

我们在车间听到了刚才回头问的工人正在与同事议论，"什么车间主任，啥水平，布置工作说不明白，口里像含着东西，还埋怨我们……"通过与工人接触，了解了一些情况。

他们提到了该车间主任的种种不是。

【案例分析问题】

1）该案例中这位车间主任存在哪些问题？

2）你建议这位车间主任应做哪些改进？

【案例分析 11-2】 潍坊巨龙化纤集团"十星"级班组管理

潍坊巨龙化纤集团"十星"级班组管理办法的核心内容是实施十项管理标准达标：①生产任务达标；②组织建设达标；③班务公开达标；④劳动纪律达标；⑤质量认证记录达标；⑥思想政治工作达标；⑦安全生产达标；⑧动态管理达标；⑨现场管理达标；⑩小改小革达标。这十项标准，每项为一"星"，班组和员工的工作达标，可挂一星，否则不挂星。挂星多少反映班组管理的优劣和员工的德、能、勤、绩。依据挂星多少兑现奖罚，使管理制度与激励机制有机地结合起来，以公平、公正、公开的激励机制，促进管理水平和职工基本素质、技术能力的提高，完善班组和员工的工作质量，达到提高企业经济效益的目的。

这十项标准，从不同角度保证了班组和职工的工作质量。

1）生产任务达标。用量化方法控制产成品完成的数量、质量，严格控制生产成本，降低生产过程的非合理消耗，达到优质、高产、低耗的工作目标。

2）组织建设达标。通过班组合理、适宜、高效的管理人员设置，在组织上保证效益目标的完成。

3）班务公开达标。加强民主管理、民主监督，促进企业自我完善，自我约束，激发职工主人翁精神的发挥。

4）劳动纪律达标。规范员工行为准则，目的是提高员工遵守纪律的自觉性。

5）质量认证记录达标。强化管理的基础工作，目的是使管理基础规范化。

6）思想政治工作达标。发挥特色，达到弘扬集体精神、团队意识、遵纪守法、互相关心、共同进步的目的。

7）安全生产达标。保护职工的安全，维护职工的基本权益。

8）动态管理达标。通过严格执行标准达标考核，做好考核事项记录，每天在班后会中公布当日考核的结果，每周填写一项职工动态管理卡，考核结果以挂板公布的形式，达到公开、公正、公平考核每一个成员的目的。

9）现场管理达标。考核工作和学习环境，创造文明、整洁、卫生的工作和学习氛围。

10）小改小革达标。鼓励和敦促职工工作中不断有所创新，促进生产和企业管理进步。

这十项标准，涵盖了班组管理的全过程。

【案例分析问题】

从潍坊巨龙化纤集团"十星"级班组管理办法中你学到了哪些经验？

思考与练习

1. 你如何认知车间领导班子、车间主任、车间班组长这些角色？

2. 车间领导班子的组合原则有哪些?
3. 车间主任应具备哪些基本素质与能力?
4. 车间主任的职责与权力有哪些?
5. 车间领导的职责范围是什么?
6. 车间主任有哪些职责和权力?
7. 如何选拔班组长?
8. 班组长的职责与权限有哪些?如何当好班组长?

第十二章 现代企业车间的政治思想工作与企业文化建设

CHAPTER 12

学习目标

【知识目标】

1. 了解车间政治思想工作的作用及其任务。
2. 了解车间政治思想工作的内容。
3. 了解车间企业文化的内容,了解车间企业文化建设的原则。

【能力目标】

1. 通过学习,能够协助车间开展一些政治思想工作。
2. 通过学习,能够协助车间开展一些企业文化建设活动。

导读案例

【案例12-1】 企业文化为先导的有效管理

　　浙江万丰奥特集团(以下简称万丰)是一家民营股份制企业。近年来,该企业先后获得"机械工业管理基础规范化企业""全国巾帼创业明星企业""21世纪最有影响的机械企业"等20多项荣誉。万丰之所以能在激烈的市场竞争中脱颖而出,进入我国汽车零部件企业20强,主要是在8年的艰辛创业过程中,既坚持资本的积累,又注重体制的创新,更注重优良文化的塑造,创立了以卓尔不群、冲破传统观念束缚的"野马"精神为灵魂的万丰文化,并以此为先导实施有效管理,从而使企业走上了一条持续、稳健的发展之路。

　　企业文化为先导的有效管理的内涵是,以塑造"野马"精神为灵魂的企业文化为先导,根据企业外部环境变化的需要,确定以培育国际品牌产品为中心的企业经营战略,对企业的有形资源和无形资源实施有效管理与整合,使企业的经营者和全体职工都不断更新,增加自己的知识和丰富自己的经验,人人都保持高涨的士气、旺盛的精神,迅速适应环境的变化,从而增强企业的凝聚力,提高核心竞争力,呈现出健康、稳健、快速的发展态势。

　　人总是要有一种精神的,企业也要有一种精神,没有精神就像人没有灵魂。万丰文化的灵魂是"野马"精神。其表现如同野马一样强悍、冲刺、合群、不驯服,具有强大的生命

力和活力。万丰人认为，经营企业要把培养优良的企业文化放在首位，并在长期实践中总结和形成了一个公式，即

$$(知识+经验) \times 精神 = 竞争力$$

精神作为一个乘数，一方面，起乘法作用，具有放大功能；另一方面，它可以是正面的，也可以是负面的，具有导向功能，对企业的成败兴衰有直接影响。知识和经验对提升企业竞争力同等重要，万丰对知识和经验的重视，表现在人本管理的实践中。

【案例12-2】 李宁：崇尚运动

李宁公司把"崇尚运动"作为本企业的核心价值观，之所以如此，并不只是因为李宁公司是生产体育用品的公司，还有更重要的一点就是企业强烈的使命感使然。公司的人力资源总监是这样概括李宁公司的价值观的："我们的使命是致力于专业体育用品的创造，让运动改变我们的生活，唤起民族自信，昂然立足世界。"

基于此，1989年4月，李宁牌商标正式注册后就一直致力于体育用品的开发和生产，也一直倡导以运动为核心的生活方式，让崇尚运动成为企业文化的核心内容。

"崇尚运动、诚信、激情、求胜、创新、协作"是李宁公司的核心价值观。这个核心价值观源于他们对体育精神的理解与崇尚，是李宁人日常行为的基本准则。

崇尚运动：对运动有强烈的热爱，专业从事某一项运动，或在业余时间积极钻研某一项或多项运动，并有所成就。热爱体育运动，积极参与各项体育活动，热爱以体育为核心的积极的生活方式；影响周围的人积极地参与运动，用体育促进人们的交流，增进健康，增强自信。公司要求每一个李宁人热爱运动所创造的激情与欢愉，以自己的实际行动，去感染周围的人们，传递"重在参与"和"更快、更高、更强"的奥运精神。

诚信：诚实面对每一项竞争与挑战，尊重公司的制度、纪律，绝对不因个人利益牺牲、损害公司利益；在公正正直的前提下，真诚地对待同事，建立积极进取的工作氛围。

激情：具备强烈的使命感和进取心，有为实现公司使命、远景而努力工作的持续冲动。积极应对工作和生活中的挑战，不言气馁。

求胜：对公司未来的发展充满信心，有强烈的成就动机，积极地面对市场挑战，对目标的实现及成功执着地渴望和追求。

创新：对市场有敏锐的洞察力，不断学习新知识，向成功企业学习，及时将新知识、新技术、新思维、新理念用于产品设计、品牌经营和内部管理，不断地为企业创造更多的价值。

协作：具有整体意识，在工作中，积极主动地与他人配合，齐心协力为实现公司目标而努力。李宁公司作为供应链的组织管理者，更需要充分协调外部合作伙伴，共同发展。

在招聘的过程中，李宁公司就已经开始执行其崇尚运动的核心理念了。在面试的一系列问题中，肯定会有一个关于运动的话题，先了解可能入职的员工喜爱什么运动，以便其后来能更好地融入集体。

李宁公司这样解说企业文化的贯彻流程：核心价值观→高层管理者行为→制度层面→员工行为。其中，高层管理者行为对企业文化的传承有极大的决定意义。

"只有管理层把企业的核心价值观牢记于心，并坚持以身作则，员工才能更好地贯彻执行，并最终形成一种习惯。"李宁公司把影响高层管理者行为作为企业文化建设的重点，从

严要求和约束管理层。

在崇尚运动这一点上，公司的领导层要承诺每周至少从事两个小时的运动，即便出差在外也要坚持。

目前，李宁公司每年都会组织一场运动会，各个运动项目都有，公司的所有高层领导都要参加运动会的开幕，有实力的还要参加比赛。

不仅如此，公司员工自发成立的足球、篮球、排球、游泳、健身、羽毛球、网球俱乐部，还定期举办活动。公司从各个方面支持内部的运动团体，这些运动团队在成立之初就可以从公司拿到一定的费用，每年开展活动的花费也可以做一个预算，财务部门会根据需求给予资金方面的支持。对于本年度活动开展不好的团队，公司就以削减资金支持费用作为惩罚，目的不是为了节约，而是更进一步地促进运动项目的开展。

"诚信、激情、求胜、创新、协作"都可以通过运动去培养。在不断的运动中，李宁人表现得更加自信，并且能够不断地发掘潜能、超越自我。李宁人是非常聪明的，通过崇尚运动这一大众普遍认同的观念，把企业的价值观巧妙地糅合进去，在运动中既宣扬了全民健身、增进健康的理念，同时也把李宁这个品牌送进了千家万户。

第一节 车间政治思想工作

一、车间政治思想工作的地位和作用

加强和改进政治思想工作，是我党的优良传统，也是企业管理工作的重要内容。它对于凝聚和鼓舞人心，充分调动广大职工的工作积极性，增强大局意识、责任意识和主人翁意识，促进企业改革和发展，都具有十分重要的作用。

人为万物之灵，能思维，有思想。思想支配着人的一切，不同的思想支配着不同的行为。因此，企业管理首先是对人的管理，对人的思想的管理。谁管住了人的思想，掌握了人心，谁就真正取得了领导权。无论是企业管理还是车间管理，都必须把职工的政治思想工作放在首要地位。政治思想工作关系到职工能不能树立起主人翁意识，有没有兴趣发挥自己的才能，能不能创造性地使用和利用物质技术，愿不愿意约束自己的行为，服从统一指挥，乐不乐意自觉遵守和维护规章制度，为企业多做贡献。这些问题是直接决定企业兴衰成败、生死存亡的根本性问题。

二、车间政治思想工作的任务

车间政治思想工作的目的，是把全体职工培育成有理想、有道德、有文化、守纪律的全面发展的一代新人，形成一支思想好、作风硬、技术精的职工队伍，出色地完成企业、车间的生产经营任务。

车间政治思想工作的根本任务，是通过对企业全体职工进行共产主义思想体系的教育，提高他们对自己所处的历史地位和历史责任的正确认识，增强他们认识世界和改造世界的能力，树立主人翁的思想意识。这一根本任务，需要通过一系列的具体任务来做保证。车间政治思想工作的具体任务有以下四个方面：

1）通过政治思想工作，使企业职工对党和国家的路线、方针、政策有正确的理解，在思想上、政治上、经济利益上摆正国家、企业和职工个人三者之间的关系。

2）加强职工队伍建设，提高职工队伍的政治思想素质，使职工成为有理想、有道德、有文化、守纪律的劳动者。

3）改善人文环境，让职工奋发向上、励精图治、互助互爱、敢于创新，营造一种和谐的充满活力的劳动氛围。

4）增强职工主人翁的责任感，以主人翁的姿态积极主动地完成企业生产经营任务。

三、车间政治思想工作的基本内容

车间政治思想工作，一是要从根本上提高职工的政治思想觉悟，使职工树立起社会主义和共产主义的伟大理想，进行系统的政治思想教育；二是要根据社会经济发展不同时期和不同形势的要求，进行针对职工现实思想认识问题的日常教育。车间政治思想工作的基本内容大体如下：

（1）爱国主义教育　爱国是每个公民必须具有的神圣职责。通过爱国主义教育，增强广大职工的民族自尊心和自豪感，爱祖国、爱人民，激励企业职工艰苦奋斗，致力于振兴中华，搞好现代化建设的爱国之情。

（2）集体主义教育　集体主义集中体现了大公无私的优秀品质和团结奋斗的合作精神。通过集体主义教育，使职工树立全心全意为人民服务的思想，正确处理好国家、集体和职工个人三者之间的利益关系，坚持国家利益和集体利益高于职工个人利益的正确思想，以个人利益服从国家和集体利益为原则，努力为国家建设和企业发展贡献力量。

（3）共产主义道德教育　道德是人与人之间以及个人与社会之间的关系和行为规范的总和。社会主义社会要提倡先进的共产主义道德思想，要求职工勤恳地劳动，在劳动中讲究团结互助，遵守劳动纪律，爱护公共财物，发扬艰苦奋斗的精神。发扬共产主义道德思想，将直接有助于社会主义经济基础的巩固以及生产力的发展。车间通过经常、持久的政治思想工作，采取各种有效措施，培养和提高全体职工的共产主义道德品质。

（4）树立法制观念的教育　社会主义市场经济就是法制经济，为使企业广大职工能够适应市场经济发展的要求，必须进行法制教育和厂规厂纪教育，增强职工的法制观念，树立守法为荣、违法可耻的新风尚。

（5）科学思想的教育　车间要通过政治思想教育，理直气壮地讲唯物论、无神论和辩证法，用科学的世界观、人生观、价值观武装企业职工的头脑，以全面实施科教兴国、科技兴企的战略，大力推进社会主义现代化建设。

（6）吹风鼓劲的宣传教育　车间政治思想工作要从现实出发，围绕车间的生产经营活动，配合企业生产经营中心工作，做好统一思想的工作。车间在每开展一项生产经营活动之前，必须进行思想摸底，层层动员，消除各种思想障碍，统一思想认识，进行吹风鼓劲，使广大职工上下齐心协力，步调一致，出色地完成生产经营任务。

（7）讲目标谈远景的励志教育　车间政治思想工作要从车间高标准目标和车间、企业的长远利益出发，激励每个职工迎难而上、奋发向上的精神，鼓舞广大职工努力奋斗的信心和决心，最大限度地焕发劳动热情，使车间形成一种比、学、赶、超的生动活泼的局面，推进车间生产经营从胜利走向新的胜利，实现一个又一个新的目标。

（8）树典型学先进的教育　榜样的力量是无穷的。车间抓好各项工作，一定要以先进模范人物事迹教育职工，经常以先进典型事例引导大家，根据职工的思想状况，尤其是对个别工作热情不高、工作不太负责的职工加强政治思想教育，使其向先进模范看齐，努力做好各项工作。

车间的政治思想工作，就是一个培养职工崇高思想、高尚情操、良好作风、强烈集体荣誉感及主人翁劳动态度的过程，这是关系到企业兴旺发达的根本问题，是企业管理工作的首要问题。

第二节　车间企业文化建设

一、企业文化概述

20世纪70年代，美国学者在比较日、美企业管理艺术的差异以及总结日本企业经营经验取得巨大成功的秘密时发现，企业文化建设对于企业经营业绩具有重大作用。他们著书立说，掀起了一股企业文化热潮。20世纪80年代以后，随着我国改革开放的发展，企业文化作为一种管理文化也开始传入我国，产生了有关企业文化的专门研究机构，大批企业开始尝试应用企业文化理论进行企业管理。众所周知，人事管理的最终目标是调动职工的积极性和创造性，即最充分地发挥职工的潜能，而要实现这一目标，就必须采取各种可能的手段，这些手段除了考核、培训、奖惩等外，建设有企业特色的企业文化对职工潜能的充分发挥也有重要作用。事实表明，企业文化建设给企业带来了不可估量的经济效益，对整个社会主义精神文明建设做出了重大贡献。

1. 企业文化的内涵

企业文化是社会文化的一个组成部分，通常指在狭义的企业管理领域内产生的一种特殊文化倾向，是一个企业在长期发展过程中，把组织成员结合在一起的行为方式、经营理念、价值观念、历史传统、工作作风和道德规范的总和。它反映和代表了该企业成员的整体精神、共同的价值标准、合乎时代要求的道德品质及追求发展的文化素质。它是增强企业凝聚力和持久力，保证企业行为的合理性和规范性，推动企业成长和发展的意识形态。

因此，企业文化可以这样来定义：企业文化是在一定社会历史环境下，企业及其成员在长期的生产经营活动中形成的，为本企业所特有的，且为组织多数成员共同遵循的最高目标、价值标准、基本信念和行为规范等的总和及其在企业组织活动中的反映。

企业文化的实质是企业的共同价值观体系。一个企业有了共同的价值观体系，就意味着企业职工在思想上得到了统一，企业就能够朝着一定的方向集中发挥总体力量，企业领导人做出的决策就会迅速变为全体职工的行为。

现代企业文化是通过物质形态表现出来的员工精神状态。这里的"文化"，不是知识修养，而是人们对知识的态度；不是利润，而是对利润的心理；不是人际关系，而是人际关系所体现的处世哲学；不是企业管理活动，而是造就那种管理方式的原因；不是舒适优雅的工作环境，而是对工作环境的感情……总之，是渗透在企业一切活动之中的东西，是企业的灵魂所在。

企业文化作为企业的上层建筑，是企业经营管理的灵魂，是一种无形的管理方式，它又以观念的形式，从非计划、非理性的因素出发来调控企业成员的行为，使企业成员为实现企业目标自觉地组成团结协作的整体。

2. 企业文化的特点

企业文化产生的根源及其形成过程，使其既具有民族文化的烙印，又具有组织管理的个性特色。一般来说，企业文化具有以下特点：

(1) 群体性和整体性特点　文化首先是一定群体所共有的思想观念和行为模式。社会上实际存在的每个群体，都不可能使它的每一个成员的思想观念和行为方式完全取得一致，但在一些基本观念和基本行为上是能够取得共识和一致的。这种共识和一致，就形成该群体的文化。这种基本观念和行为的共识和一致，又形成这个群体的根本精神。

企业文化的群体性，决定着企业群体的综合素质。企业群体的综合素质状况，也反映企业文化的状况。

企业文化是物质文明和精神文明在企业内有机结合的统一性表现，也是企业群体内的企业价值观、企业精神、信念宗旨、行为准则、工作作风、社会方式和生活习惯等要素的统一。这种内在统一性特征也是一个企业区别于其他企业的关键特征。

企业文化以观念的形式对企业的管理给予补充和强化，以一种无形的巨大力量使企业成员为实现企业的共同目标而自觉地组成一个团结协作的整体。

(2) 社会性和阶级性、民族性特点　企业文化是社会文化的一个组成部分，是社会文化在企业群体中表现出来的一种特殊形态。正因为企业文化与社会文化是紧密相连的，所以在不同社会制度下的企业，所形成的企业文化具有不同的性质，即使在同一社会形态中，由于生产资料所有制形式的不同，所形成的企业文化也存在着性质的差异，这就是企业文化社会性的具体体现。企业文化作为整个社会文化的一个组成部分，同样也是以社会物质生活条件、社会制度和国家制度的性质为转移的，也就不可避免地具有阶级性。

在世界文化体系中，在人类文化发展的过程中，由于各个民族形成的渊源和途径的特殊性，形成了具有独特文化个性的民族。在不同的社会经济和社会环境中，形成了各民族的特定民族心理、风俗习惯、宗教信仰、道德风尚、伦理意识、价值观念、行为准则、生活方式、传统精神等。这种民族的特殊性和个性综合表现为文化的民族性。这种民族性也反映在企业文化上，使企业形成具有民族色彩的特定模式。

(3) 传统性和历史连续性特点　企业文化中的许多要素来源于历史的、长期稳定地流传至今的传统性观念。这些传统性观念渗入现代企业文化的各个要素之中，使它在企业成员的心理上和企业管理活动中控制和调节企业及其成员行为的作用加强。企业文化的形成是要经过较长的历史时期、继承历史文化传统、结合时代精神才能达到的，传统文化一旦形成，就具有相对稳定性和承袭性，并对企业在一定历史时期内的经营哲学、经营观念、经营方式和经营行为起着维系和巩固作用。企业文化形成于企业成长、变革和发展的长期实践中，也随着科学技术的发展、文明的进步和企业自身的发展而不断丰富。

(4) 渗透性和创新性特点　企业文化的发展过程，既是一个企业文化普遍性的进化过程，又是各国企业文化特殊性相互渗透的过程。从前者来说，各国的社会化大生产和商品经济都在各自的环境中不断地发展着，企业文化也随这种发展进行着自己的进化；从后者来说，世界各国企业文化的形成和建设，都具有各自的独特性和稳定性，这是传统文化基因在企业文化形成和建设中继承和遗传，然而它绝不会固守在本国范围之内，随着大经济环境的运作、大流通的交融，本国文化锋芒将无形地射向四面八方，影响和渗透到其他国家的企业文化之中。各国的文化、企业文化的影响力和活动范围正在不断增强和扩大，渗透速度也加快了。这种相互之间的文化交流和渗透，促使各国企业立志扩展和创新自己的企业文化，以适应形势发展的需要。

（5）客观性和落差性特点　企业文化本身是一个客观存在。作为一种客观存在，它必然具有两面性：如果企业文化是一个向上的客观存在，就会符合社会的需要，符合人民群众的心声；反之，如果企业文化是一个消极落后的客观存在，就会负面影响社会，不如人意。所以，不能说有企业文化的企业，就是一个出色的企业。成功的、优秀的企业塑造出来的、影响企业生存和发展的企业文化必然是优秀的、代表先进生产力的文化。

由于所处的客观环境不同，事物发展的进程总是不平衡的。正因为企业文化是一个客观存在，所以不同企业的企业文化的发展，必然有先有后，有优有劣，这种不平衡的落差性也是客观存在的。正是这种落差性、不平衡性，决定了各国、各地区企业文化必然会相互影响、相互借鉴、相互促进。

3. 企业文化的功能

企业文化是由企业中占支配地位的领导集团经过多年研究，发现并加以培育和确立的。它来自于企业，但一旦形成了某种独立的企业文化，它就将反过来对企业发生巨大的能动作用。概言之，企业文化具有下列功能：

（1）指导功能　指导功能是指企业文化能为企业活动确立正确的指导思想、决策方向和良好的精神气氛。在既定的社会环境和社会条件下，企业领导者确定怎样的经营方针、做出怎样的经营决策，是至关重要的，然而在确定经营方针、做出经营决策时，会受到来自各方面的思想影响，会受到社会的、传统的、企业的精神面貌和文化气氛的影响和制约，任何一个企业的经营目标、经营决策，都是在一定的企业文化指导下进行的。

（2）导向功能　导向功能也称为定向功能。导向功能能把企业及其成员的思想和行为引导到企业所确定的目标上来，同心协力，自觉地为实现企业目标团结奋斗。企业文化不仅对企业成员的心理、性格、行为起导向作用，而且对企业整体的价值取向和行为起导向作用，引导企业成员树立改革开放意识。

（3）凝聚功能　企业文化的凝聚功能，在于企业文化能对员工的思想、性格、兴趣起潜移默化的作用，使员工自觉不自觉地接受组织的共同信念和价值观。它通过共同价值观、企业精神和思想信念，把企业全体成员团结成一个有机体，共同为企业目标的实现，协力拼搏。企业文化具有一种无可比拟的黏合剂和强磁场作用。企业文化的凝聚功能，有利于增强员工的主人翁意识，增强以企业为家的归属感，增强企业群体的统一、团结协作意识，一致对外展开竞争。

（4）激励功能　这是企业文化功能中最重要的核心功能。企业文化中健康积极的价值观、奋发向上的企业精神、明确坚定的信念、高尚的道德规范和行为准则都将激发员工巨大的工作热情，激励员工形成强烈的使命感和持久的行为动力，为实现自我价值和企业目标而不断进取，提高企业的整体绩效。

(5) 控制功能　控制功能又称为规范功能、约束功能。企业作为一个组织，常常不得不制定出许多规章制度来保证企业活动的正常进行，这当然是完全必要的。企业文化则是用一种无形的思想上的约束力量，形成一种软规范，制约员工的行为，以此来弥补规章制度的不足，并诱导多数员工认同和自觉遵守规章制度。因此，企业文化能帮助企业实现员工自我控制的管理方式。

(6) 协调功能　企业的职工队伍来自四面八方，由具有不同技能和不同知识水平的人员构成，员工们在从事不同种类的工作时，往往带有各种各样的个人动机和需求。企业文化能在员工中间起到沟通协调的作用。在融洽的企业文化氛围中通过各种正式、非正式交往，管理人员和职工加强了联系，传递了信息，沟通了感情，不仅能改变人们头脑中的等级观念，而且能使人们协调地融合于集体之中。

(7) 创新功能　企业要生存和发展，要在与其他组织的竞争中获胜，就要树立自己的风格和特色，就要与其他组织加以区别，就要创新。建立具有鲜明特色的企业文化，是企业激发员工超越和创新的动机，提高创新素质的源泉和动力。

(8) 辐射功能　企业文化塑造着企业的形象，企业形象的树立，除对本企业发挥作用外，还会通过各种渠道对社会公众、对本地区乃至国内外组织产生一定的影响，在提高企业知名度的同时，构成社会文化的一部分。企业良好的精神面貌会对社会起着示范效应，带动其他企业竞相仿效，因此企业文化具有巨大的辐射功能。

总之，企业文化在企业管理中发挥着极为重要的作用。从某种意义上讲，企业文化是提高企业生产力、推动企业发展的根本动力；是深化企业内部改革，使企业走向现代管理的原动力；在发展企业、增强企业活力、提高经济效益上，具有强大的精神激励作用；对企业员工同心同德、齐心协力实现企业目标，增强企业竞争力具有强大的推动作用；企业文化还具有增强企业优势，提高企业素质的作用。

企业文化对于提高企业绩效和增强企业凝聚力确实大有裨益。但是，我们也应看到，企业文化也存在着某些消极作用。当企业文化的核心价值观得到强烈而广泛的认同时，这种企业文化就是强文化。这种强文化可能会产生这样的后果：① 阻碍企业的变革。② 削弱个体优势。③ 阻碍企业的合并。

二、企业文化的内容

企业文化是微观组织的一种管理文化。企业文化的内容大致包括如下几方面：

(1) 企业哲学　企业哲学是指企业在一定社会历史条件下，在创造物质财富和精神财富的实践过程中所表现出来的世界观和方法论，是企业开展各种活动、处理各种关系和进行信息选择的总体观点和综合方法。企业之所以具有无穷的精神力量，就在于具有正确的指导思想和价值观念；企业之所以具有伟大的创造力，就在于具有很强的综合选择信息的能力。企业哲学是企业人格化的基础，是企业形成独特风格的源泉，它包含几个基本的新观念，如系统观念、物质观念、动态观念、效率和效益观念、风险和竞争观念、市场观念、信息观念、人才观念等，这些观念是形成企业哲学的基本思想。

(2) 企业价值观　企业价值观是指以企业为主体的价值观念，是企业人格化的产物，是以企业中各个个体价值观为基础的群体价值观念。共同的价值观是企业文化的核心，因为价值观是人们评价事物重要性和优先次序的原则性出发点。企业文化的价值观为全体员工提供了共同的价值准则和日常行为准则，它也是企业塑造杰出的企业精神，培育员工的高度工作责任感和良好的职业道德，进行有效管理的必要条件。

（3）企业精神　常言道，人总是要有点精神的，一个企业也要有一种精神。企业精神是指通过企业广大职工的言行举止、人际关系、精神风貌等表现出来的企业基本价值取向和信念。企业精神可以高度概括为几个字、几句话，但它具有崭新的内容、深刻的含义和富有哲理，它是在一定历史条件下，进行生产经营管理实践活动时，经过长期磨炼而形成的代表全体成员的心愿和意志，并成为激发全体成员积极性和创造性的无形力量，支配、引导和激励全体成员为实现企业目标而不懈地努力。

所有企业的企业精神除了自己的独特精神风貌之外，都应包括如下一些根本性的共同精神：

1）高度的责任感和使命感。
2）民族自强精神。
3）开拓创新精神。
4）求真务实精神。
5）全心全意服务精神。
6）无私奉献精神。

企业精神是企业文化的核心，是统一全体职工思想的基本标准，是企业凝聚力的基础；是引导和激励职工进步的指针，是企业活力的源泉；也是评价企业的主要依据之一。企业精神具有鲜明的个性特征，它并不是自发形成的，必须有意识地树立，深入持久地强化，才能逐渐得到广大职工的理解和认同，而成为一种独立存在的意识、信念和习惯。

（4）企业道德　企业道德是指调整企业之间、员工之间、企业与客户之间关系的行为规范的总和。企业道德是一种特殊的行为规范，是企业法规、制度的必要补充。它通过运用善良与邪恶、正义与非正义、公正与偏私、诚实与虚伪等相互对立的道德范畴，来规范和评价企业及其成员的各种行为，并用以调整企业之间、员工之间、企业与客户之间的关系。企业道德一方面通过舆论和教育的方式，影响员工的心理和意识，形成员工的善恶观念，进而形成内心的信念；另一方面又通过舆论、习惯、规章制度等形式，约束企业和员工的行为。

（5）企业风尚　企业风尚是企业员工相互之间关系所表现出来的行为特点。它是员工的愿望、情感、传统、趣味、习惯等心理和道德观念的表现，是在企业精神和企业道德的制约和影响下形成的，直接反映企业精神和企业道德的水平，是企业文化的综合体现，又是构成企业形象的主要要素。一个具有创新精神、求实精神，人与人之间平等的企业，就会形成一种积极向上、民主和谐的气氛和风尚。

（6）企业形象　所谓企业形象，是指得到社会认同的企业各种行为的综合反映和外部表现。企业形象如何，不仅由企业内在的各种因素决定，而且要得到社会的广泛认同和承认。也就是说，企业的形象是企业的产品质量、服务水平、员工素质、厂风厂貌、公共关系、经营作风等在用户和顾客的心目中的地位、在社会上给人们留下的印象。要树立良好的企业形象，提高知名度，企业就必须使自己开展的每项活动都对社会高度负责，尤其要讲求信誉，要诚实、热情、礼貌、周到地为客户服务。

（7）企业目标　每个企业都有自己存在的目的和所要达到的预期任务。不同企业的具体目标是不同的，即使同一企业，在不同时期目标也有所不同。企业目标是企业员工努力争取达到的期望值，代表企业的未来方向，它体现了企业的执着追求，同时又是企业员工理想和信念的具体化。企业目标是企业文化的动力源，一个科学的、合理的企业目标可以激励人们不懈地努力创造卓越的业绩，也有利于塑造优秀的企业文化。

（8）企业民主　企业民主是企业的政治文化，是企业制度的一种形式。它是一种"以人为本"的价值观念和行为规范。企业民主的形成是一个艰难复杂的过程，需要企业决策层、管理层、执行层各级人员共同努力才能形成。建立企业民主必须注意培养员工们强烈的参与意识和民主意识，明确职工的民主权利和义务，形成良好的企业民主气氛和环境。

三、企业文化建设

1. 企业文化建设的意义

企业文化建设，对于社会主义精神文明建设，对于变革我国的管理体系、建立现代化企业体制，对于强化政治思想工作、提高企业员工的素质，对于提高企业的知名度等，都具有十分深远的意义。

1）搞好企业文化建设，有利于促进社会主义精神文明建设。企业精神是企业文化的灵魂，企业精神又是社会主义精神文明建设在企业中的集中反映，企业文化是民族传统的优秀文化与先进的时代精神相结合的产物，因此搞好企业文化建设，对于提高我国企业的社会主义精神文明水平具有十分深远的意义。

2）搞好企业文化建设，有利于建设有中国特色的社会主义现代企业管理。企业文化建设中，一方面，我们要继承和发扬民族传统文化中的优秀成果，弘扬优秀的民族精神，克服民族文化中的旧观念、旧思想、旧习惯；另一方面，我们要引入世界各国、各民族的先进管理经验，使之与本企业、本国的实际结合起来，塑造具有中国特色的企业文化和企业管理模式。企业文化是在企业管理的实践中不断变革和发展的，企业文化建设是以人为本而展开的，企业文化在充分挖掘员工的潜能、充分调动员工的积极性、充分发挥员工自我管理和自我控制等方面有着强有力的影响，这些都是现代企业管理的体现。因此，企业文化有利于给企业管理注入新的活力，形成具有时代精神的现代企业管理模式。

3）搞好企业文化建设，有利于加强政治思想工作。我国社会主义革命和社会主义经济建设的胜利，从某种意义上讲，都是政治思想工作的胜利。政治思想工作是我们的优良传统文化的瑰宝。每个企业都有健全的政治思想工作体系，这可说是中国特色之一。加强政治思想工作的目标之一就是激励人们的斗志，鼓舞人们的精神，激发人们为社会主义现代化事业坚持不懈地创新、奋斗。企业文化正是在企业价值观的要求下，充分调动人们的这种激情，因此企业文化是做好政治思想工作的有力工具。

4）搞好企业文化建设，有利于提高企业在社会上的知名度。企业文化建设使企业具有自身特质的优秀文化，在企业的生产经营活动中，向社会展示出高尚的企业价值观、开拓创新的企业精神、良好的经营风格、优质的服务等，这些都无形中向社会、向外界提供了可以信赖的信息，从而使企业在社会上塑造出良好的形象，扩大了企业在社会上的影响，增强了企业在社会上的知名度。

2. 职工是企业文化建设的主体

企业文化是一种群体文化，是以人为中心来研究如何提高职工的文化素质和心理素质，以达到提高企业经济效益目的的一种崭新的企业管理理论。企业文化之所以具有强大的功能和威力，就是因为它是以人本为原则的。在唯有职工才可以创造企业文化这一观点的指导下，找到了创造现代企业物质文明和精神文明之源，即职工是开启现代企业文化源泉的主体。所以，企业文化建设必须抓住这个主体，培养与提高企业职工的素质，使中华民族文化特性、时代精神特性和社会主义市场经济观念的特性都凝聚在企业职工中，使之成为高素养的"文化人"，并能自我开发，实现其报效祖国、奉献社会的价值。

企业建设应使职工注重新文化的创建。当前，企业文化的创建与创新主要有：

1）企业经营思想的创建与创新。
2）企业作风的创建与创新。
3）企业价值观的创建与创新。

3. 车间领导是车间企业文化建设的中坚力量

建设车间的企业文化，当然离不开车间领导。车间领导，尤其是从事政治思想工作的领导，要以企业文化建设为推手，激励职工的劳动热情，要眼光长远、胸怀大志，具有大无畏的创业精神，引导车间建立和识别企业文化，不失时机地进行文化转换，实现企业文化的更新，并且有组织地实施文化整合，创建生气勃勃的企业文化，因此可以说，车间领导是建设车间企业文化的中坚力量。

4. 企业文化建设的原则

企业文化反映一定历史时期社会经济形态中企业活动的需要，企业文化建设是一项创新的复杂系统工程。由于环境和民族文化的不同，建立和维系企业文化就有其不同的途径。但是，各国企业文化的建立也存在共性，通常应遵循以下指导原则：

（1）目标原则　企业行为是有目标的活动。企业文化必须明确反映组织的目标或宗旨，反映代表企业长远发展方向的战略性目标和为社会、顾客以及为企业员工服务的最高目标和宗旨。企业文化的导向功能使企业中的个体目标与整体目标一致，并且每个职工都因此感到自己的工作意义重大。企业全体员工有了明确的共同目标和方向，就会产生自觉的行动，为实现企业目标去努力奋斗。

（2）价值原则　企业的价值观是企业文化的核心。企业文化要体现企业的共同价值观，体现全体员工的信仰、行为准则和道德规范，它不但为全体员工提供了共同的价值准则和日常行为准则，同时也是企业团结员工、联系员工的纽带，是企业管理的必要条件。每一个员工都应将自己与这些准则和规范联系起来，自觉地为企业目标努力。

（3）卓越原则　企业文化包括锐意进取、开拓创新、追求优势、永不自满等精神。企业文化应设计一种和谐、民主、鼓励变革和超越自我的环境，从主观和客观上为企业员工的创造性工作提供条件，并将求新、求发展作为企业行为的一项持续性要求。企业必须根据变化的情况对自己的产品不断做出相应的调整，才能立于不败之地。追求卓越、开拓创新才能使企业具有自己的风格和特色，这是企业充满活力的重要标志。

（4）激励原则　企业和企业领导应该对员工的每一项成就都给予充分的肯定和鼓励，并将其报酬与工作绩效联系起来，激励全体成员自信自强、团结奋斗。成功的企业文化不但要创造出一种人人受尊重、个个受重视的文化氛围，而且要产生一种激励机制。每个员工所做出的成绩和贡献都能很快得到企业的赞赏和奖励，并得到同事的支持和承认，从而激励企业员工为实现自我价值和企业目标而不断进取。

（5）个性原则　企业文化是共性和个性的统一。任何企业都应遵循企业管理的共同客观规律，这构成了企业文化的共性部分。但由于民族文化环境、社会环境、行业、企业历史、企业目标和领导行为的不同，因而形成了企业文化的个性。我国企业应借鉴外来企业文化的经验，但必须坚持中国特色企业文化和坚持社会主义企业文化这两条原则。正是企业文化的鲜明个性，使企业形成了本企业的独特风格和风貌。

（6）民主原则　现代企业文化的建立需要一个适宜的、民主的环境。民主的企业内部环境会使每个员工都把企业当作自己的家，自发而慎重地参与企业的决策和管理，积极进取和创新，这样就有利于发挥个人的潜能。在这样的环境中工作，不但有利于提高工作绩效，还会使企业员工产生精神上的满足感。因此，企业文化应设法创造出一种和谐、民主、有序的企业内部环境。

（7）相对稳定原则　企业文化是企业在长期发展过程中提炼出来的精华，它是由一些相对稳定的要素组成的，并在企业员工的思想上具有根深蒂固的影响。企业文化的建立应具有一定的稳定性和连续性，具有远大目标和坚定理念，不会因为微小的环境变化或个别成员的去留而发生变动。不过，在保持企业文化的相对稳定的同时也要注意灵活性，企业只有在内外环境变化时及时更新、充实企业文化，才能保持企业的活力。

（8）典型原则　每个企业的发展，都是通过群体的力量推动的，但是不能忽视群体中出色卓越的典型事例和英雄模范人物的鼓舞、带头作用。"榜样的力量是无穷的"，在企业文化建设中，要充分注意先进典型的培养。只有那些敢于开拓、敢于创新、敢于献身、不畏艰险、积极从事发明创造的英雄模范人物，才能带领和影响整个企业创造出惊人的业绩。

四、企业文化与政治思想工作的比较

企业文化与政治思想工作都属于意识形态范畴，都是围绕人开展工作的，它们有许多相同点，也有一些不同点。

1. 企业文化与政治思想工作的相同点

企业文化和政治思想工作都是教育人、塑造人、引导人、凝聚人、激励人的工作，它们的相同点如下：

（1）指导思想相同　我国的企业文化和企业政治思想工作的基本指导思想都是以马克思主义、毛泽东思想为指导思想，都必须坚持为实现国家的新世纪宏伟蓝图服务，为企业的改革和发展服务。

（2）实践性相同　无论从形成和发展的实践性，还是从实际应用的实践性来看，企业文化和政治思想工作都必须同企业经营管理实践紧密相连，都必须在正确理论原则指导下，通过对企业的经营实践活动进行科学的概括和总结，找出其规律性的经验用于实践，在实践中检验、巩固、完善与发展。离开实践，政治思想工作将无法开展，甚至只会激化矛盾；离开实践，企业文化也只能是一句句空话。

（3）功能目标相同　企业文化和企业政治思想工作都对提高企业职工的素质，调动企业职工的积极性，保证企业正确的经营方向，协调企业内部的人际关系，规范企业职工的行为，有着重要的能动作用。

（4）环境依赖性相同　企业文化和企业政治思想工作的内容、形式和方法，都受到社会环境和企业内部环境的影响和制约。我国计划经济时期和当今市场经济条件下的企业文化与政治思想工作是明显不同的。

2. 企业文化与政治思想工作的不同点

（1）涵盖范围不同　企业文化的外延大于企业政治思想工作。企业文化是社会化商品生产流通和现代企业管理发展的产物，而企业政治思想工作是党领导下的政治工作。企业文化建设要由企业全体职工共同参与，以企业职工为主体，而企业政治思想工作以政工部门为主体，企业职工是政治工作的对象。

（2）地位与作用程度不同　企业文化是精神文明建设，起营造、凝聚、激励和协调作用，企业政治思想工作在企业文化建设中处于核心地位，起方向性、指导性作用。企业文化对传统文化和外来文化接受量大，企业政治思想工作仅接受符合本阶级利益的内容。

（3）工作方式不同　企业文化的方式丰富多彩，方法多种多样，依靠企业所有部门齐抓共管，而企业政治思想工作主要由政工机关和党政部门开展工作，方式方法也有一定局限性。

（4）灵活性不同　企业文化一旦形成，将在一定时期内稳定发挥作用，甚至成为人们的行为规范，成为人们的一种习惯和信仰，而企业政治思想工作因时、因地、因人而异，作用方式和作用程度均无定式，工作中应根据实际情况原则性和灵活性相结合。

3. 企业文化与政治思想工作的相互作用

企业文化与企业政治思想工作有许多相同点，也存在不同点，但是它们都是在企业管理工作中做人的工作，可以相互促进、相互补充和完善。

1）发展企业文化是加强和改善政治思想工作的重要途径。

① 通过企业文化建设，实现企业政治思想工作与企业经营管理活动的有效结合。企业文化与企业经营管理活动具有天然的亲和力，能有效地克服单纯的政治思想工作与经营管理活动分离的现象，使融合在企业文化中的政治思想工作与企业经营管理紧密地结合在一起。

② 通过企业文化建设，促进政治思想工作方法创新。企业文化建设活动丰富多彩、生动活泼，为加强和改善企业政治思想工作提供了新的工作方式和方法。

③ 通过企业文化建设，促进企业政治思想干部队伍素质的提高。企业文化建设活动对企业管理干部，特别是对政工干部提出了更高、更全面的素质要求，包括文化素质、技能素质、思想素质和文才、口才及活动能力等，并在企业文化建设实践中不断锻炼提高政工干部的上述素质和能力。丰富多彩、生动活泼的企业文化活动，也使政治思想工作寓教于乐，摆脱了教条主义、形式主义、事务主义和生搬硬套等束缚。

④ 通过企业文化建设，提高政治思想工作效果。随着企业文化建设的深入发展，企业在价值观念、道德规范、形象塑造的过程中，提高企业的整体素质，增强职工的主人翁责任感和事业心，激发广大职工工作的积极性、主动性和创造性，形成尊重知识、尊重人才、尊重实践、务实进取、奋发创新的良好风气，而这些也正是企业政治思想工作者苦苦追求和努力获得的工作效果。

2）加强政治思想工作，促进企业文化建设。

① 加强政治思想工作，保证了企业文化建设的社会主义方向。企业文化作为社会主义商品生产流通企业的意识形态，客观上存在着社会性质的问题。社会主义企业文化与资本主义企业文化尽管存在着相互融通和吸收因素，但其阶级属性不能抹杀。通过企业政治思想工作，贯彻执行党的路线、方针、政策，可以保证企业文化建设的社会主义方向。

② 加强政治思想工作，增强企业文化建设和发展的动力。通过政治思想工作，使企业职工树立科学的世界观和方法论，提高认识世界、适应环境和改造环境的能力；激发职工的劳动热情和工作积极性，全面完成各项任务，实现企业目标；深入改革开放，促进企业文化建设。

③ 加强政治思想工作，为促进企业文化建设与发展提供基础、保证和有力手段。通过对政治思想工作的加强和改进，既提高政工队伍的素质，又有的放矢地做好职工政治思想工作，优化政治思想工作的客观环境，恰当选择政治思想工作的载体，推动企业文化建设。

案例分析

【案例分析 12-1】 松下电器："松下七精神"

闻名遐迩的松下电器公司，早在创业之初，就提出了"松下七精神"，它就是：

1) 产业报国精神。作为员工，认识到这一精神，方使自己更具使命感和责任感。

2) 光明正大精神。光明正大为人们处世之本，不论学识才能有无，如无此精神，即不足为训。

3) 友好一致精神。友好一致已成为公司信条，公司人才济济，如无此精神，就是乌合之众，无力量可言。

4) 奋斗向上精神。为了完成我辈使命，只有彻底奋斗方是唯一途径，和平繁荣要靠精神争取。

5) 礼节谦让精神。为人若无谦让，就无正常的社会秩序。社会礼节谦让的美德，能塑造情操高尚的人士。

6) 适应同化精神。如不适应社会大势，成功就无法获得。

7) 感激精神。对为我们带来无限喜悦与活力者应该持感激报恩之观念，并铭记心中，便可成为克服种种困难，招来种种幸福之源。

与此同时，松下电器公司把自主经营、量力经营、专业化经营、靠人才、全员式经营、适时、求实等哲学，也列为整个"松下精神"的有机组成部分。

【案例分析问题】

1) "松下七精神"的实质是什么？

2) 你觉得"松下七精神"中哪种精神最重要？

【案例分析 12-2】 康德公司："结合运行"精神

康德公司是美国硅谷中脱颖而出的一家令人瞩目的高技术企业。他们排除了计算机可能发生的故障而获得成功：把两台计算机连在一个终端上，若一台计算机发生故障，另一台将继续工作，从而为顾客保证了计算机的工作能力。这种看来简单的做法却隐含着康德计算机公司的精神——结合运行。这家公司的一切都是结合运行：人与人的结合，人与产品的结合，产品与产品的结合，甚至处理机与处理机的结合，而其中最主要的是人与人之间，特别是上下级之间的有机结合。康德公司没有正式的图表，正式的规则亦不易见，会议记录的备忘录更是微乎其微。公司的一切工作是根据责任和时间来安排的，不存在特权。公司里没有森严等级，但组织仍能顺畅运行，人人各司其职，认真完成工作。分散的员工朝一个方向努力的主要因素有两个：一是公司不成文的规则，这些不成文的规则很多，大都属于上述管理哲学；二是平等，员工可以接近任何人，甚至总经理。每个人，无论是管理人员、副经理还是门卫，都可以同上一层次沟通，没有人觉得谁比谁更有优势。康德公司在自治与控制之间保持了平衡，而不是完全依赖集权、正式化的程序和森严的地位等级。该公司结合运行的精神创造了连接公司员工的纽带，提高了劳动生产率，激发了员工的忠诚，促进了公司的发展。

【案例分析问题】

康德公司连正式的规则都不显见，为什么能顺畅运行？

思考与练习

1. 政治思想工作的根本任务是什么？政治思想工作的基本内容有哪些？
2. 何谓企业文化？它有什么重要作用？
3. 怎样看待车间企业文化建设的必要性？车间企业文化建设应遵循哪些指导原则？
4. 政治思想工作与企业文化有哪些相同点和不同点？

参 考 文 献

[1] 吴拓. 现代工业企业管理 [M]. 北京：电子工业出版社，2012.
[2] 吴拓. 现代企业管理 [M]. 3版. 北京：机械工业出版社，2017.
[3] 陈旭东. 现代企业车间管理 [M]. 2版. 北京：北京交通大学出版社，2016.
[4] 曹英耀，李志坚，曹曙. 现代企业车间管理 [M]. 广州：中山大学出版社，2007.
[5] 胡凡启. 现代企业车间和班组管理 [M]. 北京：中国水利水电出版社，2010.